第 57 批中國博士後科學基金面上一等資助項目（2015M570583）

第 10 批中國博士後科學基金特別資助項目（2017T100486）

杜立暉　編著

哈佛藏《韻學集成》《直音篇》紙背明代文獻釋錄

卷二

Transcription of Documents on The Backside of The Paper in Ming Dynasty, "Yun Xue Ji Cheng" and "Zhi Yin Pian", Collected in Harvard Library　Volume II

中國社會科學出版社

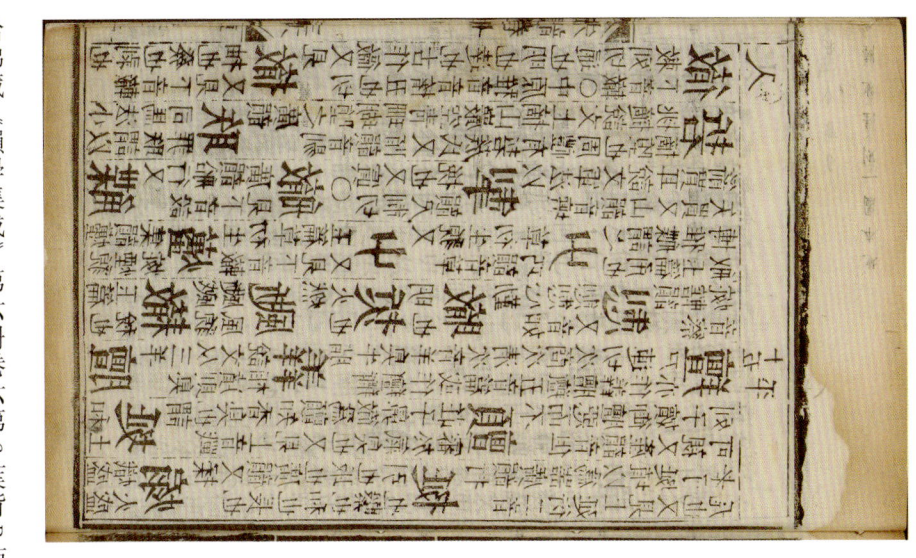

哈佛藏《韻學集成》第六冊卷六第6葉背B面圖版

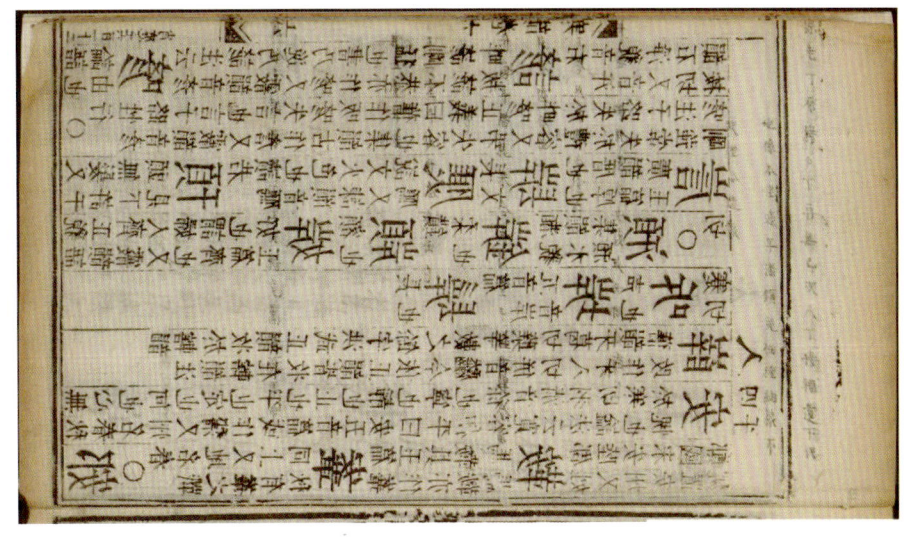

哈佛藏《韻學集成》第七冊卷七第38葉背A面圖版

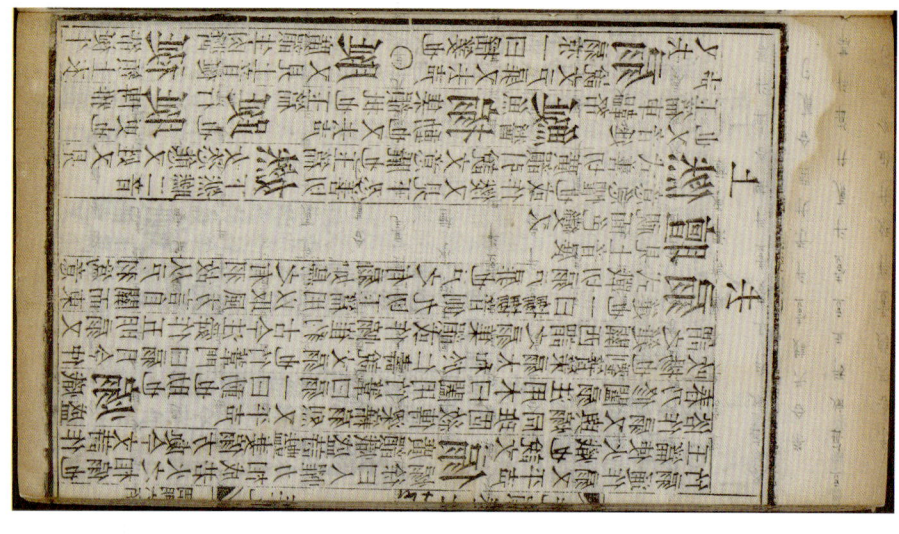

哈佛藏《韻學集成》第七冊卷七第39葉背B面圖

哈佛藏《韻學集成》第九冊卷九第5葉背A面圖版

目錄

卷二

第六冊

一 明隆慶陸年（1572）直隸揚州府泰興縣順得鄉貳拾壹都第拾伍里（圖）賦役黃冊 3

二 明隆慶陸年（1572）直隸揚州府泰興縣順得鄉貳拾壹都第拾伍里（圖）賦役黃冊 5

三 明隆慶陸年（1572）直隸揚州府泰州如皋縣市西廂第壹里（圖）賦役黃冊 6

四 明隆慶陸年（1572）直隸揚州府泰州如皋縣市西廂第壹里（圖）賦役黃冊（薛某） 7

五 明隆慶陸年（1572）直隸揚州府泰興縣順得鄉貳拾伍里（圖）賦役黃冊 7

六 明隆慶陸年（1572）直隸揚州府泰興縣順得鄉貳拾壹都第拾伍里賦役黃冊（民籍某興兒等） 9

七 明嘉靖叄拾壹年（1552）直隸揚州府江都縣青草沙第拾肆圖賦役黃冊 10

八 明隆慶陸年（1572）直隸揚州府泰州如皋縣市西廂第壹里（圖）賦役黃冊 12

九 明隆慶陸年（1572）直隸揚州府泰州如皋縣市西廂第壹里（圖）賦役黃冊 13

一〇 明隆慶陸年（1572）直隸揚州府泰州如皋縣市西廂第壹圖賦役黃冊（民戶陸鼠兒等） 15

一一 明隆慶陸年（1572）直隸揚州府泰州如皋縣市西廂第壹里（圖）賦役黃冊 16

一二 明隆慶陸年（1572）直隸揚州府泰州如皋縣市西廂第壹里（圖）賦役黃冊 18

一三 明隆慶陸年（1572）直隸揚州府泰州如皋縣市西廂第壹里（圖）賦役黃冊 19

一四 明隆慶陸年（1572）直隸揚州府泰州如皋縣市西廂第壹圖賦役黃冊（軍戶吳越等） 21

一五 明嘉靖叄拾壹年（1552）直隸揚州府江都縣青草沙第肆圖賦役黃冊 22

一六 明嘉靖叁拾壹年（1552）直隸揚州府江都縣青草沙第肆圖賦役黃冊 …… 24
一七 明隆慶陸年（1572）直隸揚州府泰州如皋縣市西廂第壹里（圖）賦役黃冊之二（王某）…… 25
一八 明隆慶陸年（1572）直隸揚州府泰州如皋縣市西廂第壹里（圖）賦役黃冊之三（王某）…… 27
一九 明隆慶陸年（1572）直隸揚州府泰州如皋縣市西廂第壹里（圖）賦役黃冊 …… 28
二〇 明隆慶陸年（1572）直隸揚州府泰州如皋縣市西廂第壹里（圖）賦役黃冊 …… 30
二一 明隆慶陸年（1572）直隸揚州府泰州如皋縣市西廂第壹里（圖）賦役黃冊 …… 31
二二 明隆慶陸年（1572）直隸揚州府泰州如皋縣市西廂第壹里（圖）賦役黃冊（王某）…… 33
二三 明隆慶陸年（1572）直隸揚州府泰州如皋縣市西廂第壹里（圖）賦役黃冊 …… 34
二四 明隆慶陸年（1572）直隸揚州府泰州如皋縣市西廂第壹里（圖）賦役黃冊（宗某）…… 36
二五 明嘉靖叁拾壹年（1552）直隸揚州府江都縣青草沙第肆圖賦役黃冊 …… 37
二六 明嘉靖叁拾壹年（1552）直隸揚州府江都縣青草沙第肆圖賦役黃冊（本圖戶絕人戶）…… 38
二七 明嘉靖叁拾壹年（1552）直隸揚州府江都縣青草沙第肆圖賦役黃冊 …… 40
二八 明隆慶陸年（1572）直隸揚州府泰興縣順得鄉貳拾壹都第拾伍里（圖）賦役黃冊（民籍某朝等）…… 41
二九 明隆慶陸年（1572）直隸揚州府泰興縣順得鄉貳拾壹都第拾伍里（圖）賦役黃冊（本圖戶絕人戶 軍戶等）…… 42
三〇 明隆慶陸年（1572）直隸揚州府泰興縣順得鄉貳拾壹都第拾伍里（圖）賦役黃冊 …… 44
三一 明嘉靖叁拾壹年（1552）直隸揚州府江都縣青草沙第肆圖賦役黃冊 …… 45
三二 明隆慶陸年（1572）直隸揚州府泰興縣順得鄉貳拾壹都第拾伍里（圖）賦役黃冊 …… 47
三三 明隆慶陸年（1572）直隸揚州府泰興縣順得鄉貳拾壹都第拾伍里（圖）賦役黃冊 …… 48
三四 明隆慶陸年（1572）直隸揚州府泰興縣順得鄉貳拾壹都第拾伍里（圖）賦役黃冊 …… 50
三五 明隆慶陸年（1572）直隸揚州府泰州如皋縣市西廂第壹里（圖）賦役黃冊之一 …… 51
三六 明隆慶陸年（1572）直隸揚州府泰州如皋縣市西廂第壹里（圖）賦役黃冊 …… 53
三七 明隆慶陸年（1572）直隸揚州府泰興縣順得鄉貳拾壹都第拾伍里（圖）賦役黃冊 …… 54

三八	明隆慶陸年（1572）直隸揚州府泰州如皋縣縣市西廂第壹里（圖）賦役黃冊之二（吳某）	56
三九	明隆慶陸年（1572）直隸揚州府泰州如皋縣縣市西廂第壹里（圖）賦役黃冊	57
四〇	明嘉靖叁拾壹年（1552）直隸揚州府江都縣青草沙第肆圖賦役黃冊之一	59
四一	明嘉靖叁拾壹年（1552）直隸揚州府江都縣青草沙第肆圖賦役黃冊之二	60
四二	明隆慶陸年（1572）直隸揚州府如皋縣縣市西廂第壹里（圖）賦役黃冊之一	61
四三	明隆慶陸年（1572）直隸揚州府如皋縣縣市西廂第壹里（圖）賦役黃冊之二	63
四四	明隆慶陸年（1572）直隸揚州府如皋縣縣市西廂第壹里（圖）賦役黃冊	64
四五	明隆慶陸年（1572）直隸揚州府如皋縣縣市西廂第壹里（圖）賦役黃冊	66
四六	明隆慶陸年（1572）直隸揚州府泰興縣順得鄉貳拾伍都第拾伍里（圖）賦役黃冊	67
四七	明隆慶陸年（1572）直隸揚州府泰興縣順得鄉貳拾壹都第拾伍里（民籍某顯等）	69
四八	明隆慶陸年（1572）直隸揚州府泰興縣順得鄉貳拾壹都第拾伍里（圖）賦役黃冊	70
四九	明隆慶陸年（1572）直隸揚州府江都縣青草沙第肆圖賦役黃冊	72
五〇	明嘉靖叁拾壹年（1552）直隸揚州府江都縣青草沙第肆圖賦役黃冊	73
五一	明嘉靖叁拾壹年（1552）直隸揚州府江都縣青草沙第肆圖賦役黃冊	74
五二	明嘉靖叁拾壹年（1552）直隸揚州府江都縣青草沙第肆圖（周某）	75
五三	明隆慶陸年（1572）直隸揚州府泰興縣順得鄉貳拾伍都第壹里（圖）賦役黃冊	76
五四	明隆慶陸年（1572）直隸揚州府泰興縣順得鄉貳拾伍里賦役黃冊（民籍某伽保等）	78
五五	明隆慶陸年（1572）直隸揚州府泰興縣順得鄉貳拾伍里賦役黃冊（民籍某榮等）	79
五六	明隆慶陸年（1572）直隸揚州府泰州如皋縣縣市西廂第壹里（圖）賦役黃冊（王某）	81
五七	明隆慶陸年（1572）直隸揚州府泰州如皋縣縣市西廂第壹里（圖）賦役黃冊（軍戶某）	83
五八	明隆慶陸年（1572）直隸揚州府泰州如皋縣縣市西廂第壹里（圖）賦役黃冊	84
五九	明隆慶陸年（1572）直隸揚州府泰州如皋縣縣市西廂第壹里（圖）賦役黃冊之一（吳某）	86

六〇 明隆慶陸年（1572）直隸揚州府泰州如皋縣縣市西廂第壹里（圖）賦役黃冊 ... 87
六一 明隆慶陸年（1572）直隸揚州府泰州如皋縣縣市西廂第壹里（圖）賦役黃冊 ... 89
六二 明隆慶陸年（1572）直隸揚州府泰州如皋縣縣市西廂第壹里（圖）賦役黃冊 ... 90
六三 明嘉靖叁拾壹年（1552）直隸揚州府江都縣青草沙第肆圖賦役黃冊 ... 92
六四 明隆慶陸年（1572）直隸揚州府泰州如皋縣縣市西廂第壹里（圖）賦役黃冊 ... 93
六五 明隆慶陸年（1572）直隸揚州府泰州如皋縣縣市西廂第壹里（圖）賦役黃冊 ... 94
六六 明隆慶陸年（1572）直隸揚州府泰州如皋縣縣市西廂第壹里（圖）賦役黃冊 ... 96
六七 明隆慶陸年（1572）直隸揚州府泰州如皋縣縣市西廂第壹里（圖）賦役黃冊 ... 97
六八 明隆慶陸年（1572）直隸揚州府泰州如皋縣縣市西廂第壹里（圖）賦役黃冊 ... 99
六九 明隆慶陸年（1572）直隸揚州府泰州如皋縣縣市西廂第壹里（圖）賦役黃冊 ... 100
七〇 明隆慶陸年（1572）直隸揚州府泰州如皋縣縣市西廂第壹里（圖）賦役黃冊 ... 102
七一 明隆慶陸年（1572）直隸揚州府泰州如皋縣縣市西廂第壹里（圖）賦役黃冊 ... 103
七二 明隆慶陸年（1572）直隸揚州府泰州如皋縣縣市西廂第壹里（圖）賦役黃冊（軍戶周狗兒等） ... 105
七三 明隆慶陸年（1572）直隸揚州府泰州興縣順得鄉貳拾壹都第拾伍里（圖）賦役黃冊 ... 106
七四 明隆慶陸年（1572）直隸揚州府泰州如皋縣縣市西廂第壹里（圖）賦役黃冊 ... 108
七五 明隆慶陸年（1572）直隸揚州府泰州如皋縣縣市西廂第壹里（圖）賦役黃冊 ... 109
七六 明隆慶陸年（1572）直隸揚州府泰州興縣順得鄉貳拾壹都第拾伍里（圖）賦役黃冊之一 ... 111
七七 明隆慶陸年（1572）直隸揚州府泰興縣順得鄉貳拾壹都第拾伍里（圖）賦役黃冊之二 ... 112

第七冊

一 明隆慶陸年（1572）直隸揚州府泰州如皋縣縣市西廂第壹里（圖）賦役黃冊 ... 114
二 明隆慶陸年（1572）直隸揚州府泰州如皋縣縣市西廂第壹里（圖）賦役黃冊 ... 115
三 明隆慶陸年（1572）直隸揚州府泰州如皋縣縣市西廂第壹里（圖）賦役黃冊（陳某） ... 117

四 明隆慶陸年（1572）直隸揚州府泰州如皋縣縣市西廂第壹里（圖）賦役黃冊……118
五 明隆慶陸年（1572）直隸揚州府泰州如皋縣縣市西廂第壹里（圖）賦役黃冊……120
六 明隆慶陸年（1572）直隸揚州府泰州如皋縣縣市西廂第壹里（圖）賦役黃冊……121
七 明隆慶陸年（1572）直隸揚州府泰州如皋縣縣市西廂第壹里（圖）賦役黃冊之二（陳某）……123
八 明隆慶陸年（1572）直隸揚州府泰州如皋縣縣市西廂第壹里（圖）賦役黃冊之一（陳某）……124
九 明隆慶陸年（1572）直隸揚州府泰州如皋縣縣市西廂第壹里賦役黃冊（竈戶某等）……126
一〇 明隆慶陸年（1572）直隸揚州府泰州如皋縣縣市西廂第壹圖賦役黃冊（王某）……127
一一 明隆慶陸年（1572）直隸揚州府泰州如皋縣縣市西廂第壹里（圖）賦役黃冊（王某）……129
一二 明隆慶陸年（1572）直隸揚州府泰州如皋縣縣市西廂第壹里（圖）賦役黃冊 陳某 ……130
一三 明隆慶陸年（1572）直隸揚州府泰州如皋縣縣市西廂第壹圖賦役黃冊（民戶陳萬良等）……132
一四 明隆慶陸年（1572）直隸揚州府泰州如皋縣縣市西廂第壹里（圖）賦役黃冊……133
一五 明隆慶陸年（1572）直隸揚州府泰州如皋縣縣市西廂第壹里（圖）賦役黃冊……135
一六 明隆慶陸年（1572）直隸揚州府泰州如皋縣縣市西廂第壹里（圖）賦役黃冊……136
一七 明隆慶陸年（1572）直隸揚州府泰州如皋縣縣市西廂第壹里（圖）賦役黃冊……138
一八 明隆慶陸年（1572）直隸揚州府泰州如皋縣縣市西廂第壹里（圖）賦役黃冊……139
一九 明隆慶陸年（1572）直隸揚州府泰州如皋縣縣市西廂第壹里（圖）賦役黃冊……140
二〇 明隆慶陸年（1572）直隸揚州府泰州如皋縣縣市西廂第壹里（圖）賦役黃冊……142
二一 明隆慶陸年（1572）直隸揚州府泰州如皋縣縣市西廂第壹里（圖）賦役黃冊（許某）……143
二二 明隆慶陸年（1572）直隸揚州府泰州如皋縣縣市西廂第壹里（圖）賦役黃冊……145
二三 明隆慶陸年（1572）直隸揚州府泰州如皋縣縣市西廂第壹里賦役黃冊（竈戶某等）……146
二四 明隆慶陸年（1572）直隸揚州府泰州如皋縣縣市西廂第壹里（圖）賦役黃冊……148
二五 明隆慶陸年（1572）直隸揚州府泰州如皋縣縣市西廂第壹里（圖）賦役黃冊……149

二六 明隆慶陸年（1572）直隸揚州府泰州如皋縣市西廂第壹里（圖）賦役黄冊（許某）……151
二七 明嘉靖叁拾壹年（1552）直隸揚州府江都縣青草沙第肆圖賦役黄冊……152
二八 明嘉靖叁拾壹年（1552）直隸揚州府江都縣青草沙第肆圖賦役黄冊……153
二九 明隆慶陸年（1572）直隸揚州府泰州如皋縣市西廂第壹里（圖）賦役黄冊之一……155
三〇 明隆慶陸年（1572）直隸揚州府泰州如皋縣市西廂第壹里（圖）賦役黄冊（陳某）……156
三一 明隆慶陸年（1572）直隸揚州府泰州如皋縣市西廂第壹里（圖）賦役黄冊……158
三二 明隆慶陸年（1572）直隸揚州府泰州如皋縣市西廂第壹里（圖）賦役黄冊之一……159
三三 明隆慶陸年（1572）直隸揚州府泰州如皋縣市西廂第壹里（圖）賦役黄冊（許某）……161
三四 明嘉靖叁拾壹年（1552）直隸揚州府江都縣青草沙第肆圖賦役黄冊（朱某）……162
三五 明隆慶陸年（1572）直隸揚州府泰州如皋縣市西廂第壹里（圖）賦役黄冊……163
三六 明隆慶陸年（1572）直隸揚州府泰州如皋縣市西廂第壹里（圖）賦役黄冊……165
三七 明隆慶陸年（1572）直隸揚州府泰州如皋縣市西廂第壹里（圖）賦役黄冊之一（朱佛□）……166
三八 明隆慶陸年（1572）直隸揚州府泰州如皋縣市西廂第壹里（圖）賦役黄冊之二（朱佛□）……168
三九 明隆慶陸年（1572）直隸揚州府泰州如皋縣市西廂第壹里（圖）賦役黄冊……169
四〇 明隆慶陸年（1572）直隸揚州府泰州如皋縣市西廂第壹里（圖）賦役黄冊……171
四一 明隆慶陸年（1572）直隸揚州府泰州如皋縣市西廂第壹里（圖）賦役黄冊……172
四二 明隆慶陸年（1572）直隸揚州府泰州如皋縣市西廂第壹里（圖）賦役黄冊之二（軍戶吉仁等）……174
四三 明隆慶陸年（1572）直隸揚州府泰州如皋縣市西廂第壹里（圖）賦役黄冊……175
四四 明隆慶陸年（1572）直隸揚州府泰州如皋縣市西廂第壹里（圖）賦役黄冊……177
四五 明嘉靖叁拾壹年（1552）直隸揚州府江都縣青草沙第肆圖賦役黄冊……178
四六 明嘉靖叁拾壹年（1552）直隸揚州府江都縣青草沙第肆圖賦役黄冊……179
四七 明隆慶陸年（1572）直隸揚州府泰州如皋縣市西廂第壹圖賦役黄冊之一（軍戶吉仁等）……181

四八 明隆慶陸年（1572）直隸揚州府泰州如皋縣市西廂第壹里（圖）賦役黃冊	182
四九 明隆慶陸年（1572）直隸揚州府泰州如皋縣市西廂第壹里賦役黃冊	184
五〇 明隆慶陸年（1572）直隸揚州府泰州如皋縣市西廂第壹里賦役黃冊	185
五一 明隆慶陸年（1572）直隸揚州府泰州如皋縣市西廂第壹里賦役黃冊	187
五二 明隆慶陸年（1572）直隸揚州府泰州如皋縣市西廂第壹里賦役黃冊	188
五三 明隆慶陸年（1572）直隸揚州府泰州如皋縣市西廂第壹里賦役黃冊	190
五四 明隆慶陸年（1572）直隸揚州府泰州如皋縣市西廂第壹里（圖）賦役黃冊之一	191
五五 明隆慶陸年（1572）直隸揚州府泰州如皋縣市西廂第壹里（圖）賦役黃冊之二	193
五六 明隆慶陸年（1572）直隸揚州府泰州如皋縣市西廂第壹里（圖）賦役黃冊	194
五七 明隆慶陸年（1572）直隸揚州府泰州如皋縣市西廂第壹里（圖）賦役黃冊（許某）	196
五八 明隆慶陸年（1572）直隸揚州府泰州如皋縣市西廂第壹里賦役黃冊（軍戶許盤）	197
五九 明嘉靖叁拾壹年（1552）直隸揚州府江都縣青草沙第肆圖賦役黃冊	199
六〇 明隆慶陸年（1572）直隸揚州府泰興縣順得鄉貳拾壹都第拾伍里（圖）賦役黃冊	200
六一 明隆慶陸年（1572）直隸揚州府泰州如皋縣市西廂第壹里（圖）賦役黃冊（軍戶某）	202
六二 明隆慶陸年（1572）直隸揚州府泰州如皋縣市西廂第壹里（圖）賦役黃冊（吉某）	203
六三 明隆慶陸年（1572）直隸揚州府泰州如皋縣市西廂第壹里（圖）賦役黃冊	205
六四 明隆慶陸年（1572）直隸揚州府泰州如皋縣市西廂第壹里（圖）賦役黃冊	206
六五 明隆慶陸年（1572）直隸揚州府泰州如皋縣市西廂第壹里（圖）賦役黃冊	208
六六 明隆慶陸年（1572）直隸揚州府泰州如皋縣市西廂第壹里（圖）賦役黃冊	209
六七 明隆慶陸年（1572）直隸揚州府泰州如皋縣市西廂第壹里（圖）賦役黃冊	211
六八 明隆慶陸年（1572）直隸揚州府泰州如皋縣市西廂第壹里（圖）賦役黃冊	212
六九 明隆慶陸年（1572）直隸揚州府泰州如皋縣市西廂第壹里（圖）賦役黃冊	213

編號	條目	頁碼
七〇	明隆慶陸年（1572）直隸揚州府泰州如皋縣縣市西廂第壹里（圖）賦役黃冊	215
七一	明隆慶陸年（1572）直隸揚州府泰州如皋縣縣市西廂第壹里（圖）賦役黃冊	216
七二	明隆慶陸年（1572）直隸揚州府泰州如皋縣縣市西廂第壹里（圖）賦役黃冊	218
七三	明隆慶陸年（1572）直隸揚州府泰州如皋縣縣市西廂第壹里（圖）賦役黃冊	219
七四	明隆慶陸年（1572）直隸揚州府泰州如皋縣縣市西廂第壹里（圖）賦役黃冊	221
七五	明隆慶陸年（1572）直隸揚州府泰州如皋縣縣市西廂第壹里（圖）賦役黃冊	222
七六	明隆慶陸年（1572）直隸揚州府泰州如皋縣縣市西廂第壹里（圖）賦役黃冊	224
七七	明隆慶陸年（1572）直隸揚州府泰州如皋縣縣市西廂第壹里（圖）賦役黃冊	225
七八	明隆慶陸年（1572）直隸揚州府泰州如皋縣縣市西廂第壹里（圖）賦役黃冊（許某）	227
七九	明隆慶陸年（1572）直隸揚州府泰州如皋縣縣市西廂第壹里（圖）賦役黃冊	228
八〇	明隆慶陸年（1572）直隸揚州府泰州如皋縣縣市西廂第壹里（圖）賦役黃冊	230
八一	明嘉靖叁拾壹年（1552）直隸揚州府江都縣青草沙第肆圖賦役黃冊	231
八二	明嘉靖叁拾壹年（1552）直隸揚州府江都縣青草沙第肆圖賦役黃冊（張某）	232
八三	明隆慶陸年（1572）直隸揚州府泰州如皋縣縣市西廂第壹里（圖）賦役黃冊	234
八四	明隆慶陸年（1572）直隸揚州府泰州如皋縣縣市西廂第壹里（圖）賦役黃冊（朱某）	235
八五	明嘉靖叁拾壹年（1552）直隸揚州府江都縣青草沙第肆圖賦役黃冊（夏某）	236
八六	明嘉靖叁拾壹年（1552）直隸揚州府江都縣青草沙第肆圖賦役黃冊	238
八七	明嘉靖叁拾壹年（1552）直隸揚州府江都縣青草沙第肆圖賦役黃冊	239
八八	明嘉靖叁拾壹年（1552）直隸揚州府江都縣青草沙第肆圖賦役黃冊	240
八九	明隆慶陸年（1572）直隸揚州府泰州如皋縣縣市西廂第壹里（圖）賦役黃冊	242
九〇	明隆慶陸年（1572）直隸揚州府泰州如皋縣縣市西廂第壹里（圖）賦役黃冊	243
九一	明隆慶陸年（1572）直隸揚州府泰州如皋縣縣市西廂第壹里（圖）賦役黃冊	244

第八冊

九二 明隆慶陸年（1572）直隸揚州府泰州如皋縣市西廂第壹里（圖）賦役黃冊 …… 246

九三 明隆慶陸年（1572）直隸揚州府泰州如皋縣市西廂第壹里（圖）賦役黃冊 …… 247

九四 明隆慶陸年（1572）直隸揚州府泰州如皋縣市西廂第壹里（陳某） …… 249

九五 明隆慶陸年（1572）直隸揚州府泰州如皋縣市西廂第壹里（圖）賦役黃冊 …… 250

九六 明隆慶陸年（1572）直隸揚州府泰州如皋縣市西廂第壹里（圖）賦役黃冊 …… 252

九七 明隆慶陸年（1572）直隸揚州府泰州如皋縣市西廂第壹里（圖）賦役黃冊之一 …… 253

九八 明隆慶陸年（1572）直隸揚州府泰州如皋縣市西廂第壹里（圖）賦役黃冊之二 …… 255

一 明隆慶陸年（1572）直隸揚州府泰興縣順得鄉貳拾壹都第拾伍里（圖）賦役黃冊 …… 257

二 明隆慶陸年（1572）直隸揚州府泰州如皋縣市西廂第壹里賦役黃冊（竈戶某等） …… 259

三 明隆慶陸年（1572）直隸揚州府泰州如皋縣市西廂第壹里（圖）賦役黃冊 …… 260

四 明隆慶陸年（1572）直隸揚州府泰州如皋縣市西廂第壹里（圖）賦役黃冊（陳南子） …… 262

五 明隆慶陸年（1572）直隸揚州府泰州如皋縣市西廂第壹里（圖）賦役黃冊 …… 263

六 明隆慶陸年（1572）直隸揚州府泰州如皋縣市西廂第壹里（圖）賦役黃冊（郜某） …… 265

七 明隆慶陸年（1572）直隸揚州府泰州如皋縣市西廂第壹里（圖）賦役黃冊 …… 266

八 明隆慶陸年（1572）直隸揚州府泰州如皋縣市西廂第壹里（圖）賦役黃冊 …… 268

九 明隆慶陸年（1572）直隸揚州府泰州如皋縣市西廂第壹里（圖）賦役黃冊 …… 269

一〇 明隆慶陸年（1572）直隸揚州府泰州如皋縣市西廂第壹里（圖）賦役黃冊 …… 271

一一 明隆慶陸年（1572）直隸揚州府泰州如皋縣市西廂第壹里賦役黃冊（王某） …… 272

一二 明隆慶陸年（1572）直隸揚州府泰州如皋縣市西廂第壹里賦役黃冊 …… 274

一三 明隆慶陸年（1572）直隸揚州府泰州如皋縣市西廂第壹里賦役黃冊（竈戶某等） …… 275

一四 明隆慶陸年（1572）直隸揚州府泰州如皋縣市西廂第壹里賦役黃冊（許合） …… 277

一五 明隆慶陸年（1572）直隸揚州府泰州如皋縣市西廂第壹里（圖）賦役黃冊（軍戶郜某）……278
一六 明隆慶陸年（1572）直隸揚州府泰州如皋縣市西廂第壹里（圖）賦役黃冊……280
一七 明隆慶陸年（1572）直隸揚州府泰州如皋縣市西廂第壹里（圖）賦役黃冊……281
一八 明隆慶陸年（1572）直隸揚州府泰州如皋縣市西廂第壹里（圖）賦役黃冊……283
一九 明隆慶陸年（1572）直隸揚州府泰州如皋縣市西廂第壹里（圖）賦役黃冊……284
二〇 明隆慶陸年（1572）直隸揚州府泰州如皋縣市西廂第壹里（圖）賦役黃冊……286
二一 明隆慶陸年（1572）直隸揚州府泰州如皋縣市西廂第壹里（圖）賦役黃冊（許全等）……287
二二 明隆慶陸年（1572）直隸揚州府泰州如皋縣市西廂第壹里（圖）賦役黃冊之一（許全等）……289
二三 明隆慶陸年（1572）直隸揚州府泰州如皋縣市西廂第壹里（圖）賦役黃冊之二（許全等）……290
二四 明隆慶陸年（1572）直隸揚州府泰州如皋縣市西廂第壹里（圖）賦役黃冊……292
二五 明隆慶陸年（1572）直隸揚州府泰州如皋縣市西廂第壹里（圖）賦役黃冊……293
二六 明隆慶陸年（1572）直隸揚州府泰州如皋縣市西廂第壹里（圖）賦役黃冊……295
二七 明隆慶陸年（1572）直隸揚州府泰州如皋縣市西廂第壹里（圖）賦役黃冊（郜某）……296
二八 明隆慶陸年（1572）直隸揚州府泰州如皋縣市西廂第壹里（圖）賦役黃冊……298
二九 明嘉靖叁拾壹年（1552）直隸揚州府江都縣青草沙第肆圖賦役黃冊……299
三〇 明隆慶陸年（1572）直隸揚州府泰州如皋縣市西廂第壹圖里賦役黃冊（民戶某等）……300
三一 明隆慶陸年（1572）直隸揚州府泰州如皋縣市西廂第壹里（圖）賦役黃冊……302
三二 明隆慶陸年（1572）直隸揚州府泰州如皋縣市西廂第壹里（圖）賦役黃冊……303
三三 明隆慶陸年（1572）直隸揚州府泰州如皋縣市西廂第壹里（圖）賦役黃冊……305
三四 明隆慶陸年（1572）直隸揚州府泰州如皋縣市西廂第壹里（圖）賦役黃冊……306
三五 明隆慶陸年（1572）直隸揚州府泰州如皋縣市西廂第壹里（圖）賦役黃冊……308
三六 明隆慶陸年（1572）直隸揚州府泰州如皋縣市西廂第壹圖賦役黃冊（軍戶陳南山等）……309

三七	明隆慶陸年（1572）直隸揚州府泰州如皋縣縣市西廂第壹里（圖）賦役黃冊	311
三八	明隆慶陸年（1572）直隸揚州府泰州如皋縣縣市西廂第壹里（圖）賦役黃冊	312
三九	明隆慶陸年（1572）直隸揚州府泰州如皋縣縣市西廂第壹里（圖）賦役黃冊	314
四〇	明隆慶陸年（1572）直隸揚州府泰州如皋縣縣市西廂第壹里（圖）賦役黃冊	315
四一	明嘉靖叁拾壹年（1552）直隸揚州府江都縣青草沙第肆圖賦役黃冊	317
四二	明隆慶陸年（1572）直隸揚州府泰州如皋縣縣市西廂第壹圖賦役黃冊（軍戶邵受等）	318
四三	明嘉靖叁拾壹年（1552）直隸揚州府江都縣青草沙第肆圖賦役黃冊	319
四四	明隆慶陸年（1572）直隸揚州府泰州如皋縣縣市西廂第壹里（圖）賦役黃冊	321
四五	明隆慶陸年（1572）直隸揚州府泰州如皋縣縣市西廂第壹里（圖）賦役黃冊	322
四六	明隆慶陸年（1572）直隸揚州府泰州如皋縣縣市西廂第壹里（圖）賦役黃冊	324
四七	明隆慶陸年（1572）直隸揚州府泰州如皋縣縣市西廂第壹里（圖）賦役黃冊	325
四八	明隆慶陸年（1572）直隸揚州府泰州如皋縣縣市西廂第壹里（圖）賦役黃冊	327
四九	明隆慶陸年（1572）直隸揚州府泰州如皋縣縣市西廂第壹里（圖）賦役黃冊（劉某）	328
五〇	明隆慶陸年（1572）直隸揚州府泰州如皋縣縣市西廂第壹里（圖）賦役黃冊（軍戶劉進）	330
五一	明隆慶陸年（1572）直隸揚州府泰州如皋縣縣市西廂第壹里（圖）賦役黃冊	331
五二	明隆慶陸年（1572）直隸揚州府泰州如皋縣縣市西廂第壹里（圖）賦役黃冊	333
五三	明隆慶陸年（1572）直隸揚州府泰州如皋縣縣市西廂第壹里（圖）賦役黃冊之二（陳某）	334
五四	明隆慶陸年（1572）直隸揚州府泰州如皋縣縣市西廂第壹里（圖）賦役黃冊之一（陳某）	336
五五	明隆慶陸年（1572）直隸揚州府泰州如皋縣縣市西廂第壹里（圖）賦役黃冊	337
五六	明隆慶陸年（1572）直隸揚州府泰州如皋縣縣市西廂第壹里（圖）賦役黃冊	339
五七	明隆慶陸年（1572）直隸揚州府泰州如皋縣縣市西廂第壹里賦役黃冊（民戶某等）	340
五八	明隆慶陸年（1572）直隸揚州府泰州如皋縣縣市西廂第壹里（圖）賦役黃冊	342

編號	年代	内容	頁碼
五九	明隆慶陸年（1572）	直隸揚州府泰州如皋縣縣市西廂第壹里（圖）賦役黃冊	343
六〇	明隆慶陸年（1572）	直隸揚州府泰州如皋縣縣市西廂第壹里（圖）賦役黃冊	345
六一	明隆慶陸年（1572）	直隸揚州府泰州如皋縣縣市西廂第壹里（圖）賦役黃冊	346
六二	明隆慶陸年（1572）	直隸揚州府泰州如皋縣縣市西廂第壹里（圖）賦役黃冊（民籍王戎等）	348
六三	明隆慶陸年（1572）	直隸揚州府泰州如皋縣縣市西廂第壹里（圖）賦役黃冊	349
六四	明隆慶陸年（1572）	直隸揚州府泰州如皋縣縣市西廂第壹里（圖）賦役黃冊（軍戶某堅）	351
六五	明隆慶陸年（1572）	直隸揚州府泰州如皋縣縣市西廂第壹里（圖）賦役黃冊	352
六六	明隆慶陸年（1572）	直隸揚州府泰州如皋縣縣市西廂第壹里（圖）賦役黃冊	354
六七	明隆慶陸年（1572）	直隸揚州府泰州如皋縣縣市西廂第壹里（圖）賦役黃冊	355
六八	明隆慶陸年（1572）	直隸揚州府泰州如皋縣縣市西廂第壹里賦役黃冊（民籍某潤等）	357
六九	明隆慶陸年（1572）	直隸揚州府泰州如皋縣縣市西廂第壹里（圖）賦役黃冊	358
七〇	明隆慶陸年（1572）	直隸揚州府泰州如皋縣縣市西廂第壹里（圖）賦役黃冊	360
七一	明隆慶陸年（1572）	直隸揚州府泰州如皋縣縣市西廂第壹里賦役黃冊（民戶某等）	361
七二	明隆慶陸年（1572）	直隸揚州府泰州如皋縣縣市西廂第壹里賦役黃冊（民籍某等）	363
七三	明隆慶陸年（1572）	直隸揚州府泰州如皋縣縣市西廂第壹里（圖）賦役黃冊	364
七四	明隆慶陸年（1572）	直隸揚州府泰州如皋縣縣市西廂第壹里（圖）賦役黃冊	366
七五	明隆慶陸年（1572）	直隸揚州府泰州如皋縣縣市西廂第壹里（圖）賦役黃冊	367
七六	明隆慶陸年（1572）	直隸揚州府泰州如皋縣縣市西廂第壹里（圖）賦役黃冊	369
七七	明隆慶陸年（1572）	直隸揚州府泰州如皋縣縣市西廂第壹里（圖）賦役黃冊	370
七八	明隆慶陸年（1572）	直隸揚州府泰州如皋縣縣市西廂第壹里（圖）賦役黃冊	372
七九	明隆慶陸年（1572）	直隸揚州府泰州如皋縣縣市西廂第壹里（圖）賦役黃冊	373
八〇	明隆慶陸年（1572）	直隸揚州府泰州如皋縣縣市西廂第壹里（圖）賦役黃冊	375

第九册

八一	明隆慶陸年（1572）直隸揚州府泰州如皋縣市西廂第壹里（圖）賦役黄冊	376
八二	明隆慶陸年（1572）直隸揚州府泰州如皋縣市西廂第壹里（圖）賦役黄冊（王某）	378
八三	明隆慶陸年（1572）直隸揚州府泰興縣順得鄉貳拾壹都第拾伍里（圖）賦役黄冊	379
一	明嘉靖叁拾壹年（1552）直隸揚州府泰州如皋縣市西廂第壹里（圖）賦役黄冊	381
二	明嘉靖叁拾壹年（1552）直隸揚州府泰州如皋縣市西廂第壹里（圖）賦役黄冊（軍戶陳友）	382
三	明嘉靖叁拾壹年（1552）直隸揚州府江都縣青草沙第肆圖賦役黄冊	384
四	明隆慶陸年（1572）直隸揚州府江都縣青草沙第肆圖賦役黄冊	385
五	明嘉靖叁拾壹年（1552）直隸揚州府如皋縣市西廂第壹里（圖）賦役黄冊	387
六	明隆慶陸年（1572）直隸揚州府如皋縣市西廂第壹里（圖）賦役黄冊（陳某）	388
七	明隆慶陸年（1572）直隸揚州府如皋縣市西廂第壹里（圖）賦役黄冊	390
八	明隆慶陸年（1572）直隸揚州府如皋縣市西廂第壹里（圖）賦役黄冊	391
九	明隆慶陸年（1572）直隸揚州府如皋縣市西廂第壹里（圖）賦役黄冊	392
一〇	明嘉靖叁拾壹年（1552）直隸揚州府如皋縣青草沙第肆圖賦役黄冊（徐某）	394
一一	明嘉靖叁拾壹年（1552）直隸揚州府如皋縣青草沙第肆圖賦役黄冊	395
一二	明嘉靖叁拾壹年（1552）直隸揚州府江都縣青草沙第肆圖賦役黄冊	396
一三	明嘉靖叁拾壹年（1552）直隸揚州府江都縣青草沙第肆圖賦役黄冊	397
一四	明隆慶陸年（1572）直隸揚州府如皋縣市西廂第壹里（圖）賦役黄冊	399
一五	明隆慶陸年（1572）直隸揚州府如皋縣市西廂第壹里（圖）賦役黄冊（許某）	400
一六	明隆慶陸年（1572）直隸揚州府如皋縣市西廂第壹里（圖）賦役黄冊	402
一七	明隆慶陸年（1572）直隸揚州府如皋縣市西廂第壹里（圖）賦役黄冊	403
一八	明嘉靖叁拾壹年（1552）直隸揚州府江都縣青草沙第肆圖賦役黄冊	404

一九 明嘉靖叁拾壹年（1552）直隸揚州府江都縣青草沙第肆圖賦役黃冊 406

二〇 明隆慶陸年（1572）直隸揚州府泰州如皋縣市西廂第壹里（圖）賦役黃冊（陳某）...... 407

二一 明隆慶陸年（1572）直隸揚州府泰州如皋縣市西廂第壹里（圖）賦役黃冊 408

二二 明嘉靖叁拾壹年（1552）直隸揚州府江都縣青草沙第肆圖賦役黃冊 410

二三 明嘉靖叁拾壹年（1552）直隸揚州府江都縣青草沙第肆圖賦役黃冊 411

二四 明嘉靖叁拾壹年（1552）直隸揚州府江都縣青草沙第肆圖賦役黃冊 412

二五 明嘉靖叁拾壹年（1552）直隸揚州府江都縣青草沙第肆圖賦役黃冊 414

二六 明嘉靖叁拾壹年（1552）直隸揚州府江都縣青草沙第肆圖賦役黃冊之一（陳某）...... 415

二七 明嘉靖叁拾壹年（1552）直隸揚州府江都縣青草沙第肆圖賦役黃冊之一（何某）...... 417

二八 明嘉靖叁拾壹年（1552）直隸揚州府江都縣青草沙第肆圖賦役黃冊之二（何某）...... 418

二九 明嘉靖叁拾壹年（1552）直隸揚州府江都縣青草沙第肆圖賦役黃冊之二（陳某）...... 420

三〇 明嘉靖叁拾壹年（1552）直隸揚州府江都縣青草沙第肆圖賦役黃冊 421

三一 明隆慶陸年（1572）直隸揚州府泰州如皋縣市西廂第壹圖賦役黃冊 422

三二 明隆慶陸年（1572）直隸揚州府泰州如皋縣市西廂第壹里（圖）賦役黃冊 424

三三 明隆慶陸年（1572）直隸揚州府泰州如皋縣市西廂第壹里（圖）賦役黃冊（徐某）...... 425

三四 明嘉靖叁拾壹年（1552）直隸揚州府江都縣青草沙第肆圖賦役黃冊（軍戶陳某）...... 426

三五 明隆慶陸年（1572）直隸揚州府泰州如皋縣市西廂第壹圖賦役黃冊（民戶王進保等）...... 428

三六 明隆慶陸年（1572）直隸揚州府泰州如皋縣市西廂第壹里（圖）賦役黃冊 429

三七 明嘉靖叁拾壹年（1552）直隸揚州府江都縣青草沙第肆圖賦役黃冊 431

三八 明嘉靖叁拾壹年（1552）直隸揚州府江都縣青草沙第肆圖賦役黃冊 432

三九 明隆慶陸年（1572）直隸揚州府泰州如皋縣市西廂第壹里（圖）賦役黃冊（王某）...... 433

四〇 明隆慶陸年（1572）直隸揚州府泰州如皋縣市西廂第壹里（圖）賦役黃冊 435

四一 明隆慶陸年（1572）直隸揚州府泰州如皋縣縣市西廂第壹里（圖）賦役黃冊 ……436
四二 明隆慶陸年（1572）直隸揚州府泰州如皋縣縣市西廂第壹里（圖）賦役黃冊 ……437
四三 明隆慶陸年（1572）直隸揚州府泰州如皋縣縣市西廂第壹里（圖）賦役黃冊 ……439
四四 明隆慶陸年（1572）直隸揚州府泰州如皋縣縣市西廂第壹里賦役黃冊（民戶某等）……440
四五 明隆慶陸年（1572）直隸揚州府泰州如皋縣縣市西廂第壹里（圖）賦役黃冊 ……442
四六 明嘉靖叁拾壹年（1552）直隸揚州府江都縣青草沙第肆圖賦役黃冊 ……443
四七 明嘉靖叁拾壹年（1552）直隸揚州府江都縣青草沙第肆圖賦役黃冊（夏某）……445
四八 明嘉靖叁拾壹年（1552）直隸揚州府江都縣青草沙第肆圖賦役黃冊 ……446
四九 明隆慶陸年（1572）直隸揚州府泰州如皋縣縣市西廂第壹里（圖）賦役黃冊 ……447
五〇 明隆慶陸年（1572）直隸揚州府泰州如皋縣縣市西廂第壹里（圖）賦役黃冊 ……449
五一 明隆慶陸年（1572）直隸揚州府泰州如皋縣縣市西廂第壹里（圖）賦役黃冊 ……450
五二 明隆慶陸年（1572）直隸揚州府泰州如皋縣縣市西廂第壹里（圖）賦役黃冊 ……452
五三 明嘉靖叁拾壹年（1552）直隸揚州府江都縣青草沙第肆圖賦役黃冊（軍戶趙王）……453
五四 明嘉靖叁拾壹年（1552）直隸揚州府江都縣青草沙第肆圖賦役黃冊 ……454
五五 明隆慶陸年（1572）直隸揚州府泰州如皋縣縣市西廂第壹里（圖）賦役黃冊 ……455
五六 明嘉靖叁拾壹年（1552）直隸揚州府江都縣青草沙第肆圖賦役黃冊 ……457
五七 明隆慶陸年（1572）直隸揚州府泰州如皋縣縣市西廂第壹里（圖）賦役黃冊 ……458
五八 明隆慶陸年（1572）直隸揚州府泰州如皋縣縣市西廂第壹里（圖）賦役黃冊 ……459
五九 明隆慶陸年（1572）直隸揚州府泰州如皋縣縣市西廂第壹里（圖）賦役黃冊 ……461
六〇 明隆慶陸年（1572）直隸揚州府泰州如皋縣縣市西廂第壹里（圖）賦役黃冊 ……462
六一 明隆慶陸年（1572）直隸揚州府泰州如皋縣縣市西廂第壹里（圖）賦役黃冊（許某）……463

六二　明隆慶陸年（1572）直隸揚州府泰州如皋縣縣市西廂第壹圖賦役黃冊……465

六三　明隆慶陸年（1572）直隸揚州府泰州如皋縣縣市西廂第壹圖賦役黃冊……466

六四　明隆慶陸年（1572）直隸揚州府泰州如皋縣縣市西廂第壹里（圖）賦役黃冊……468

六五　明隆慶陸年（1572）直隸揚州府泰州如皋縣縣市西廂第壹里（圖）賦役黃冊……469

六六　明隆慶陸年（1572）直隸揚州府泰州如皋縣縣市西廂第壹里（圖）賦役黃冊……471

卷二

本冊爲總第六冊，共七七葉，全部爲公文紙本文獻。

第六冊

一 明隆慶陸年（1572）直隸揚州府泰興縣順得鄉貳拾壹都第拾伍里（圖）賦役黃冊

【題解】

此件爲《韻學集成》第六冊卷六第一葉背，編號爲HV·YXJC[6·Y1]，其上下完整，前後均缺，共存文字二十行，與正面古籍文字成經緯狀。此件爲明代某戶的賦役黃冊。另，明代賦役黃冊往往會登載攢造之前十年內的人口變化等情況，文中所載孝兒、通關的亡故時間爲「嘉靖肆拾肆年」（1565）、「嘉靖肆拾伍年」（1566），而此後的隆慶陸年（1572）爲黃冊的攢造年份，據此可知，此件當係該年攢造的賦役黃冊。此件的文字字形、筆跡等與已知該批黃冊中攢造機構爲直隸揚州府泰興縣順得鄉貳拾壹都第拾伍里（圖）的賦役黃冊相似，故推斷，此件亦當屬於該里（圖）的黃冊。

【錄文】

（前缺）

秋糧：

1. 米正耗叁石柒斗貳升壹合柒勺。
2. 黃豆正耗伍升捌勺。
3.
4. 田陸拾玖畝伍分叁釐。

哈佛藏《韻學集成》《直音篇》紙背明代文獻釋錄 卷二

5. 夏稅：小麥正耗貳石貳斗叁升捌合捌勺。
6. 秋粮：米正耗叁石柒斗貳升壹合柒勺。
7. 地玖畝叁分陸釐。
8. 夏稅：小麥正耗叁斗肆勺。
9. 秋粮：黃豆正耗伍斗捌勺。
10. 桑壹株。夏稅：絲壹兩。
11. 民草房伍間。
12. 民水牛一隻。
13. □①除：正除男子叁口。
14. 弟勝　　孝兒，俱於嘉靖肆拾肆年故。
15. 通関，於嘉靖肆拾伍年故。
16. □②在：
17. 人口：壹拾口。
18. 男子伍口。
19. 成丁肆口。
20. 姪再興年伍拾歲。　姪保兒年叁拾柒歲。

（後缺）

① 據文義該字當作「開」，以下該類情況同此，不另說明。
② 據文義該字當作「實」，以下該類情況同此，不另說明。
「□」：據文義該字當作「實」，以下該類情況同此，不另說明。

二 明隆慶陸年（1572）直隸揚州府泰興縣順得鄉貳拾壹都第拾伍里（圖）賦役黃冊

【題解】

此件爲《韻學集成》第六冊卷六第二葉背，編號爲HV·YXJC[]6·Y2"，其上下完整，前後均缺，共存文字二三行，與正面古籍文字成經緯狀。此件爲明代某户的賦役黃冊。另，此件的文字字形、筆跡等與該批紙背文獻中隆慶陸年（1572）攢造的直隸揚州府泰興縣順得鄉貳拾壹都第拾伍里（圖）賦役黃冊相似，故推斷，此件亦當屬於該里（圖）的黃冊。

【錄文】

（前缺）

1. 弟□年□□歲。
2. 弟憲年伍拾陸歲。
3. 姪金年肆拾捌歲。
4. 弟保子年陸拾肆歲。
5. 姪敖年肆拾柒歲。
6. 兄僧保年柒拾柒歲。
7. 本身年柒拾伍歲。
8. 弟良年伍拾陸歲。
9. 嫂娄氏年壹百壹拾歲。
10. 嬸戚氏年壹百壹拾歲。　嫂盈氏年壹百貳拾歲。
11. 弟輔年伍拾陸歲。
12. 弟鳳年伍拾捌歲。

婦女大叁口：

不成丁貳口：

事產：

官民田柒分。

夏稅：小麥正耗貳升貳合肆勺。

13. 秋粮：米正耗伍升柒合玖勺。
14. 官田本都一則富淮庄原科高田叁分。
15. 夏稅：小麥每畝科正麥叁升，每斗帶耗柒合，共該玖合陸勺。
16. 正麥玖合。
17. 耗麥陸勺。
18. 秋粮：米每畝科正米壹斗貳升，每斗帶耗柒合，共該叁升捌合玖勺。
19. 正米叁升陸合。
20. 耗米貳合伍勺。①
21. 民田本都一則高田肆分。
22. 夏稅：小麥每畝科正麥叁升，每斗帶耗柒合，共該壹升貳合捌

（後缺）

三 明隆慶陸年（1572）直隸揚州府泰州如皋縣縣市西廂第壹里（圖）賦役黃冊

【題解】

此件爲《韻學集成》第六冊卷六第三葉背，編號爲HV·YXJC[]6·Y3]，其上下完整，前後均缺，共存文字十九行，與正面古籍文字成經緯狀。此件爲明代某戶的賦役黃冊。另，此件的文字字形、筆跡等與該批紙背文獻中隆慶陸年（1572）攢造的直隸揚州府泰州如皋縣縣市西廂第壹里（圖）賦役黃冊相似，故推斷，此件亦當屬於該里（圖）的黃冊。

---

① 據前後文數推算此處當脫「肆勺」二字。

【錄文】

（前缺）

1. 事產：
2. 官民田地玖拾貳畝叁分叁釐。
3. 　　夏稅：小麥正耗貳石貳升貳合捌勺。
4. 　　秋糧：
5. 　　　米正耗肆石玖合。
6. 　　　黃豆正耗叁石叁斗柒升玖合叁勺。
7. 官田地叁拾貳畝柒分陸釐伍毫。
8. 　　夏稅：小麥正耗叁石貳斗肆合捌勺。
9. 　　秋糧：
10. 　　　米正耗貳石捌斗陸升柒合陸勺。
11. 　　　黃豆正耗壹石叁斗叁升玖合叁勺。
12. 田貳拾貳畝叁分叁釐肆毫。
13. 　　　　　　　　秋粮：米正耗貳石捌斗陸升柒合陸勺。
14. 地壹拾畝肆分叁釐壹毫。
15. 　　夏稅：小麥壹石貳斗肆合捌勺。
16. 　　秋粮：黃豆正耗壹石叁斗叁升玖合叁勺。
17. 民田地伍拾玖畝伍分陸釐伍毫。
18. 　　夏稅：小麥正耗捌斗壹升捌合。
19. 　　秋糧：

四　明隆慶陸年（1572）直隸揚州府泰州如皋縣縣市西廂第壹里（圖）賦役黃冊（薛某）

【題解】

此件爲《韻學集成》第六册卷六第四葉背，編號爲HV·YXJC[J6·Y4]，其上下完整，前後均缺，共存文字十九行，與正面古籍文字成經緯狀。此件爲明代某戶的賦役黃冊，據十二至十四行所載男子姓名知，此件黃冊的戶頭當係薛某。另，明代賦役黃冊往往會登載攢造之前十年內的人口變化等情況，文中所載『薛計□』的亡故時間爲『隆慶伍年』（1571），而此後的隆慶陸年（1572）爲黃冊的攢造年份，據此可知，此件當係該年攢造的賦役黃冊。此件的文字字形、筆跡等與已知該批黃冊中攢造機構爲直隸揚州府泰州如皋縣縣市西廂第壹里（圖）的賦役黃冊相似，故推斷，此件亦當屬於該里（圖）的黃冊。

【錄文】

（前缺）

1. 田貳拾壹畝叁分叁釐陸毫。　秋粮：米正耗壹石壹斗肆升壹
2. 合肆勺。
3. 地叁拾捌畝貳分貳釐玖毫。
4. 夏稅：小麥正耗壹斗壹升捌合。
5. 黃豆正耗貳石肆升。
6. 秋粮：米正耗壹石壹斗肆升壹合肆勺。
7. 黃豆正耗貳石肆升。
8. 房屋：民草房肆間。
9. 頭匹：水牛壹隻。

（後缺）

五　明隆慶陸年（1572）直隸揚州府泰興縣順得鄉貳拾壹都第拾伍里（圖）賦役黃冊

【題解】

此件爲《韻學集成》第六冊卷六第五葉背，編號爲HV·YXJC[]6·Y5]，其上下完整，前後均缺，共存文字十九行，與正面古籍文字成經緯狀。此件爲明代某戶的賦役黃冊。另，此件的文字字形、筆跡等與該批紙背文獻中隆慶陸年（1572）攢造的直隸揚州府泰興縣順得鄉貳拾壹都第拾伍里（圖）賦役黃冊相似，故推斷，此件亦當屬於該里（圖）的黃冊。

【錄文】

（前缺）

1.　　　　　　　　　男子叁口。

10. 開除：

11. 人口：正除男子成丁叁口。

12.　　　　　薛蘭，於隆慶伍年病故。

13.　　　　　薛雙頂，嘉靖肆拾□年故。

14.　　　　　薛計□，於隆慶伍年病故。

15. 事產：

16.　　　官民田地轉除田地壹拾柒畝伍分玖釐伍毫。

17.　　　夏稅：小麥正耗叁斗捌升玖合柒勺。

18.　　　秋糧：

19.　　　　　米正耗柒斗陸升肆合叁勺。

（後缺）

哈佛藏《韻學集成》《直音篇》紙背明代文獻釋錄　卷二

2. 　　婦女壹口。
3. 事產：
4. 　　官民田地陸畝陸釐。
5. 　　　夏稅：小麥正耗叁斗叁升肆合貳勺。
6. 　　　秋粮：
7. 　　　　米正耗伍斗肆升柒合陸勺。
8. 　　　　黃豆正耗肆升壹勺。
9. 　　官田捌分伍釐。
10. 　　　夏稅：小麥正耗壹斗陸升柒合叁勺。
11. 　　　秋粮：米正耗叁斗玖合陸勺。
12. 　　民田地伍畝貳分。
13. 　　　夏稅：小麥正耗壹斗叁升陸合貳勺。
14. 　　　秋粮：
15. 　　　　米正耗貳斗叁升捌合壹勺。
16. 　　　　黃豆正耗肆升壹勺。
17. 　　田肆畝肆分伍釐。
18. 　　　夏稅：小麥正耗壹斗肆升貳合捌勺。
19. 　　　秋粮：米正耗貳斗叁升捌合壹勺。

（後缺）

一〇

六 明隆慶陸年（1572）直隸揚州府泰興縣順得鄉貳拾壹都第拾伍里賦役黃冊（民籍某興兒等）

【題解】

此件爲《韻學集成》第六冊卷六第六葉背，編號爲 HV·YX|C|6·Y6，其上殘下完，前後均缺，共存文字二十行，與正面古籍文字成經緯狀。此件爲明代兩戶的賦役黃冊，其中第一至十六行係一戶，第十七至二十行係揚州府泰興縣順得鄉貳拾壹都第拾伍里某興兒之黃冊。另，明代賦役黃冊在攢造之時需對下一輪十年內各戶充任里長、甲首情況等做出預先安排，第十七、十八行所載興兒充甲首的時間爲『萬曆貳年』（1575），而此前的隆慶陸年（1572）爲黃冊的攢造年份，據此可知，此件當係該年攢造的賦役黃冊。今據第二戶黃冊擬現題。

【錄文】

（前缺）

1. □在：
2. 　　婦女壹口：史氏於先年故。
3. 人口：男子不成丁壹口。本身年壹百壹拾陸歲，委係老丁，原籍戶下再無已次人丁接補，遺下民
4. 　　地係本里遞年潘鎮兒佃種，納粮不
5. 　　缺，理合造報。
6. 事產：
7. 　　民地本都一則地叁畝柒釐。
8. 　　夏稅：小麥每畝科正麥叁升，每斗帶耗柒合，共該玖升捌合陸勺。
9. 　　　　正麥玖升貳合壹勺。
10. 　　　　耗麥陸合伍勺。

哈佛藏《韻學集成》《直音篇》紙背明代文獻釋錄　卷二

11. 秋糧：黃豆每畝科正豆伍升，每斗帶耗柒合，共該壹斗陸升肆合貳
12. 勺。
13. 正豆壹斗伍升叁合伍勺。
14. 耗豆壹升柒勺。
15. 房屋：民草房伍間。
16. 頭匹：民水牛壹隻。
17. 得故，今冊弟興兒係直隸揚州府泰興縣順得鄉貳拾壹都第拾伍里民籍，充萬曆貳年甲
18. 首。
19. □①管：
20. 人丁：計家男、婦肆口。

（後缺）

七　明嘉靖叁拾壹年（1552）直隸揚州府江都縣青草沙第肆圖賦役黃冊

【題解】

此件為《韻學集成》第六冊卷六第七葉背，編號為 HV·YXJC[J6·Y7]，其上下完整，前後均缺，共存文字十八行，與正面古籍文字成經緯狀。此件為明代某戶的賦役黃冊。另，此件的文字字形、筆跡等與該批紙背文獻中嘉靖叁拾壹年（1552）攢造的直隸揚州府江都縣青草沙第肆圖賦役黃冊相似，故推斷，此件亦當屬於該圖的黃冊。

【錄文】

（前缺）

---

① "□"，據文義該字當作"舊"。以下該類情況同此，不另說明。

1. 地壹頃壹拾肆畝伍釐。
2. 夏稅：小麥正耗陸石壹斗壹合壹勺。
3. 秋粮：黃荳正耗陸石壹斗陸升伍合叁勺。
4. 一則本圖重租地壹畝貳分。
5. 夏稅：小麥每畝科正麥伍升，每斗帶耗
6. 柒合，共該陸升肆合貳勺。
7. 正麥陸升。
8. 耗麥肆合貳勺。
9. 秋粮：黃荳每畝科正荳壹斗，每斗帶
10. 耗柒合，共該壹斗貳升
11. 捌合肆勺。
12. 正荳壹斗貳升。
13. 耗荳捌合肆勺。
14. 一則本圖地壹頃壹拾貳畝捌分伍釐。
15. 夏稅：小麥每畝科正麥伍升，每斗帶耗
16. 柒合，共該陸石叁升陸合
17. 玖勺。
18. 正麥伍石陸斗肆升叁合

（後缺）

八　明隆慶陸年（1572）直隸揚州府泰州如皋縣縣市西廂第壹里（圖）賦役黃冊

【題解】

此件爲《韻學集成》第六冊卷六第八葉背，編號爲 HV·YXJC[]6·Y8]，其上下完整，前後均缺，共存文字十九行，與正面古籍文字成經緯狀。此件爲明代某戶的賦役黃冊。另，明代賦役黃冊往往會登載攢造之前十年內的田畝變化等情況，文中載有土地的「出賣」時間「嘉靖肆拾伍年」(1566)、「嘉靖肆拾肆年」(1565)、「嘉靖肆拾叁年」(1564)，而此後的隆慶陸年(1572)爲黃冊的攢造年份，據此可知，此件當係該年攢造的賦役黃冊。此件的文字字形、筆跡等與已知該批黃冊中攢造機構爲直隸揚州府泰州如皋縣縣市西廂第壹里（圖）的賦役黃冊相似，故推斷，此件亦當屬於該里（圖）的黃冊。

【錄文】

（前缺）

1. 黃豆正耗叁斗捌升玖合柒勺。
2. 田肆畝陸釐陸毫。秋糧：米正耗貳斗壹升柒合伍勺。
3. 一本圖一則蕩田肆分肆毫。秋糧：米每畝科正米伍升，每斗帶耗柒合，共該貳升壹合陸勺，嘉靖肆拾伍年拾月出賣與拾伍都肆圖顧枽爲業。
4. 一本圖一則蕩田壹畝陸釐捌毫。秋糧：米每畝科正米伍升，每斗帶耗柒合，共該玖合，嘉靖肆拾肆年出賣與柒都壹圖姜定爲業。
5. 一本圖一則蕩田貳分玖釐捌毫。秋糧：米每畝科正米伍升，每斗帶耗柒合，共該壹升伍合玖勺，嘉

九 明隆慶陸年（1572）直隸揚州府泰州如皋縣縣市西廂第壹里（圖）賦役黃冊

【題解】

此件爲《韻學集成》第六冊卷六第九葉背，編號爲 HV·YX]C[J6·Y9]，其上下完整，前後均缺，共存文字十九行，與正面古籍文字成經緯狀。此件爲明代某戶的賦役黃冊。另，此件的文字字形、筆跡等與該批紙背文獻中隆慶陸年（1572）攢造的直隸揚州府泰州如皋縣縣市西廂第壹里（圖）的黃冊相似，故推斷，此件亦當屬於該里（圖）的黃冊。另，此件與 HV·YX]C[J6·Y10]格式相同，內容相關，疑屬於同一戶的黃冊。

【錄文】

（前缺）

1. 夏稅：小麥每畝科正麥貳升，每斗帶耗柒合，共該貳
2. 升捌合肆勺。

12. 靖肆拾叁年出賣南廂史敖爲業。
13. 一本圖一則蕩田伍分捌釐貳毫。秋糧：米每畝科正米伍
14. 升，每斗帶耗柒合，共該叁升壹合壹勺。
15. 嘉靖肆拾肆年出賣與肆都貳圖冒
16. 本爲業。
17. 一本圖一則蕩田捌分貳厘肆毫。秋糧：米每畝科正米伍
18. 升，每斗帶耗柒合，共該肆升壹合壹
19. 勺，嘉靖肆拾肆年捌月出賣與拾貳

（後缺）

3. 秋粮：黄豆每畝科正豆伍升，每斗帶耗柒合，共該柒
4. 升壹合。
5. 一本圖一則陸地貳畝柒釐叁毫，係買到肆都貳圖張訓户下
6. 地。
7. 夏稅：小麥每畝科正麥貳升，每斗帶耗柒合，共該貳圖張訓户下
8. 合捌勺。
9. 秋粮：黄豆每畝科正豆伍升，每斗帶耗柒合，共該壹升
10. 合陸勺。
11. 一本圖一則陸地貳畝捌毫，地。
12.
13. 夏稅：小麥每畝科正麥貳升，每斗帶耗柒合，共該壹升叁
14. 合肆勺。
15. 秋粮：黄豆每畝科正豆伍升，每斗帶耗柒合，共該叁升叁
16. 合陸勺。
17. 一本圖一則陸地壹畝肆分壹叁毫，買到貳拾都伍圖朱鳳户下
18. 地。
19. 夏稅：小麥每畝科正麥貳升，每斗帶耗柒合，共該叁升貳

（後缺）

一〇 明隆慶陸年（1572）直隸揚州府泰州如皋縣縣市西廂第壹里（圖）賦役黃册

【題解】

此件爲《韻學集成》第六册卷六第十葉背，編號爲HV·YXJCJ6·Y10］，其上下完整，前後均缺，共存文字十九行，與正面古籍文字成經緯狀。此件爲明代某户的賦役黃册。另，此件的文字字形、筆跡等與該批紙背文獻中隆慶陸年（1572）攢造的直隸揚州府泰州如皋縣縣市西廂第壹里（圖）賦役黃册相似，故推斷，此件亦當屬於該里（圖）的黃册。另，此件與HV·YXJCJ6·Y9］格式相同，內容相關，疑屬於同一户的黃册。

【錄文】

（前缺）

1. 　　　　　勺。
2. 秋粮：黄豆每畝科正豆伍升，每斗帶耗柒合，共該柒升
3. 　合陸勺。
4. 一本圖一則陸地貳畝伍分肆釐肆毫，買到貳拾壹都壹圖張成
5. 　户下田[①]。
6. 夏税：小麥每畝科正麥貳升，每斗帶耗柒合，共該伍升肆
7. 　合肆勺。
8. 秋粮：黄豆每畝科正豆伍升，每斗帶耗柒合，共該壹斗叁
9. 　升陸勺。
10. 一本圖一則陸地□畝肆釐陸毫，買到拾玖都壹圖盧延户下
11. 　地。
12. 夏税：小麥每畝科正麥貳升，每斗帶耗柒合，共該貳升貳

① 按體例，"田"當爲"地"之訛。

一一 明隆慶陸年（1572）直隸揚州府泰州如皋縣縣市西廂第壹圖賦役黃冊（民戶陸鼠兒等）

【題解】

此件爲《韻學集成》第六冊卷六第十一葉背，編號爲HV·YXJCJJ6·Y11」，其上殘下完，前後均缺，共存文字二一行，與正面古籍文字成經緯狀。此件爲明代兩戶的賦役黃冊，其中第一至七行係一户，第八至二一行爲直隸揚州府泰州如皋縣縣市西廂第壹圖民户陸鼠兒一户的黃冊。另，明代賦役黃冊在攢造之時需對下一輪十年内各户充任里長、甲首情況等做出預先安排，第七行所載陸鼠兒充甲首的時間爲『萬曆玖年』（1581），而此前的隆慶陸年（1572）爲黃冊的攢造年份，據此可知，此件當係該年攢造的賦役黃冊。今據第二户黃冊擬現題。

【錄文】

（前缺）

1. ▢肆合玖勺。

（中略）

13. ▢合肆勺。
14. 秋糧：黄豆每畝科正豆伍升，每斗帶耗柒合，共該伍
15. 升陸合。
16. 一本圖一則陸地壹畝叁分貳釐玖毫，買到本圖張應其户下
17. 地。
18. 夏税：小麥每畝科正麥貳升，每斗帶耗柒合，共該貳
19. 升捌合肆勺。

（後缺）

2. 耗麥壹升貳合貳勺。
3. 秋糧：黃豆每畝科正豆伍升，每斗帶耗柒合，共該肆斗陸
4. 升柒合捌勺。
5. 正豆肆斗叁升柒合貳勺。
6. 耗豆叁升陸勺。
7. 房屋：民草房叁間。
8. 今陸鼠兒係直隸揚州府泰州如皋縣縣市西廂第壹圖民户，充萬曆玖年甲首。
9. 舊管：
10. 人丁：計家男、婦壹拾口。
11. 男子柒口。
12. 婦女叁口。
13. 事產：
14. 官民田地貳畝伍分捌釐叁毫。
15. 夏稅：小麥正耗陸升陸合伍勺。
16. 秋糧：
17. 米正耗壹斗壹合貳合。
18. 黃豆正耗玖升肆合柒勺。
19. 官田地玖分壹釐伍毫。
20. 夏稅：小麥正耗叁升叁合陸勺。
21. 秋糧：

（後缺）

一二 明隆慶陸年（1572）直隸揚州府泰州如皋縣縣市西廂第壹里（圖）賦役黃冊

【題解】

此件爲《韻學集成》第六冊卷六第十二葉背，編號爲"HV·YXJCJ6·Y12"，其上下完整，前後均缺，共存文字二十行，與正面古籍文字成經緯狀。此件爲明代某户的賦役黃冊。另，此件的文字字形、筆跡等與該批紙背文獻中隆慶陸年（1572）攢造的直隸揚州府泰州如皋縣縣市西廂第壹里（圖）賦役黃冊相似，故推斷，此件亦當屬於該里（圖）的黃冊。

【録文】

（前缺）

1. 夏税：小麥每畝科正麥壹斗捌合，每斗帶耗柒合，共該
2. 貳斗陸升柒合捌勺。
3. 正麥貳斗肆升捌合伍勺。
4. 耗麥壹升玖合叁勺。
5. 秋糧：黃豆每畝科正豆壹斗貳升，每斗帶耗柒合，共該
6. 貳斗玖升肆合叁勺。
7. 正豆貳斗柒升伍合。
8. 耗豆壹升玖合叁勺。
9. 民田地壹拾叁畝捌分肆釐叁毫。
10. 夏税：小麥正耗壹斗捌升柒合壹勺。
11. 秋糧：
12. 米正耗貳斗柒升貳合捌勺。
13. 黃豆正耗肆斗陸升柒合捌勺。

一三 明隆慶陸年（1572）直隸揚州府泰州如皋縣縣市西廂第壹里（圖）賦役黃冊

【題解】

此件爲《韻學集成》第六冊卷六第十三葉背，編號爲HV·YXJC[[6·Y13]'，其上下完整，前後均缺，共存文字二十行，與正面古籍文字成經緯狀。此件爲明代某戶的賦役黃冊。另，此件的文字字形、筆跡等與該批紙背文獻中隆慶陸年（1572）攢造的直隸揚州府泰州如皋縣縣市西廂第壹里（圖）賦役黃冊相似，故推斷，此件亦當屬於該里（圖）的黃冊。

【錄文】

（前缺）

1. 　　　　　　米正耗貳石壹斗捌合伍勺。
2. 　　　　　　黃豆正耗壹石貳升壹合。
3. 　田壹拾柒畝貳釐陸毫。　秋糧：米正耗貳石壹斗捌合伍勺。
4. 　地柒畝玖分伍釐壹毫。

14. 　田本圖一則蕩田伍畝玖釐玖毫。　秋糧：米每畝科正米伍升，每斗帶耗柒
15. 　　合，共該貳斗柒升貳合捌勺。
16. 　　正米貳斗伍升伍合。
17. 　　耗米壹升柒合捌勺。
18. 　地本圖一則陸地捌畝柒分肆釐肆毫。
19. 　　夏稅：小麥每畝科正麥貳升，每斗帶耗柒合，共該壹斗捌升
20. 　　柒合壹勺。

（後缺）

5. 夏稅：小麥正耗玖斗壹升捌合玖勺。
6. 秋糧：黃豆正耗壹石貳升壹合。
7. 民田地肆拾伍畝伍分肆釐壹毫。
8. 夏稅：小麥正耗陸斗貳升叁合陸勺。
9. 秋糧：
10. 米正耗捌斗柒升伍合柒勺。
11. 黃豆正耗壹石伍斗伍升玖合肆勺。
12. 田壹拾陸畝叁分。秋糧：米正耗捌斗柒升伍合柒勺。
13. 地貳拾玖畝貳分肆釐壹毫。
14. 夏稅：小麥正耗陸斗貳升叁合陸勺。
15. 秋糧：黃豆正耗壹石伍斗伍升玖合肆勺。
16. 房屋：民草房伍間。
17. 頭匹：水牛壹隻。
18. □除：
19. 人口：正除男、婦柒口。
20. 男子肆口。

（後缺）

一四 明慶陸年（1572）直隸揚州府泰州如皋縣縣市西廂第壹圖賦役黃冊（軍戶吳越等）

【題解】

此件爲《韻學集成》第六冊卷六第十四葉背，編號爲"HV·YXJC[]6·Y14"，其上殘下完，前後均缺，共存文字二十行，與正面古籍文字成經緯狀。此件爲明代兩戶的賦役黃冊，其中第一行爲一戶黃冊的最後一行，第二至二十行係直隸揚州府泰州如皋縣縣市西廂第壹圖軍戶吳某的黃冊，據第八、九行可知"吳某"當係吳越。另，明代賦役黃冊在攢造之時需對下一輪十年內各戶充任里長、甲首情況等做出預先安排，第九行所載吳越充甲首的時間爲"萬曆玖年"（1581），而此前的隆慶陸年（1572）爲黃冊的攢造年份，據此可知，此件當係該年攢造的賦役黃冊。今據第二戶黃冊擬現題。

【錄文】

（前缺）

1. ☐☐☐☐☐☐☐☐☐☐☐房屋：民草房貳間。
2. ☐係直隸揚州府泰州如皋縣縣市西廂第壹圖☐☐☐☐☐☐☐貳拾都
3. 伍圖另籍軍戶，吳通捌先於
4. 充張氏萬戶。生父吳通柒、叔吳通捌先於
5. 丙午年徐丞相歸附，充前天策軍，故。
6. 在營吳官音保補役，洪武叁拾貳年還
7. 鄉入籍西廂。洪熙元年調彭城衛中所
8. 百戶江湧下軍，於正德拾陸年觧吳越
9. 補役，充萬曆玖年甲首。
10. 舊管：
11. 人丁：計家男、婦壹拾捌口。

哈佛藏《韻學集成》《直音篇》紙背明代文獻釋錄　卷二

12. 男子壹拾叁口。
13. 婦女伍口。
14. 事產：
15. 官民田地柒拾畝伍分壹釐捌毫。
16. 夏稅：小麥正耗壹石伍斗肆升貳合伍勺。
17. 秋糧：
18. 米正耗叁石陸升肆合貳勺。
19. 黃豆正耗貳石伍斗捌升肆勺。
20. 官田地貳拾肆畝玖分柒釐柒毫。

（後缺）

一五　明嘉靖叁拾壹年（1552）直隸揚州府江都縣青草沙第肆圖賦役黃冊

【題解】

此件爲《韻學集成》第六冊卷六第十五葉背，編號爲HV·YXJC[]6·Y15］，其上下完整，前後均缺，共存文字十八行，與正面古籍文字成經緯狀。此件爲明代某戶的賦役黃冊。另，此件的文字字形、筆跡等與該批紙背文獻中嘉靖叁拾壹年（1552）攢造的直隸揚州府江都縣青草沙第肆圖賦役黃冊相似，故推斷，此件亦當屬於該圖的黃冊。

【錄文】

（前缺）

1. 小麥正耗貳百捌拾陸石捌斗柒
2. 升伍合壹勺陸抄。

二四

3. 絲壹兩。
4.
5.
6.
7.
8.
9. 秋糧：
10. 　　米正耗貳百肆拾肆石陸斗肆升陸
11. 　　　合玖勺。
12. 　　黃荳正耗壹百玖石玖斗柒升伍
13. 　　　合柒勺捌抄。
14. 夏稅：小麥正耗壹百陸拾肆石叄斗
15. 　　壹升柒合伍勺捌抄。
16. 官田地壹拾壹頃捌拾肆畝叄分貳釐肆毫貳絲。
17. 秋糧：
18. 　　米正耗壹百伍拾叄石陸斗叄升
　　　叄合玖勺。
　　黃荳正耗伍拾伍石柒斗肆升陸
　　　合叄勺。
田捌頃玖拾叄畝柒分陸釐玖毫貳絲。
夏稅：小麥正耗壹百壹拾玖石貳斗捌

（後缺）

一六 明嘉靖叁拾壹年（1552）直隸揚州府江都縣青草沙第肆圖賦役黃冊

【題解】

此件爲《韻學集成》第六册卷六第十六葉背，編號爲 HV·YXJCJ6·Y16'，其上下完整，前後均缺，共存文字十四行，與正面古籍文字成經緯狀。此件爲明代某户的賦役黃册。另，此件的文字字形、筆跡等與該批紙背文獻中嘉靖叁拾壹年（1552）攢造的直隸揚州府江都縣青草沙第肆圖賦役黃册相似，故推斷，此件亦當屬於該圖的黃册。

【錄文】

（前缺）

1. 夏税：小麦正耗貳拾石捌斗升壹
2. 合肆勺伍抄。
3. 秋糧：
4. 米正耗貳拾貳石壹斗升叁合
5. 捌抄。
6. 黄荳正耗伍石肆斗捌升壹合捌勺柒抄。
7. 田叁頃柒畝叁分肆釐叁毫。
8. 夏税：小麥正耗壹拾伍石貳斗玖升玖合
9. 柒勺捌抄。
10. 秋糧：
11. 米正耗壹拾陸石捌斗柒升合陸勺捌抄。
12. 黄荳正耗壹斗叁升貳合玖勺。
13. 地貳頃陸拾陸畝捌分陸釐玖毫。

一七 明隆慶陸年（1572）直隸揚州府泰州如皋縣縣市西廂第壹里（圖）賦役黃冊之二（王某）

【題解】

此件爲《韻學集成》第六冊卷六第十七葉背，編號爲HV·YXJC[6·Y17]，其上下完整，前後均缺，共存文字二一行，與正面古籍文字成經緯狀。此件爲明代某戶的賦役黃冊，據第十、十一行所載男子姓名推斷，此戶的戶頭當係王某。據此件與HV·YXJC[6·Y18]所載官民田地數推知，此件與該件可綴合爲一，其中此件在前。另，HV·YXJC[6·Y21]第一、二行載有男子王然、王保兒，此二人正係此件第11行所載的貳人，據之可知此件當與HV·YXJC[6·Y21]係同一件文書。明代黃冊按通過『舊管』『新收』『開除』『實在』等四柱展現某戶人口、事產的變化情況，此件載有『□在』，其殘缺者當係『實』字，故此件當係王某黃冊的後半部分，而HV·YXJC[6·Y21]當在此件之前。另，此件的文字字形、筆跡等與該批紙背文獻中隆慶陸年（1572）攢造的直隸揚州府泰州如皋縣縣市西廂第壹里（圖）賦役黃冊相似，故推斷，此件亦當屬於該里（圖）的黃冊。

【錄文】

（前缺）

1. □□□買到本圖□□戶下田。
2. 地本圖一則陸地壹拾畝陸分陸釐。
3. 夏稅：小麥每畝科正麥貳升，每斗帶耗柒合，共
4. 該貳斗貳升壹合柒勺。
5. 秋糧：黃豆每畝科正豆伍升，每斗帶耗柒合，共該

14. 夏稅：小麥正耗伍石伍斗玖升壹合陸

（後缺）

哈佛藏《韻學集成》《直音篇》紙背明代文獻釋錄 卷二

6.
7. □在：
8. 人口：男、婦陸口。
9. 男子肆口：
10. 本身年柒拾叁歲。 孫王照年貳拾伍歲。
11. 孫王然年貳拾貳歲。 孫王保兒年貳拾歲。
12. 婦女貳口：
13. 孫婦張氏年貳拾歲。 孫婦阮氏年拾玖歲。
14. 事產：
15. 官民田地貳拾叁畝貳分陸釐捌毫。
16. 夏稅：小麥正耗伍斗壹升肆勺。 伍斗伍升肆合叁勺。
17. 秋糧：
18. 米正耗壹石貳升伍合。
19. 黃豆正耗捌斗叁升陸合。
20. 官田地捌畝陸分壹釐肆毫。
21. 夏稅：小麥正耗□陸合捌勺。

（後缺）

一八 明隆慶陸年（1572）直隷揚州府泰州如皋縣縣市西廂第壹里（圖）賦役黃冊之三（王某）

【題解】

此件爲《韻學集成》第六冊卷六第十八葉背，編號爲HV·YXJCJJ6·Y18」，其上下完整，前後均缺，共存文字二十行，與正面古籍文字成經緯狀。此件爲明代某戶的賦役黃冊。另，據此件與HV·YXJCJJ6·Y17」所載官民田地數推知，此件與HV·YXJCJJ6·Y17」所載官民田地數之和等於上件所載之官田地數，雖此件之民田數與上件之官田數之和等於上件所載之官田地數，但此件在後，據文例，兩件中缺者係「秋糧」一行。今據HV·YXJCJJ6·Y17」擬現題。

【錄文】

（前缺）

1. 　　　　米正耗柒斗伍升叁合捌勺。
2. 　　　　黃豆正耗叁斗伍升貳合。
3. 田本圖一則沒官蕩田伍畝捌分柒釐壹毫。秋糧：米每畝科正米
4. 　　壹斗貳升，每斗帶耗柒合，共該柒斗伍升
5. 　　叁合捌勺。
6. 　　　　正米柒斗肆合伍勺。
7. 　　　　耗米肆升玖合叁勺。
8. 地本圖一則沒官陸地貳畝柒分肆釐貳毫。
9. 夏稅：小麥每畝科正麥壹斗捌合，每斗帶耗柒合，
10. 　　共該叁斗壹升陸合。
11. 　　　　正麥貳斗玖升陸合壹勺。

12. 耗麥貳升柒勺。
13. 秋糧：黃豆每畝科正豆壹斗貳升，每斗帶耗柒合
14. 　　　共該叁斗伍升貳合。
15. 　　　正豆叁斗貳升玖合。
16. 　　　耗豆貳升叁合。
17. 民田地壹拾肆畝陸分伍釐伍毫。
18. 夏稅：小麥正耗壹斗玖升叁合陸勺。
19. 秋糧：
20. 　　　米正耗貳斗柒升壹合貳勺。

（後缺）

一九　明隆慶陸年（1572）直隸揚州府泰州如皋縣縣市西廂第壹里（圖）賦役黃冊

【題解】

此件爲《韻學集成》第六冊卷六第十九葉背，編號爲HV·YXJC[]6·Y19]，其上下完整，前後均缺，共存文字二一行，與正面古籍文字成經緯狀。此件爲明代某戶的賦役黃冊。另，明代賦役黃冊往往會登載攢造之前十年內的田畝變化等情況，文中載有土地的「兌佃」時間「隆慶伍年」（1571）、「隆慶叁年」（1569），而此後的隆慶陸年（1572）爲黃冊的攢造年份，據此可知，此件當係該年攢造的賦役黃冊。此件的文字字形、筆跡等與已知該批黃冊中攢造機構爲直隸揚州府泰州如皋縣縣市西廂第壹里（圖）的賦役黃冊相似，故推斷，此件亦當屬於該里（圖）的黃冊。

【錄文】

（前缺）

1. 秋糧：黃豆每畝科正豆壹斗貳升，每斗帶耗柒合，共該壹升叁合捌勺。
2. 一本圖一則沒官陸地柒分貳釐貳毫，於隆慶伍年係
3. 兌佃與貳拾貳都壹圖高元春承種。
4. 夏稅：小麥每畝科正麥壹拾壹都壹圖高元春承種。
5. 合，共該叁升柒合貳勺。
6. 秋糧：黃豆每畝科正豆壹斗貳升，每斗帶耗柒
7. 合，共該肆升壹合叁勺。
8. 一本圖一則沒官陸地陸釐玖毫，於口隆慶叁年係兌
9. 佃與貳拾壹都貳圖蔣保承種。
10. 夏稅：小麥每畝科正麥壹斗捌合，每斗帶耗柒
11. 合，共該柒合玖勺。
12. 秋糧：黃豆每畝科正豆壹斗貳升，每斗帶耗柒
13. 合，共該捌合捌勺。
14. 一本圖一則沒官陸地陸釐陸毫，於隆慶伍年係兌佃
15. 與貳拾壹都壹圖曹漢兒承種。
16. 夏稅：小麥每畝科正麥壹斗捌合，每斗帶耗柒
17. 合，共該捌合捌勺。
18. 秋糧：黃豆每畝科正豆壹斗貳升，每斗帶耗柒
19. 合，共該玖合捌勺。
20. 一本圖一則
21. （後缺）

二〇 明隆慶陸年（1572）直隸揚州府泰州如皋縣縣市西廂第壹里（圖）賦役黃冊

【題解】

此件爲《韻學集成》第六冊卷六第二十葉背，編號爲HV·YXJC[J6·Y20]，其上下完整，前後均缺，共存文字二十行，與正面古籍文字成經緯狀。此件爲明代某户的賦役黄册。另，明代賦役黄册往往會登載攢造之前十年內的田畝變化等情況，文中載有土地的『兑佃』時間『隆慶陸年』（1572），而該年正爲黄册的攢造年份，據此可知，此件當係該年攢造的賦役黄册。此件的文字字形、筆跡等與已知批黄册中攢造機構爲直隸揚州府泰州如皋縣縣市西廂第壹里（圖）的黄册相似，故推斷，此件亦當屬於該里（圖）的黄册。

【録文】

（前缺）

1. 夏税：小麥每畝科正麥壹斗捌合，每斗帶耗柒合，
2. 共該壹升壹合壹勺。
3. 秋糧：黄豆每畝科正豆壹斗貳升，每斗帶耗柒合，
4. 共該壹升貳合陸勺。
5. 一本圖一則沒官陸地壹畝分玖釐柒毫，於隆慶陸
6. 年係兑佃與本圖張鋭承種。
7. 夏税：小麥每畝科正麥壹斗捌合，每斗帶耗柒合，
8. 共該壹斗叁升叁合。
9. 秋糧：黄豆每畝科正豆壹斗貳升，每斗帶耗柒
10. 合，共該壹斗玖升貳合貳勺。
11. 一本圖一則沒官陸地柒釐捌毫，於隆慶陸年係兑佃
12. 與貳拾都叁圖陳泮承種。

二 明隆慶陸年（1572）直隸揚州府泰州如皋縣縣市西廂第壹里（圖）賦役黃冊之一（王某）

【題解】

此件爲《韻學集成》第六册卷六第二一葉背，編號爲HV·YXJC[]6·Y21]，其上下完整，前後均缺，共存文字二十行，與正面古籍文字成經緯狀。此件爲明代某户的賦役黄册，據一、二行所載男子姓名王然、王保兒知，此黄册的户頭户當係王某。另，由於此二人亦係HV·YXJC[]6·Y17]所載人口，故推知，此件當與HV·YXJC[]6·Y17]係同一户的黄册。明代黄册通常按四柱展現某户人口、事產的變化情況，HV·YXJC[]6·Y17]載有『□在』，其殘缺者當係『實』字，故HV·YXJC[]6·Y17]當係王某黄册的後半部分，而此件當在其前。今據HV·YXJC[]6·Y17]擬現題。

【錄文】

（前缺）

13. 夏税：小麥每畝科正麥壹斗捌合，每斗帶耗柒
14. 合，共該捌合玖勺。
15. 秋糧：黄豆每畝科正豆壹斗貳升，每斗帶耗柒
16. 合，共該玖合玖勺。
17. 民田地玖拾肆畝伍分貳釐伍毫。
18. 夏税：小麥正耗壹石叁斗壹升貳合。
19. 秋糧：
20. 米正耗壹石捌斗叁升陸勺。

（後缺）

哈佛藏《韻學集成》《直音篇》紙背明代文獻釋錄　卷二

1. 王然，係本户原先漏報。
2. 王保兒，係本户原先漏報。
3. 婦女貳口：
4. 張氏，係娶到泰州張文女。
5. 阮氏，係娶到通州阮福女。
6. 事產：
7. 官民田地轉收田地貳拾伍畝貳釐捌毫。　　桑壹株。
8. 夏稅：
9. 小麥正耗伍斗肆升捌合伍勺。
10. 絲壹兩。
11. 秋糧：
12. 米正耗壹石捌升柒合。
13. 黃豆正耗玖斗壹升柒合肆勺。
14. 官田地捌畝捌分捌釐叁毫。
15. 夏稅：小麥正耗叁斗貳升陸合捌勺。
16. 秋糧：
17. 米正耗柒斗柒升合伍勺。
18. 黃豆正耗叁斗陸升叁合壹勺。
19. 田本圖一則沒官蕩田陸畝伍釐伍毫。秋糧：米每畝科正米壹斗貳升，每斗帶耗柒合，共該柒斗柒升柒

（後缺）

三四

二二 明隆慶陸年（1572）直隸揚州府泰州如皋縣縣市西廂第壹里（圖）賦役黃冊

【題解】

此件爲《韻學集成》第六册卷六第二二葉背，編號爲"HV·YXJC][6·Y22]"，其上下完整，前後均缺，共存文字二十行，與正面古籍文字成經緯狀。此件爲明代某户的賦役黃冊。另，明代賦役黃冊往往會登載攢造之前十年内的田畝變化等情况，文中載有土地的『出賣』時間『隆慶貳年』（1568），而此後的隆慶陸年（1572）爲黃冊的攢造年份，據此可知，此件當係該年攢造的賦役黃冊。此件的文字字形、筆跡等與已知批黃冊中攢造機構爲直隸揚州府泰州如皋縣市西廂第壹里（圖）的賦役黃冊相似，故推斷，此件亦當屬於該里（圖）的黃冊。

【錄文】

（前缺）

1. 夏税：小麥每畝科正麥壹斗捌合，每斗帶耗柒合，
2. 　　　共該貳升陸合。
3. 秋糧：黃豆每畝科正豆壹斗貳升，每斗帶耗柒合，
4. 　　　共該貳升玖合勺。
5. 民田地壹畝貳分捌釐陸毫。
6. 夏税：小麥正耗壹升肆合陸勺。
7. 秋糧：
8. 　　米正耗貳升肆合柒勺。
9. 　　黃豆正耗肆升肆合壹勺。
10. 田本圖一則蕩田肆分陸釐貳毫。秋粮：米每畝科正米伍升，每

11. 斗帶耗柒合，共該貳升肆合柒勺，係
12. 隆慶貳年叁月內出賣壹都拾圖緲
13. 仲爲業。
14. 地本圖一則陸地捌分壹釐肆毫，出賣與壹都拾圖緲仲爲業。
15. 夏稅：小麥每畝科正麥貳升，每斗帶耗柒合，共該壹升肆合陸勺。
16. 秋糧：黃豆每畝科正豆伍升，每斗帶耗柒合，共該肆升肆合壹勺。
17.
18.
19. 新收：
20. 人口：正收男、婦伍口。

（後缺）

二三　明隆慶陸年（1572）直隸揚州府泰州如皋縣縣市西廂第壹里（圖）賦役黃冊（宗某）

【題解】

此件爲《韻學集成》第六冊卷六第二三葉背，編號爲HV·YXJCJ6·Y23］，其上下完整，前後均缺，共存文字十九行，與正面古籍文字成經緯狀。此件爲明代某戶的賦役黃冊，據其中所載男子姓名知，此黃冊的戶頭當係宗某。另，此件的文字字形、筆跡等與該批紙背文獻中隆慶陸年（1572）攢造的直隸揚州府泰州如皋縣縣市西廂第壹里（圖）賦役黃冊相似，故推斷，此件亦當屬於該里（圖）的黃冊。

【錄文】

（前缺）

1. 本身年肆拾捌歲。
2. 弟宗佰年肆拾柒歲。
3. 姪宗樽年肆拾陸歲。
4. 姪宗仕年叁拾玖歲。
5. 姪宗耿年叁拾柒歲。
6. 姪宗位年叁拾陸歲。
7. 姪宗樫年貳拾陸歲。
8. 姪宗表年貳拾伍歲。
9. 姪宗楷年貳拾伍歲。
10. 姪宗順年貳拾伍歲。
11. 姪宗價年貳拾肆歲。
12. 姪宗橫年貳拾貳歲。
13. 姪宗宇年貳拾貳歲。
14. 孫宗智年貳拾伍歲。
15. 孫宗傰年貳拾伍歲。
16. 孫宗罩漢年拾陸歲。
17. 孫宗宰年壹拾貳歲。
18. 姪宗伽保年拾貳歲。
19. 姪宗應其年拾伍歲。

（後缺）

弟宗琴年伍①拾陸歲。
弟宗□年肆拾陸歲。
姪宗格年肆拾歲。
姪宗綵年叁拾捌歲。
弟宗淮年叁拾柒歲。
弟宗柯年貳拾柒歲。
姪宗宜年貳拾捌歲。
姪宗述年貳拾伍歲。
姪宗軫年貳拾伍歲。
姪宗朴年貳拾伍歲。
姪宗儻年貳拾肆歲。
姪宗檀年貳拾伍歲。
姪宗室年貳拾肆歲。
姪宗俸年貳拾伍歲。
孫宗親年貳拾伍歲。
姪宗荣年壹拾捌歲。
姪宗訓年壹拾捌歲。
孫宗守太年拾貳歲。
孫宗長受年拾貳歲。

① 「伍」：據文義該字疑誤。

第六冊

三七

二四 明隆慶陸年（1572）直隸揚州府泰州如皋縣縣市西廂第壹里（圖）賦役黄冊

【題解】

此件爲《韻學集成》第六冊卷六第二四葉背，編號爲"HV·YXJC[J6·Y24"，其上下完整，前後均缺，共存文字十九行，與正面古籍文字成經緯狀。此件爲明代某户的賦役黄冊。另，此件的文字字形、筆跡等與該批紙背文獻中隆慶陸年（1572）攢造的直隸揚州府泰州如皋縣縣市西廂第壹里（圖）賦役黄冊相似，故推斷，此件亦當屬於該里（圖）的黄冊。

【録文】

（前缺）

1. 户下地。
2. 夏税：小麥每畝科正麥貳升，每斗帶耗柒合，共該壹
3. 升叁合肆勺。
4. 秋糧：黄豆每畝科正豆伍升，每斗帶耗柒合，共該叁
5. 升叁合陸勺。
6. 一本圖一則陸地壹畝肆分叁釐玖毫，買到陸都壹圖李□
7. 户下地。
8. 夏税：小麥每畝科正麥貳升，每斗帶耗柒合，共該叁
9. 升捌勺。
10. 秋糧：黄豆每畝科正豆伍升，每斗帶耗柒合，共該柒
11. 升柒合。
12. 一本圖一則陸地柒畝肆毫，係買到本圖張應元户下地。
13. 夏税：小麥每畝科正麥貳升，每斗帶耗柒合，共該壹

14. 斗伍升陸勺。
15. 秋粮：黃豆每畝科正豆伍升，每斗帶耗柒合，共該叁斗
16. 柒升陸合陸勺。

（後缺）

17. 實在：
18. 人口：男、婦陸拾捌口。
19. 男子成丁肆拾叁口。

二五 明嘉靖叁拾壹年（1552）直隸揚州府江都縣青草沙第肆圖賦役黃冊

【題解】

此件為《韻學集成》第六冊卷六第二五葉背，編號為HV·YXJCJ[6·Y25]，其上下完整，前後均缺，共存文字十六行，與正面古籍文字成經緯狀。此件為明代某戶的賦役黃冊。另，此件的文字字形、筆跡等與該批紙背文獻中嘉靖叁拾壹年（1552）攢造的直隸揚州府江都縣青草沙第肆圖賦役黃冊相似，故推斷，此件亦當屬於該圖的黃冊。

【錄文】

（前缺）

1. 夏税：小麥正耗壹拾貳石叁斗壹升
2. 陸合貳勺貳抄。
3. 秋糧：
4. 米正耗壹拾貳石捌升伍合伍
5. 勺。

6. 黃荳正耗貳石柒斗玖升。
7. 田陸拾柒畝玖釐貳毫。
8. 夏稅：小麥正耗壹拾石肆升玖勺。
9. 秋糧：
10. 米正耗壹拾貳石柒斗伍合伍勺。
11. 黃荳正耗捌升伍合壹勺。
12. 地壹拾叁畝壹分。
13. 夏稅：小麥正耗貳石壹斗陸升陸合
14. 貳勺貳抄。
15. 秋糧：黃荳正耗貳石柒斗肆合玖勺。
16. 民田地灘伍頃柒拾肆畝貳分玖毫叁絲。

（後缺）

二六 明嘉靖叁拾壹年（1552）直隸揚州府江都縣青草沙第肆圖賦役黃冊（本圖戶絕人戶）

【題解】

此件為《韻學集成》第六冊卷六第二六葉背，編號為 HV·YXJCJ[6·Y26]，其上殘下完，前後均缺，共存文字十六行，與正面古籍文字成經緯狀。此件為明代的賦役黃冊，其內容主要是對本圖戶絕人戶人口、事產的統計。另，此件的文字字形、筆跡等與該批紙背文獻中嘉靖叁拾壹年（1552）攢造的直隸揚州府江都縣青草沙第肆圖賦役黃冊相似，故推斷，此件亦當屬於該圖的黃冊。另，此件的登記格式、內容等與 HV·YXJCJ[6·Y31]、HV·YXJCJ[6·Y32] 一致，推測此三件或能綴合。

【錄文】

（前缺）

1. 人口：婦女大壹口。
2. 事產：
3. 　民地壹拾陸畝伍分，係未絕之先出賣與大儀鄉陸圖人戶徐□爲業。
4. 　夏稅：小麥正耗捌斗捌升貳合捌勺。
5. 　秋糧：黃荳正耗捌斗捌升貳合捌勺。
6. 本圖戶絕人戶所除舊管之數。
7. 人口：婦女大壹口。
8. 事產：
9. 　民田貳畝，係未絕之先出賣與上中岸貳圖人戶徐山爲業。
10. 　夏稅：小麥正耗壹斗柒合。
11. 　秋粮：米正耗壹斗柒合。
12. 本圖戶絕人戶所除舊管之數。
13. 人口：婦女大壹口。
14. 事產：
15. 　民田肆畝，係未絕之先出賣與上中岸叄圖人戶張朝爲業。

（後缺）

二七 明嘉靖叁拾壹年（1552）直隸揚州府江都縣青草沙第肆圖賦役黃册

【題解】

此件爲《韻學集成》第六册卷六第二七葉背，編號爲"HV·YXJC[]6·Y27"，其上下完整，前後均缺，共存文字十六行，與正面古籍文字成經緯狀。此件爲明代某户的賦役黄册。另，此件的文字字形、筆跡等與該批紙背文獻中嘉靖叁拾壹年（1552）攢造的直隸揚州府江都縣青草沙第肆圖賦役黄册相似，故推斷，此件亦當屬於該批黄册。

【録文】

（前缺）

1. 耗麥伍合伍勺。
2. 秋粮：米每畝科正米伍升，每斗帶耗柒
3. 　　合，共該正耗米捌升
4. 　　肆合。
5. 正米柒升捌合伍勺。
6. 耗米伍合伍勺。
7. 地伍分。
8. 夏税：小麥每畝科正麥伍升，每斗帶耗
9. 　　柒合，共該正耗麥貳
10. 　　升陸合捌勺。
11. 正麥貳升伍合。
12. 耗麥壹合捌勺。
13. 秋粮：黄荳每畝科正荳伍升，每斗帶

二八 明隆慶陸年（1572）直隸揚州府泰州如皋縣縣市西廂第壹里（圖）賦役黃冊

【題解】

此件爲《韻學集成》第六冊卷六第二八葉背，編號爲HV·YXJC[]6·Y28]，其上下完整，前後均缺，共存文字十九行，與正面古籍文字成經緯狀。此件爲明代某戶的賦役黃冊。另，明代賦役黃冊往往會登載攢造之前十年內的田畝變化等情况，此件當係該年攢造的賦役黃冊。此件的文字時間『嘉靖肆拾肆年』（1565），而此後的隆慶陸年（1572）爲黃冊的攢造年份，據此可知，此件當係該年攢造的賦役黃冊。此件的文字字形、筆跡等與已知該批黃冊中攢造機構爲直隸揚州府泰州如皋縣縣市西廂第壹里（圖）的賦役黃冊相似，故推斷，此件亦當屬於該里（圖）的黃冊。

【錄文】

（前缺）

1. 都壹圖孫月爲業。
2. 一本圖一則蕩田壹畝柒分玖釐貳毫。秋糧：米每畝科正米伍升，每斗帶耗柒合，共該捌升玖合陸勺，嘉靖肆拾肆年伍月出賣與叁都叁圖平祿爲業。
3.
4.
5.
6. 地柒畝貳分捌釐肆毫。

（後缺）

正荳貳升伍合。

升陸合捌勺。

耗柒合，共該正耗麥貳

14.
15.
16.

7. 夏稅：小麥正耗壹斗伍升伍合玖勺。
8. 秋糧：黃豆正耗叄斗捌升玖合柒勺。
9. 夏稅：小麥鏨叄毫，與拾伍都肆圖顧棐爲業
10. 一本圖一則陸地貳分貳毫，嘉靖肆拾肆年拾月出賣
11. 夏稅：小麥每畝科正麥貳升，每斗帶耗柒合，共該壹升伍合伍勺。
12. 秋糧：黃豆每畝科正豆伍升，每斗帶耗柒合，共該叄升捌合柒勺。
13. 一本圖一則陸地叄分貳毫，嘉靖肆拾肆年玖月出賣與柒都肆圖晏定爲業。
14. 夏稅：小麥每畝科正麥貳升，每斗帶耗柒合，共該壹合伍勺。
15. 秋糧：黃豆每畝科正豆伍升，每斗帶耗柒合，共該壹

（後缺）

二九 明隆慶陸年（1572）直隸揚州府泰興縣順得鄉貳拾壹都第拾伍里（圖）賦役黃冊

【題解】

此件爲《韻學集成》第六冊卷六第二九葉背，編號爲 HV·YXJC|J6·Y29 ，其上下完整，前後均缺，共存文字二十行，與正面古籍文字成經緯狀。此件爲明代某戶的賦役黃冊。另，此件的文字字形、筆跡等與該批紙背文獻中隆慶陸年（1572）攢造的直隸揚州府泰興

縣順得鄉貳拾壹都第拾伍里（圖）賦役黃冊相似，故推斷，此件亦當屬於該里（圖）的黃冊。

【錄文】

（前缺）

1. 事產：
2. 　婦女叁口。
3. 　官民田地壹拾伍畝壹分柒釐。
4. 　　夏稅：小麥正耗肆斗叁升叁勺。
5. 　　秋粮：
6. 　　　米正耗壹石貳斗貳升貳合壹勺。
7. 　　　黃豆正耗伍升陸合貳勺。
8. 　官田叁畝貳釐。
9. 　　夏稅：小麥正耗貳斗捌勺。
10. 　　秋粮：米正耗陸斗貳升捌合貳勺。
11. 　民田地壹拾貳畝壹分伍釐。
12. 　　夏稅：小麥正耗貳斗貳升玖合伍勺。
13. 　　秋粮：
14. 　　　米正耗伍斗玖升叁合玖勺。
15. 　　　黃豆正耗伍升陸合貳勺。
16. 　田壹拾壹畝壹分。
17. 　　夏稅：小麥正耗壹斗玖升伍合捌勺。
18. 　　秋粮：米正耗伍斗玖升叁合玖勺。
19. 　地壹畝伍釐。

三〇 明隆慶陸年（1572）直隸揚州府泰興縣順得鄉貳拾壹都第拾伍里賦役黃冊（民籍某朝等）

【題解】

此件為《韻學集成》第六冊卷六第三十葉背，編號為 HV·YX]C[]6·Y30]，其上殘下完，前後均缺，共存文字二十行，其中第一至十五行係一戶，第十六至二十行係直隸揚州府泰興縣順得鄉貳拾壹都第拾伍里民籍某朝之黃冊。此件為明代兩戶的賦役黃冊。明代賦役黃冊在攢造之時需對下一輪十年內各戶充任里長、甲首情況等做出預先安排，第十六、十七行所載某朝充甲首的時間為『萬曆拾年』（1582），而此前的隆慶陸年（1572）為黃冊的攢造年份，據此可知，此件當係該年攢造的賦役黃冊。今據第二戶黃冊擬現題。

【錄文】

（前缺）

1. 耗米陸合叁勺。
2. 一本都一則富淮庄原科水田壹畝貳分伍釐。
   秋糧：米每畝科正米壹斗貳升，每斗帶耗柒合，共該壹斗陸升伍勺。
3. 正米壹斗伍升。
4. 耗米壹升伍勺。
5.
6.
7. 民地本都一則地壹畝叁分。

20. 夏稅：小麥正耗叁升叁合柒勺。

（後缺）

8. 夏稅：小麥每畝科正麥叁斗，每斗帶耗柒合，共該肆升壹合柒勺。
9. 正麥叁升玖合。
10. 耗麥貳合柒勺。
11. 秋糧：黃豆每畝科正豆伍升，每斗帶耗柒合，共該陸升玖合陸勺。
12. 正豆陸升伍合。
13. 耗豆肆合陸勺。
14. 房屋：民草房壹間。
15. 頭匹：民黃牛壹隻。
16. □保故，今冊男朝係直隸揚州府泰興縣順得鄉貳拾壹都第拾伍里民籍，充萬曆拾年甲
17. 首。
18. □管：

（後缺）

19. 人丁：計家男、婦伍口。
20. 男子貳口。

三一 明嘉靖叁拾壹年（1552）直隸揚州府江都縣青草沙第肆圖賦役黃冊（本圖戶絕人戶）

【題解】

此件爲《韻學集成》第六冊卷六第三一葉背，編號爲 HV·YXJC[]6·Y31"，其上殘下完，前後均缺，共存文字十六行，與正面古籍文字成經緯狀。此件爲明代的賦役黃冊，據第七至第十六行所載內容知，此件主要是對本圖戶絕人戶人口、事產的統計。另，此件的文字字形、筆跡等與該批紙背文獻中嘉靖叁拾壹年（1552）攢造的直隸揚州府江都縣青草沙第肆圖賦役黃冊相似，故推斷，此件亦當屬於

該圖的黃冊。另，此件的登記格式、內容等與 HV·YXJC][6·Y26]、HV·YXJC][6·Y32] 一致，推測此三件或可綴合。

【錄文】

（前缺）

1. 夏稅：小麥正耗伍升捌合玖勺。
2. 秋糧：米正耗伍升捌合玖勺。
3. 地伍釐。
4. 夏稅：小麥正耗貳合柒勺。
5. 秋糧：黃荳正耗貳合柒勺。
6. 民瓦房叁間，係年深倒塌。
7. ▆本圖户絕人户所除舊管之數。
8. 人口：男子成丁壹口。
9. 事產：
10. 民田叁拾壹畝伍分壹釐，係未絕之先出賣與□沙壹圖人户潘錦為業。
11. 夏稅：小麥正耗壹石陸斗捌升伍合捌勺。
12. 秋糧：米正耗壹石陸斗捌升伍合捌勺。
13.
14. 秋糧：米正耗壹石陸斗捌升伍合
15. 捌勺。
16. ▆係本圖户絕人户所除舊管之數。

（後缺）

三二 明嘉靖叁拾壹年（1552）直隸揚州府江都縣青草沙第肆圖賦役黃冊（本圖戶絕人戶、軍戶等）

【題解】

此件爲《韻學集成》第六冊卷六第三二葉背，編號爲 HV·YXJCJJ6·Y32，其上殘下完，前後均缺，共存文字十八行，與正面古籍文字成經緯狀。此件爲明代的賦役黃册，主要是對本圖戶絕人户、軍户人口、事産的統計。另，此件的文字字形、筆跡等與該批紙背文獻中嘉靖叁拾壹年(1552)攢造的直隸揚州府江都縣青草沙第肆圖賦役黃册相似，故推斷，此件亦當屬於該圖的黃册。另，此件的登記格式、内容等與 HV·YXJCJJ6·Y26、HV·YXJCJJ6·Y31 相似，推測此三件或可綴合。

【錄文】

（前缺）

1. ▢ 蘆灘壹拾畝。
2. ▢ 秋糧：米正耗叁斗貳升壹合。
3. 本圖戶絕人户所除舊管之數。
4. 人口：男子成丁貳口。
5. ▢ 戶絕人户所除舊管之數。
6. 人口：男子成丁壹口。
7. ▢ 圖戶絕人户所除舊管之數。
8. 人口：男子成丁貳口。
9. 事產：
10. 民瓦、草房貳間，係年深倒塌。
11. 瓦房壹間。

12. 草房壹間。
13. 民水牛壹隻，係年深倒死。
14. 戶絕軍戶所除舊管之數。
15. 人口：男子成丁壹口。
16. 戶絕人戶所除舊管之數。
17. 人口：貳口。
18. 男子成丁壹口。

（後缺）

三三　明隆慶陸年（1572）直隸揚州府泰興縣順得鄉貳拾壹都第拾伍里（圖）賦役黃冊

【題解】

此件爲《韻學集成》第六冊卷六第三三葉背，編號爲 HV·YXJC][6·Y33]，其上下完整，前後均缺，共存文字二十行，與正面古籍文字成經緯狀。此件爲明代某戶的賦役黃冊。另，此件的文字字形、筆跡等與該批紙背文獻中隆慶陸年（1572）攢造的直隸揚州府泰興縣順得鄉貳拾壹都第拾伍里（圖）賦役黃冊相似，故推斷，此件亦當屬於該里（圖）的黃冊。

【錄文】

（前缺）

1. 夏稅：小麥每畝科正麥壹斗捌升肆合，每斗帶耗柒合，共該壹升玖
2. 合陸勺。
3. 正麥壹升捌合肆勺。

4. 耗麥壹合貳勺。
5. 秋糧：米每畝科正米伍斗柒升貳合肆勺陸抄，每斗帶耗柒合，共該陸升壹合叁勺。
6. 正米伍升柒合貳勺。
7. 耗米肆合壹勺。
8.
9. 官地本都一則沒官葉名地柒畝伍分。
10. 夏稅：小麥每畝科正麥壹斗捌升肆合，每斗帶耗柒合，共該壹石肆斗柒升陸合陸勺。
11. 正麥壹石叁斗捌升。
12. 耗麥玖升陸合陸勺。
13.
14. 秋糧：黃豆每畝科正豆壹斗肆升，每斗帶耗柒合，共該壹石壹斗貳升貳合伍勺。
15. 正豆壹石伍升。
16. 耗豆柒升叁①合伍勺。
17.
18. 民田地貳拾捌畝玖分叁釐。
19. 夏稅：小麥正耗玖斗貳升捌合陸勺。
20. 秋糧：

（後缺）

① 「叁」據文義當係「貳」之誤。

第六册

五一

三四 明隆慶陸年（1572）直隸揚州府泰興縣順得鄉貳拾壹都第拾伍里（圖）賦役黃冊

【題解】

此件爲《韻學集成》第六册卷六第三四葉背，編號爲"HV·YXJCJ6·Y34"，其上下完整，前後均缺，共存文字二十行，與正面古籍文字成經緯狀。此件爲明代某户的賦役黄册。另，此件的文字字形、筆跡等與該批紙背文獻中隆慶陸年（1572）攢造的直隸揚州府泰興縣順得鄉貳拾壹都第拾伍里（圖）賦役黃冊相似，故推斷，此件亦當屬於該里（圖）的黄册。

【錄文】

（前缺）

1. 米正耗壹石壹斗貳升壹合玖勺。
2. 黄豆正耗肆斗貳升伍合捌勺。
3. 田本都一則民高田貳拾畝玖分柒釐。
4. 夏税：小麥每畝科正麥叁升，每斗帶耗柒合，共該陸斗柒升叁
5. 正麥陸斗貳升玖合壹勺。
6. 耗麥肆升肆合。
7. 秋粮：米每畝科正米伍升，每斗帶耗柒合，共該壹石壹貳升
8. 壹合玖勺。
9. 正米壹石肆升捌合伍勺。
10. 耗米柒升叁合肆勺。
11. 地本都一則地柒畝玖分陸釐。
12. 夏税：小麥每畝科正麥叁升，每斗帶耗柒合，共該貳斗伍升伍合伍

三五一 明隆慶陸年（1572）直隸揚州府泰州如皋縣縣市西廂第壹里（圖）賦役黃冊之一

【題解】

此件爲《韻學集成》第六册卷六第三五葉背，編號爲HV·YXJCJ6·Y35］，其上下完整，前後均缺，共存文字十九行，與正面古籍文字成經緯狀。此件爲明代某户的賦役黃册。另，此件的文字字形、筆跡等與該批紙背文獻中隆慶陸年（1572）攢造的直隸揚州府泰州如皋縣縣市西廂第壹里（圖）賦役黃册相似，故推斷，此件亦當屬於該里（圖）的黃册。另，此件第十九行正麥之數與HV·YXJCJ6·Y36］第1行耗麥數之和等於此件第18行小麥總數。由此可知，此兩件可以綴合，綴合後此件在前。

【錄文】

（前缺）

1. 官民田地伍頃柒拾陸畝陸分肆釐貳毫。
2. 夏稅：小麥正耗壹拾貳石陸斗叁升柒合伍勺。

正麥貳斗叁升捌合捌勺。

耗麥壹升陸合柒勺。

秋糧：黃豆每畝科正豆伍升，每斗帶耗柒合，共該肆斗貳升伍

合捌勺。

正豆叁斗玖升捌合。

□柒合捌勺。

（後缺）

14.
15.
16.
17.
18.
19.
20.

哈佛藏《韻學集成》《直音篇》紙背明代文獻釋錄 卷二

3. 秋糧：
4. 　　米正耗貳拾肆石玖斗捌升柒合陸勺。
5. 　　黃豆正耗貳拾壹石壹斗叁升捌合貳勺。
6. 官田地貳頃肆畝陸分叁釐①。
7. 夏稅：小麥正耗柒石伍斗貳升捌合。
8. 秋糧：
9. 　　米正耗壹拾柒石捌斗伍升捌合陸勺。
10. 　　黃豆正耗捌石叁斗陸升肆合伍勺。
11. 田本圖一則沒官蕩田壹頃叁拾玖畝捌釐陸毫。秋糧：米每畝科
12. 　　正米壹斗貳升，每斗帶耗柒合，共
13. 　　拾柒石捌斗伍升捌合陸勺。
14. 　　正米壹拾陸石陸斗玖升叁勺。
15. 　　耗米壹石壹斗陸升捌合叁勺。
16. 地本圖一則沒官陸地拾伍畝壹分肆釐肆毫。
17. 夏稅：小麥每畝科正麥壹斗捌合，每斗帶耗柒合，共
18. 　　該柒石伍斗貳升捌合。
19. 　　正麥柒石叁升伍合伍勺。

（後缺）

① 此官田地數與下文田數、地數之和不合。

五四

三六 明隆慶陸年（1572）直隸揚州府泰州如皋縣縣市西廂第壹里（圖）賦役黃冊之二

【題解】

此件爲《韻學集成》第六册卷六第三六葉背，編號爲HV·YXJCJ[6·Y36]，其上下完整，前後均缺，共存文字十九行，與正面古籍文字成經緯狀。此件爲明代某户的賦役黃冊。另，此件的文字字形、筆跡等與該批紙背文獻中隆慶陸年（1572）攢造的直隸揚州如皋縣縣市西廂第壹里（圖）賦役黃冊相似，故推斷，此件亦當屬於該件（圖）的黃冊。另，此件第一行之耗麥數與HV·YXJCJ[6·Y35]第十九行正麥數之和等於該件第十八行之小麥總數。由此可知，此兩件。以綴合，綴合後此件在後。

【錄文】

（前缺）

1. 耗麥肆斗玖升貳合伍勺。
2. 秋糧：黃豆每畝科正豆壹斗貳升，每斗帶耗柒合，共
3. 該捌石叁斗陸升肆合伍勺。
4. 正豆柒石捌斗壹升柒合叁勺。
5. 耗豆伍斗肆升柒合肆勺。
6. 民田地叁頃柒拾貳畝壹釐貳毫。
7. 夏税：小麥壹石貳斗玖合伍勺。
8. 秋糧：
9. 米正耗柒石壹斗貳升玖合。
10. 黃豆正耗壹拾貳石柒斗柒升叁合陸勺。
11. 田本圖一則蕩田壹頃叁拾叁畝貳分伍釐貳毫。秋粮：米每畝科

三七　明隆慶陸年（1572）直隸揚州府泰興縣順得鄉貳拾壹都第拾伍里（圖）賦役黃冊

【題解】

此件爲《韻學集成》第六冊卷六第三七葉背，編號爲HV·YXJC［6·Y37］，其上下完整，前後均缺，共存文字二十行，與正面古籍文字成經緯狀，第一行雖存文字殘筆，但其內容已不可釋。此件爲明代某戶的賦役黃冊。另，此件的文字字形、筆跡等與該批紙背文獻中隆慶陸年（1572）攢造的直隸揚州府泰興縣順得鄉貳拾壹都第拾伍里（圖）賦役黃冊相似，故推斷，此件亦當屬於該里（圖）的黃冊。

【錄文】

（前缺）

1.
2. 一本都一則俞平章原獻曹沙米高田柒畝伍分陸釐。

12. 　　　正米玖升，每斗帶耗柒合，共該柒石壹
13. 　　　斗貳升玖合。
14. 　　　正米陸石陸斗陸升貳合陸勺。
15. 　　　耗米肆斗陸升陸合肆勺。
16. 地本圖一則陸地貳頃叁拾捌畝柒分陸釐。
17. 夏稅：小麥每畝科正麥貳升，每斗帶耗柒合，共該伍
18. 　　　石壹斗玖合伍勺。
19. 　　　正麥肆石柒斗柒升伍合貳勺。

（後缺）

3. 夏稅：小麥每畝科正麥壹斗捌升肆合，每斗帶耗柒合，共該壹石肆斗捌升玖合肆勺。
4. 正麥壹石叁斗玖升叁合肆勺。
5. 耗麥玖升柒合。
6.
7. 秋糧：米每畝科正米叁斗肆升叁勺肆抄，每斗帶耗柒合，共該貳石柒斗伍升肆合陸勺。
8. 正米貳石伍斗柒升叁合肆勺。
9. 耗米壹斗捌升壹合貳勺。
10.
11. 一本都一則富淮庄原科高田貳分玖釐。
12. 夏稅：小麥每畝科正麥叁升，每斗帶耗柒合，共該玖合叁勺。
13. 正麥捌合柒勺。
14. 耗麥陸勺。
15. 秋糧：米每畝科正米壹斗貳升，每斗帶耗柒合，共該叁升柒合貳勺。
16. 正米叁升肆合捌勺。
17. 耗米貳合肆勺。
18. 夏稅：桑壹株。
19. 民田地柒拾捌畝玖分。
20. 　　小麥正耗貳石伍斗叁升玖合貳勺。

（後缺）

三八 明隆慶陸年（1572）直隸揚州府泰州如皋縣縣市西廂第壹里（圖）賦役黃冊之二（吳某）

【題解】

此件爲《韻學集成》第六冊卷六第三八葉背，編號爲 HV·YXJC[6·Y38]，其上下完整，前後均缺，共存文字二十行，與正面古籍文字成經緯狀。此件爲明代某戶的賦役黃冊，據其中所載男子姓名知，此黃冊的戶頭當係吳某。另，此件中之男子『吳銳』『吳儻』『吳應元』等人又見於 HV·YXJC[6·Y59]，可知這兩件當係同一戶的黃冊，明代黃冊按『舊管』『新收』『開除』『實在』等四柱登載人口、事產的事項，由此可知，此件當在 HV·YXJC[6·Y59]後。今據 HV·YXJC[6·Y59]擬現題。

【錄文】

（前缺）

1. 實在：
2. 人口：男、婦貳拾貳口。
3. 男子壹拾陸口：
4. 本身年拾⸺伍歲。
5. 弟吳蘭年陸拾歲。
6. 弟吳友年伍拾伍歲。
7. 弟吳塤年伍拾伍歲。
8. 弟吳草年伍拾陸歲。
9. 弟吳牒年肆拾玖歲。
10. 弟吳岳年肆拾陸歲。
11. 弟吳春年肆拾伍歲。
12. 弟吳廣年肆拾叁歲。
13. 弟吳銳年肆拾叁歲。
14. 弟吳儻年肆拾壹歲。
15. 姪吳應元年拾歲。
16. 一本圖民桑貳株。夏稅：絲每株科絲壹兩，共該貳兩。
17. 貳升壹合陸勺。

① 【拾】：據文義該字前當脫一數字，或爲『陸』。

三九 明隆慶陸年（1572）直隸揚州府泰州如皋縣縣市西廂第壹里（圖）賦役黃冊

【題解】

此件爲《韻學集成》第六册卷六第三九葉背，編號爲 HV·YXJC[]6·Y39]，其上下完整，前後均缺，共存文字二十行，與正面古籍文字成經緯狀。此件爲明代某戶的賦役黃册。另，此件的文字字形、筆跡等與該批紙背文獻中隆慶陸年（1572）攢造的直隸揚州府泰州如皋縣縣市西廂第壹里（圖）賦役黃冊相似，故推斷，此件亦當屬於該里（圖）的黃册。

【録文】

1. 　　　　　　（前缺）

　田本圖一則沒官蕩田 壹拾貳畝□分貳釐

（後缺）

12. 　　孫吳樽年叁拾玖歲。
13. 　　姪吳安郎年貳拾玖歲。　　　孫吳林年叁拾歲。
14. 　　　　　　　　　　　　　姪吳芹年貳拾伍歲。
15. 婦女陸口：
16. 　　妻李氏年伍拾歲。
17. 　　弟婦章氏年伍拾歲。　　　弟婦曹氏年伍拾歲。
18. 　　姪婦曹氏年叁拾①捌歲。　　弟婦焦氏年肆拾歲。
19. 　　　　　　　　　　　　　姪婦晏氏年叁拾伍歲。
20. 事產：
　　官民田地壹頃柒畝肆分壹釐叁毫。　桑貳株。
　　夏稅：

① 「捌」據文義當係「拾」之誤。

第六册　五九

2. 米壹斗貳升,每斗帶耗柒合,共該壹石
3. 伍斗捌升貳合伍勺,係兌佃到玖都壹
4. 圖昌明戶下田。
5. 地本圖一則沒官陸地伍畝柒分伍釐陸毫,係買到玖都壹圖
6. 昌明戶下地。
7. 夏稅:小麥每畝科正麥壹斗捌升,每斗帶耗柒合,
8. 共該陸斗陸升伍合貳勺。
9. 秋糧:黃荳每畝科正荳壹斗貳升,每斗帶耗柒合,
10. 共該柒斗叁升玖合壹勺。
11. 民田地叁拾畝捌分柒釐壹毫。
12. 夏稅:小麥正耗肆斗玖勺。
13. 秋糧:
14. 米正耗陸斗叁升。
15. 黃豆正耗壹石貳升壹合陸勺。
16. 田本圖一則蕩田壹拾壹畝柒分柒釐伍毫。秋糧:米每畝科
17. 正米伍升,每斗帶耗柒合,共該陸斗
18. 叁升,係買到玖都壹圖昌明戶下田。
19. 地本圖一則陸地壹拾玖畝玖釐陸毫。
20. 夏稅:小麥每畝正麥貳升,每斗帶耗柒合,共該

(後缺)

四〇 明嘉靖叁拾壹年（1552）直隸揚州府江都縣青草沙第肆圖賦役黃冊之一

【題解】

此件爲《韻學集成》第六冊卷六第四十葉背，編號爲HV·YXJCJJ6·Y40]，其上下完整，前後均缺，共存文字十八行，與正面古籍文字成經緯狀。此件爲明代某戶的賦役黃冊。另，此件的文字字形、筆跡等與該批紙背文獻中嘉靖叁拾壹年（1552）攢造的直隸揚州府江都縣青草沙第肆圖賦役黃冊相似，故推斷，此件亦當屬於該圖的黃冊。另，按此件官田地數與HV·YXJCJJ6·Y41]民田地數之和等於此件之官民田地數，據之可知，此件與HV·YXJCJJ6·Y41]係同一戶的黃冊，可以綴合，綴合後此件在前。

【錄文】

(前缺)

1. 官民田地灘玖拾玖畝捌分陸釐。
2. 夏稅：小麥正耗柒石叁斗肆升肆合
3. 　　　壹勺。
4. 秋糧：
5. 　　米正耗伍石陸升肆合肆勺。
6. 　　黃荳正耗叁石陸升壹合玖勺。
7. 官田地貳拾壹畝伍分伍釐。
8. 夏稅：小麥正耗叁石陸斗捌升玖合
9. 　　　叁勺。
10. 秋糧：
11. 　　米正耗貳石壹斗壹升捌合陸
12. 　　　勺。

四一 明嘉靖叁拾壹年（1552）直隸揚州府江都縣青草沙第肆圖賦役黃冊之二

【題解】

此件爲《韻學集成》第六冊卷六第四一葉背，編號爲 HV·YXJC[]6·Y41'，其上下完整，前後均缺，共存文字十八行，與正面古籍文字成經緯狀。此件爲明代某户的賦役黄册。另，此件官田地數與 HV·YXJC[]6·Y40]民田地數之和等於 HV·YXJC[]6·Y40]民田地數，據之可知，此件與 HV·YXJC[]6·Y40]係同一户的黄册，可以綴合，綴合後此件在後。今據 HV·YXJC[]6·Y40]擬現題。

【錄文】

（前缺）

1. 　　秋糧：黄荳正耗貳石叁升壹合玖勺。
2. 民田地灘柒拾捌畝叁分壹釐。
3. 夏稅：小麥正耗叁石肆斗伍升肆合
4. 　　　　捌勺。
5. 秋糧：

　　　　黄荳正耗貳石叁升壹合玖勺。

13. 　　　田壹拾壹畝。
14. 　　夏稅：小麥正耗壹石捌斗捌升叁合貳勺。
15. 　　秋糧：米正耗貳石壹斗壹升捌合陸勺。
16. 地壹拾畝伍分伍釐。
17. 　　夏稅：小麥正耗壹石捌斗陸合壹勺。
18.

（後缺）

6. 米正耗貳石玖斗肆升伍合捌勺。
7. 黃荳正耗壹石叁升。
8. 田肆拾玖畝陸釐。
9. 夏稅：小麥正耗貳石陸斗貳升肆合捌勺。
10. 秋糧：米正耗貳石陸斗貳升肆合捌勺。
11. 地壹拾玖畝貳分伍釐。
12. 夏稅：小麥正耗壹石叁升。
13. 秋糧：黃荳正耗壹石叁升。
14. 蘆灘壹拾畝。
15. 秋糧：米正耗玖斗貳升壹合。
16.
17. 正除：
18. 民草房柒間，係年深倒塌。

（後缺）

四二　明隆慶陸年（1572）直隸揚州府泰州如皋縣縣市西廂第壹里（圖）賦役黃冊

【題解】

此件爲《韻學集成》第六冊卷六第四二葉背，編號爲 HV・YXJC[[6・Y42]，其上下完整，前後均缺，共存文字二十行，與正面古籍文字成經緯狀。此件爲明代某戶的賦役黃冊。另，此件的文字字形、筆跡等與該批紙背文獻中隆慶陸年（1572）攢造的直隸揚州府泰州如皋縣縣市西廂第壹里（圖）賦役黃冊相似，故推斷，此件亦當屬於該里（圖）的黃冊。

【錄文】

（前缺）

1. 夏稅：小麥正耗壹石肆斗肆升叁合肆勺。
2. 秋粮：
3. 米正耗貳石壹升叁合玖勺。
4. 黃豆正耗叁石陸斗捌合壹勺。
5.
6. 　　　　　　　　　　　　　秋粮：米正耗貳石壹升叁合玖
7. 田叁拾柒畝陸分肆釐肆毫。　　　勺。
8. 一本圖一則蕩田肆分叁釐壹毫。秋粮：米每畝科正米
9. 　伍升，每斗帶耗柒合，共該貳升叁合，
10. 　係買到此廂張萱戶下田。
11. 一本圖一則蕩田壹分玖釐叁毫。秋粮：米每畝科正米
12. 　伍升，每斗帶耗柒合，共該壹升叁勺，
13. 　係買到貳拾壹都貳圖范果戶下田。
14. 一本圖一則蕩田貳畝玖分陸毫。秋粮：米每畝科正米
15. 　伍升，每斗帶耗柒合，共該伍斗伍升
16. 　伍合伍勺，係買到貳拾壹都貳圖張
17. 　黨戶下田。
18. 一本圖一則蕩田捌分叁釐陸毫。秋粮：米每畝科正米
19. 　伍升，每斗帶耗柒合，共該肆升肆合
20. 　柒勺，係買到貳拾壹都貳圖殷科

（後缺）

四三 明隆慶陸年（1572）直隸揚州府泰興縣順得鄉貳拾壹都第拾伍里（圖）賦役黃冊

【題解】

此件爲《韻學集成》第六冊卷六第四三葉背，編號爲HV・YX][C][6・Y43]，其上下完整，前後均缺，共存文字二二行，與正面古籍文字成經緯狀。此件爲明代某户的賦役黃冊。另，此件的文字字形、筆跡等與該批紙背文獻中隆慶陸年（1572）攢造的直隸揚州府泰興縣順得鄉貳拾壹都第拾伍里（圖）賦役黃冊相似，故推斷，此件亦當屬於該里（圖）的黃冊。

【錄文】

（前缺）

1. 耗麥叁合。
2. 秋糧：米每畝科正米壹斗貳升，每斗帶耗柒合，共該壹斗捌升貳合叁
3. 勺。
4. 正米壹斗柒升肆勺。
5. 耗米壹升玖勺。
6. 一本都一則富淮庄原科水田壹畝伍分陸釐。
7. 秋糧：米每畝科正米壹斗貳升，每斗帶耗柒合，共該貳斗叁勺。
8. 正米壹斗捌升柒合貳勺。
9. 耗米壹升叁合壹勺。
10. 地本都一則富淮庄續科地柒分。
11. 夏税：小麥每畝科正麥叁升，每斗帶耗柒合，共該貳升貳合伍勺。
12. 正麥貳升壹合。

13. 耗麥壹合伍勺。
14. 秋粮：黃豆每畝科正豆伍升，每斗帶耗柒合，共該叁升柒合伍勺。
15. 正豆叁升伍合。
16. 耗豆貳合伍勺。
17. 民田地壹拾叁畝貳分貳釐。
18. 夏稅：小麥正耗肆升肆合貳勺。
19. 秋粮：
20. 米正耗肆斗壹升肆合壹勺。
21. 黃豆正耗貳斗玖升叁合貳勺。
22. 田本都一則高田柒畝柒分肆釐。

（後缺）

四四　明隆慶陸年（1572）直隸揚州府泰州如皋縣縣市西廂第壹里（圖）賦役黃冊之一

【題解】

此件爲《韻學集成》第六冊卷六第四四葉背，編號爲 HV·YXJC[]6·Y44］，其上下完整，前後均缺，共存文字十九行，與正面古籍文字成經緯狀。此件爲明代某戶的賦役黃冊。另，明代賦役黃冊往往會登載攢造之前十年內的田畝變化等情況，文中載有土地的「兌佃」時間『嘉靖肆拾肆年』（1565），而此後的隆慶陸年（1572）爲黃冊的攢造年份，據此可知，此件當係該年攢造的賦役黃冊。此件亦當屬於該里（圖）的黃冊。另，此件與 HV·YXJC[]6·Y45］格式相同，攢造時間一致，且按此件之文例（圖）的黃冊中攢造機構爲直隸揚州府泰州如皋縣市西廂第壹里字形、筆跡等與已知該批黃冊中攢造機構爲直隸揚州府泰州如皋縣市西廂第壹里（圖）的黃冊。另，此件與 HV·YXJC[]6·Y45］首行正係此件所後缺者，故推斷此二件應屬於同一戶的黃冊，可以綴合，綴合後此件在前。

【錄文】

（前缺）

1. 廂史敖承種。
2. 一本圖一則沒官蕩田捌分陸釐陸毫。秋粮：米每畝科正米
3. 壹斗貳升，每斗帶耗柒合，共該壹斗
4. 壹升壹合貳勺，嘉靖拾伍年捌
5. 月兌佃拾貳都壹圖孫月承種。
6. 一本圖一則沒官蕩田陸分玖毫。秋粮：米每畝科正米壹
7. 斗貳升，每斗帶耗柒合，共該柒升捌
8. 合貳勺，嘉靖拾肆年兌佃與肆都
9. 貳圖冒本承種。
10. 一本圖一則沒官蕩田壹畝捌分柒釐伍毫。秋粮：米每
11. 畝科正米壹斗貳升，每斗帶耗柒合，
12. 共該貳斗肆升柒勺，嘉靖拾肆年
13. 兌佃叁都叁圖平祿承種。
14. 一本圖一則沒官陸地壹分玖釐柒毫，嘉靖拾肆年兌
15. 佃與拾伍都肆圖顧荣承種。
16. 夏稅：小麥正耗貳斗貳升玖合勺。
17. 秋粮：黃豆正耗貳斗伍升叁勺。
18. 一本圖一則沒官陸地壹分玖釐柒毫，嘉靖拾肆年兌
19. 夏稅：小麥每畝科正麥壹斗捌合，每斗帶耗柒合，共
地壹畝玖分捌釐捌毫。

（後缺）

四五　明隆慶陸年（1572）直隸揚州府泰州如皋縣縣市西廂第壹里（圖）賦役黃冊之二

【題解】

此件爲《韻學集成》第六冊卷六第四五葉背，編號爲HV·YXJC][6·Y45］，其上下完整，前後均缺，共存文字十九行，與正面古籍文字成經緯狀。此件爲明代某户的賦役黃冊。另，明代賦役黃冊往往會登載攢造之前十年內的田畝變化等情況，文中載有土地的『兑佃』時間『嘉靖肆拾年』（1561）、『嘉靖肆拾叁年』（1564），而此後的隆慶陸年（1572）爲黃冊的攢造年份，據此可知，此件的攢造年份正係HV·YXJC][6·Y44］所後缺者，故推斷此二件應屬於同一户的黃冊，攢造時間一致，且按此件之文例，此件與HV·YXJC][6·Y44］格式相同，綴造後此件在後。今據HV·YXJC][6·Y44］擬現題。另，此件與HV·YXJC][6·Y44］格式相同，可以綴合，綴合後此件在後。今據HV·YXJC][6·Y44］擬現題。

【錄文】

（前缺）

1. 　　　　該貳升貳合捌勺。
2. 秋粮：黃豆每畝科正豆壹斗貳升，每斗帶耗柒合，共
3. 　　該貳升伍合叁勺。
4. 一本圖一則沒官陸地捌釐貳毫，嘉靖肆拾年玖月兑
5. 　　佃過割與柒都壹圖姜定承種。
6. 夏稅：小麥每畝科正麥壹斗捌合，每斗帶耗柒合，共
7. 　　該玖合肆勺。
8. 秋粮：黃豆每畝科正豆壹斗貳升，每斗帶耗柒合，共
9. 　　該壹升伍勺。
10. 一本圖一則沒官陸地壹分伍釐壹毫，嘉靖肆拾叁年伍月
11. 　　兑佃與南廂史敖承種。

四六 明隆慶陸年（1572）直隸揚州府泰興縣順得鄉貳拾壹都第拾伍里（圖）賦役黃冊

【題解】

此件爲《韻學集成》第六冊卷六第四六葉背，編號爲 HV·YXJCJ[6·Y46]，其上下完整，前後均缺，共存文字二十行，與正面古籍文字成經緯狀。此件爲明代某戶的賦役黃冊。另，此件的文字字形、筆跡等與該批紙背文獻中隆慶陸年（1572）攢造的直隸揚州府泰興縣順得鄉貳拾壹都第拾伍里（圖）賦役黃冊相似，故推斷，此件亦當屬於該里（圖）的黃冊。

【錄文】

（前缺）

1. 人丁：計家男、婦柒口。
2. 男子伍口。
3. 婦女貳口。

12. 夏稅：小麥每畝科正麥壹斗捌合，每斗帶耗柒合，共該陸合柒勺。
13.
14. 秋粮：黃豆每畝科正豆壹斗貳升，每斗帶耗柒合，共該柒合伍勺。
15.
16. 一本圖一則沒官陸地貳分捌釐肆毫，嘉靖肆拾年捌月兌佃與肆都貳圖冒本承種。
17.
18. 夏稅：小麥每畝科正麥壹斗捌合，每斗帶耗柒合，共該叁升貳合捌勺。
19.

（後缺）

4. 事產：
5. 　官民田地貳拾壹畝。
6. 　　夏稅：小麥正耗柒斗肆升壹勺。
7. 　　秋粮：
8. 　　　米正耗壹石肆合柒勺。
9. 　　　黃豆正耗叁斗肆升貳合肆勺。
10. 　官田肆分。
11. 　　夏稅：小麥正耗柒升捌勺。
12. 　　秋粮：米正耗貳斗肆升伍合。
13. 　民田地貳拾畝陸分。
14. 　　夏稅：小麥正耗陸斗伍合叁勺。
15. 　　秋粮：
16. 　　　米正耗柒斗伍升玖合肆勺。
17. 　　　黃豆正耗叁斗肆升貳合肆勺。
18. 　田壹拾畝貳分。
19. 　　夏稅：小麥正耗肆斗伍升伍合捌勺。
20. 　　秋粮：米正耗柒斗伍升玖合柒勺。

（後缺）

四七 明隆慶陸年（1572）直隸揚州府泰興縣順得鄉貳拾壹都第拾伍里賦役黃冊（民籍某顯等）

【題解】

此件爲《韻學集成》第六册卷六第四七葉背，編號爲 HV·YXJC[]6·Y47]，其上殘下完，前後均缺，共存文字二十行，與正面古籍文字成經緯狀。此件爲明代三户的賦役黃册，其中第一至四行係一户，第五至十八行係一户，第十九至二十行係一户，由第五行、第十九行可知，此件當爲揚州府泰興縣順得鄉貳拾壹都第拾伍里民籍的黃册，且充任甲首年次相連，故又可知，此當爲同一里同一甲的黃册。另，明代賦役黃册在攢造之時需對下一輪十年内各户充任里長、甲首情況等做出預先安排，第五、十九行所載某户及某顯充甲首的時間爲「萬曆柒年」（1579）、「萬曆捌年」（1580），而此前的隆慶陸年（1572）爲黃册的攢造年份，據此可知，此件當係該年攢造的賦役黃册。

【錄文】

（前缺）

1. 事產：
2. 再無已次人丁接補，□難開除報，□□
3. 前填寫格眼，理合造報。
4. ＿＿＿＿＿
5. □係直隸揚州府泰興縣順得鄉貳拾壹都第拾伍里民籍，充萬曆柒年甲首。
6. □管：
7. 人丁：計家男、婦叁口。
8. 男子貳口。
9. 婦女壹口。
10. 事產：
11. 房屋：民草房壹間。

四八 明隆慶陸年（1572）直隸揚州府泰興縣順得鄉貳拾壹都第拾伍里（圖）賦役黃冊

【題解】

此件爲《韻學集成》第六冊卷六第四八葉背，編號爲 HV·YXJCJ6·Y48]，其上下完整，前後均缺，共存文字十九行，與正面古籍文字成經緯狀。此件爲明代某户的賦役黃冊。另，此件的文字字形、筆跡等與該批紙背文獻中隆慶陸年（1572）攢造的直隸揚州府泰興縣順得鄉貳拾壹都第拾伍里（圖）賦役黃冊相似，故推斷，此件亦當屬於該里（圖）的黄冊。

【錄文】

（前缺）

1. 　　　　　　　　　　　　　　　絲壹兩。
11. 民草房壹間。
12. □在：
13. 人口：叁口。
14. 男子不成丁貳口：
15. 　本身年玖拾叁歲。
16. 　弟 常 兒年捌拾叁歲。
17. 婦女大壹口：妻葉氏年玖拾捌歲。
18. 事產：
19. 　房屋：民草房壹間。
20. □管：故，今冊姪顯係直隸揚州府泰興縣順得鄉貳拾壹都第拾伍里民籍，充萬曆捌年甲首。

（後缺）

2. 秋糧：
3. 　　米正耗叁石柒斗貳升壹合柒勺。
4. 　　黃豆正耗伍斗捌勺。
5. 田本都一則高田陸拾玖畝伍分叁釐。
6. 夏稅：小麥每畝科正麥叁升，每斗帶耗柒合，共該貳石貳斗叁升捌合捌
7. 勺。
8. 　　正麥壹貳石玖升叁合叁勺。
9. 　　耗麥壹斗肆升伍合伍勺。
10. 秋糧：米每畝科正米伍升，每斗帶耗柒合，共該叁石柒斗貳升壹合柒勺。
11. 　　正米叁石肆斗柒升叁合貳勺。
12. 　　耗米貳斗肆升叁合伍勺。
13. 地本都一則民地玖畝叁分陸釐。
14. 夏稅：小麥每畝科正麥叁升，每斗帶耗柒合，共該叁斗肆勺。
15. 　　正麥貳斗捌升捌勺。
16. 　　耗麥壹升玖合陸勺。
17. 秋糧：黃豆每畝科正豆伍升，每斗帶耗柒合，共該伍斗捌勺。
18. 　　正豆肆斗陸升捌勺。
19. 　　耗豆叁升貳合捌勺。

（後缺）

四九 明嘉靖叁拾壹年（1552）直隸揚州府江都縣青草沙第肆圖賦役黃冊

【題解】

此件爲《韻學集成》第六冊卷六第四九葉背，編號爲HV·YXJC[J6·Y49]，其上下完整，前後均缺，共存文字十八行，與正面古籍文字成經緯狀。此件爲明代某户的賦役黃册。另，此件的文字字形、筆跡等與該批紙背文獻中嘉靖叁拾壹年（1552）攢造的直隸揚州府江都縣青草沙第肆圖賦役黃册相似，故推斷，此件亦當屬於該圖的黃册。

【錄文】

（前缺）

1. 夏税：小麥正耗壹石捌斗捌升叁合
2. 貳勺。
3. 秋糧：米正耗貳石壹斗壹升捌合陸
4. 勺。
5. 地壹拾畝伍分伍釐。
6. 夏税：小麥正耗壹石捌斗陸合壹勺。
7. 秋糧：黃荳正耗貳石叁升壹合玖勺。
8. 民田地灘貳拾叁畝壹分伍釐。
9. 夏税：小麥正耗柒斗叁合陸勺。
10. 秋糧：
11. 米正耗捌斗捌升壹勺。
12. 黃荳正耗壹斗肆升肆合伍勺。
13. 田壹拾畝肆分伍釐。

五〇 明嘉靖叁拾壹年（1552）直隸揚州府江都縣青草沙第肆圖賦役黃冊

【題解】

此件爲《韻學集成》第六册卷六第五十葉背，編號爲 HV·YXJC[6·Y50]，其上下完整，前後均缺，中有空行，共存文字十五行，與正面古籍文字成經緯狀。此件爲明代某户的賦役黃冊。另，明代賦役黃冊往往會登載攢造之前十年内的田畝變化等情況，文中載有土地的「出賣」時間「嘉靖貳拾陸年」（1547），而此後的嘉靖叁拾壹年（1552）爲黃冊的攢造年份，據此可知，此件當係該年攢造的賦役黃冊，已知該批黃冊的攢造機構爲直隸揚州府江都縣青草沙第肆圖，故此件亦當屬於該圖之黃冊。

【録文】

（前缺）

1. 夏税：小麥正耗壹斗陸升伍勺。
2. 秋糧：米正耗叁斗貳升壹合。

地叁畝貳分。

3. 夏税：小麥正耗壹斗柒升壹合貳勺。
4. 秋糧：黄荳正耗壹斗柒升壹合貳勺。

地貳畝柒分。

5. 夏税：小麥正耗壹斗肆升肆合伍勺。
6. 秋糧：黄荳正耗壹斗肆升合伍勺。

（後缺）

14. 夏税：小麥正耗伍斗伍升玖合壹勺。
15. 秋糧：米正耗伍斗伍升玖合壹勺。
16.
17. 夏税：小麥正耗壹斗肆升肆合伍勺。
18. 秋糧：黄荳正耗壹斗肆升合伍勺。

6. 民草房貳間。
7. 民水牛壹隻。

事產：轉除民地貳畝肆分，於嘉靖貳拾陸年出賣與本圖人户朱荣爲業。

（中空1行）

8. 夏稅：小麥每畝科正麥伍升，每斗帶耗柒
9. 合，共該正耗麥壹斗貳
10. 升捌合肆勺。
11. 秋糧：黃荳每畝科正荳伍升，每斗帶耗柒
12. 合，共該正耗荳壹斗貳升
13. 捌合肆勺。
14.
15. 民水牛壹隻，於嘉靖貳拾叁年倒死。

（後缺）

五一 明嘉靖叁拾壹年（1552）直隸揚州府江都縣青草沙第肆圖賦役黃冊

【題解】

此件爲《韻學集成》第六册卷六第五一葉背，編號爲HV·YXJC[]6·Y51]，其上下完整，前後均缺，共存文字十四行，與正面古籍文字成經緯狀。此件爲明代某户的賦役黃冊。另，此件的文字字形、筆跡等與該批紙背文獻中嘉靖叁拾壹年（1552）攅造的直隸揚州府江都縣青草沙第肆圖賦役黃冊相似，故推斷，此件亦當屬於該批黃冊。

【錄文】

（前缺）

五二 明嘉靖叁拾壹年（1552）直隸揚州府江都縣青草沙第肆圖賦役黃冊（周某）

【題解】

此件爲《韻學集成》第六冊卷六第五二葉背，編號爲HV·YX]C]]6·Y52]"，其上下完整，前後均缺，共存文字五行，與正面古籍文字成經緯狀，各行之間距離較大。此件爲明代某戶的賦役黃冊，據第4行所載男子姓名知，此件黃冊的戶頭當係周某。另，此件的文字

1. 人口：計家男、婦柒口。
2. 男子伍口。
3. 婦女貳口。
4. 事產：
5. 官民田伍分。
6. 夏稅：小麥正耗叁升貳合柒勺。
7. 秋糧：米正耗伍升柒合玖勺。
8. 官田伍釐。
9. 夏稅：小麥正耗捌合陸勺。
10. 秋糧：米正耗玖合柒勺。
11. 民田肆分伍釐。
12. 夏稅：小麥正耗貳升肆合壹勺。
13. 秋糧：米正耗肆升捌合貳勺。
14. 事產：轉收官民田陸分貳釐。

（後缺）

哈佛藏《韻學集成》《直音篇》紙背明代文獻釋錄 卷二

字形、筆跡等與該批紙背文獻中嘉靖叁拾壹年（1552）攢造的直隸揚州府江都縣青草沙第肆圖賦役黃冊相似，故推斷，此件亦當屬於該批黃冊。

【錄文】

（前缺）

1. 人口：男、婦叁口。
2. 男子成丁貳口：
3. 　本身年肆拾玖歲。
4. 　弟周裕年肆拾伍歲。
5. 婦女大壹口：母王氏年捌拾伍歲。

（後缺）

五三 明隆慶陸年（1572）直隸揚州府泰州如皋縣縣市西廂第壹里（圖）賦役黃冊

【題解】

此件爲《韻學集成》第六冊卷六第五三葉背，編號爲HY·YXJC[]6·Y53]，其上下完整，前後均缺，共存文字二十行，與正面古籍文字成經緯狀。此件爲明代某戶的賦役黃冊。另，此件的文字字形、筆跡等與該批紙背文獻中隆慶陸年（1572）攢造的直隸揚州府泰州如皋縣縣市西廂第壹里（圖）賦役黃冊相似，故推斷，此件亦當屬於該里（圖）的黃冊。

【錄文】

（前缺）

1. 夏稅：小麥每畝科正麥貳升，每斗帶耗柒合，共①

① 【共】據文例其後脫【該】字，但【該】字處有污漬，或爲污損致缺。

七八

2. 壹斗肆升伍合肆勺。
3. 秋粮：黄豆每畝科正豆伍升，每斗帶耗柒合，共
4. 該叁斗陸升叁合伍勺。
5. 一本圖一則陸地肆畝貳分捌釐肆毫，係買到南廂
6. 徐鎮戶下地。
7. 夏稅：小麥每畝科正麥貳升，每斗帶耗柒合，共
8. 該玖升壹合柒勺。
9. 秋粮：黄豆每畝科正豆伍升，每斗帶耗柒合，共
10. 該貳斗壹升玖合貳勺。
11. 一本圖一則陸地叁畝柒分玖釐柒毫，係買到貳拾壹都
12. 壹圖張金戶下地。
13. 夏稅：小麥每畝科正麥貳升，每斗帶耗柒合，共
14. 該捌升壹合貳勺。
15. 秋粮：黄豆每畝科正豆伍升，每斗帶耗柒合，共
16. 該壹斗叁合壹勺。
17. 一本圖一則陸地伍畝柒分貳釐叁毫，係買本圖王澗
18. 戶下地。
19. 夏稅：小麥每畝科正麥貳升，每斗帶耗柒合，共
20. 該壹斗貳升肆合柒勺。

（後缺）

五四 明隆慶陸年（1572）直隸揚州府泰興縣順得鄉貳拾壹都第拾伍里賦役黃冊（民籍某伽保等）

【題解】

此件為《韻學集成》第六冊卷六第五四葉背，編號為 HV·YXJC[J6·Y54]，其上殘下完，前後均缺，共存文字二三行，與正面古籍文字成經緯狀。此件為明代兩戶的賦役黃冊，其中第一至六行係一戶，第七至二三行係直隸揚州府泰興縣順得鄉貳拾壹都第拾伍里民籍某伽保一戶的黃冊。另，明代賦役黃冊在攢造之時需對下一輪十年內各戶充任里長、甲首情況等做出預先安排，第七行所載某伽保充甲首的時間為『萬曆拾年』（1582），而此前的隆慶陸年（1572）為黃冊的攢造年份，據此可知，此件當係該年攢造的賦役黃冊。今據第二戶黃冊擬現題。

【錄文】

（前缺）

1. 正麥貳斗壹合玖勺。
2. 耗麥壹升肆合壹勺。
3. 正米叁斗叁升陸合伍勺。
4. 耗米貳升叁合陸勺。
5. 秋糧：米每畝科正米伍升，每斗帶耗柒合，共該叁斗陸升壹勺。
6. 房屋：民草房壹間。
7. ▢原兒故，今姪伽保係直隸揚州府泰興縣順得鄉貳拾壹都第拾伍里民籍，充萬曆拾年甲首。
8. 舊管：
9. 人丁：計家男、婦叁口。
10. 男子貳口。

11. 婦女壹口。

事產：

12. 官民田捌畝壹分。
13. 　　夏稅：小麥正耗肆斗陸合陸勺。
14. 　　秋粮：米正耗柒斗玖升捌勺。
15. 官田捌分玖釐。
16. 　　夏稅：小麥正耗壹斗柒升伍合貳勺。
17. 　　秋粮：米正耗叁斗貳升肆合壹勺。
18. 民田柒畝貳分壹釐。
19. 　　夏稅：小麥正耗貳斗叁升壹合肆勺。
20. 　　秋粮：米正耗叁斗捌升伍合柒勺。
21. 民草房貳間。
22.
23. □除：人口：正除男、婦貳口。

（後缺）

五五　明隆慶陸年（1572）直隸揚州府泰興縣順得鄉貳拾壹都第拾伍里賦役黃冊（民籍某榮等）

【題解】

此件爲《韻學集成》第六冊卷六第五五葉背，編號爲 HV·YXJC[J6·Y55]，其上殘下完，前後均缺，共存文字二二行，與正面古籍文字成經緯狀。此件爲明代兩戶的賦役黃冊，其中第一至十二行係一戶，第十三至二二行係直隸揚州府泰興縣順得鄉貳拾壹都第拾伍里

哈佛藏《韻學集成》《直音篇》紙背明代文獻釋錄　卷二

民籍某榮一户的黄册。另，明代賦役黄册在攢造之時需對下一輪十年内各户充任里長、甲首情况等做出預先安排，第七行所載某伽保充甲首的時間爲「萬曆陸年」（1578），而此前的隆慶陸年（1572）爲黄册的攢造年份，據此可知，此件當係該年攢造的賦役黄册。今據第二户黄册擬現題。

【錄文】

（前缺）

1. 實在：
2. 人口：貳口。
3. 　　男子不成丁壹口：本身年壹百伍拾伍歲。
4. 　　婦女大壹口：母吴氏年壹百伍拾伍歲。
5. 事産：
6. 　　民地本都一則地壹畝壹分玖釐，☐由坍没下江税粮遞年代辦不缺。
7. 　　夏税：小麥每畝科正麥叁升，每斗帶耗柒合，共該叁升捌合貳勺。
8. 　　　　　正麥叁升伍合柒勺。
9. 　　　　　耗麥貳合伍勺。
10. 　　秋粮：黄豆每畝科正豆伍升，每斗帶耗柒合，共該陸升叁合陸勺。
11. 　　　　　正豆伍升玖合伍勺。
12. 　　　　　耗豆肆合壹勺。
13. 　　房屋：民草房貳間。
14. ☐德故，今册姪榮係直隸揚州府泰興縣順得鄉貳拾壹都第拾伍里民籍，充萬曆陸年甲首。
15. 舊管：
16. 　　人丁：計家男、婦柒口。
17. 　　　　　男子伍口。

五六 明隆慶陸年（1572）直隸揚州府泰州如皋縣縣市西廂第壹里（圖）賦役黃冊（王某）

【題解】

此件爲《韻學集成》第六冊卷六第五六葉背，編號爲HV·YXJC][6·Y56]，其上完下殘，前後均缺，共存文字二十行，與正面古籍文字成經緯狀。此件爲明代某户的賦役黃冊，據其中所載男子姓名知，此黃冊的户頭當係王某。另，明代賦役黃冊往往會登載攢造之前十年內的人口變化等情況，文中所載『王橋』等人的病故時間爲『隆慶元年』（1567）、『隆慶伍年』（1571），而此後的隆慶陸年（1572）爲黃冊的攢造年份，據此可知，此件當係該年攢造的賦役黃冊。此件的文字字形、筆跡等與已知該批黃冊中攢造機構爲直隸揚州府泰州如皋縣縣市西廂第壹里（圖）的賦役黃冊相似，故推斷，此件亦當屬於該里（圖）的黃冊。

【錄文】

（前缺）

1. 民田地柒分玖釐陸毫。
2. 　　夏税：小麥正耗壹升壹合。

17. 　　　婦女貳口。

18.

19.

20.

21.

22. 事產：

　　官民田地壹拾畝伍分貳釐。

　　夏税：小麥正耗貳斗柒升貳合叁勺。

　　秋粮：

　　米正耗陸斗伍升伍合陸勺。

（後缺）

3. 　　　秋糧：
4. 　　　　　米正耗壹升伍合叁勺。
5. 　　　　　黃豆正耗貳升柒合叁勺。
6. 　　田貳分捌氂伍毫。秋糧：米正耗壹升伍合叁勺。
7. 　　地伍分壹氂壹毫。
8. 　　　　　夏稅：小麥正耗壹升壹合。
9. 　　　　　秋糧：黃豆正耗貳升柒合叁勺。
10. 　房屋：民草房貳間。
11. 　人口：正除男、婦肆口。
12. 　　　　　男子叁口：
13. 　　　　　　　王橋，於隆慶元年病故。
14. 　　　　　　　王受兒，於隆慶元年病故。
15. 　　　　　　　王閏兒，於隆慶伍年病故。
16. 　　　　　婦女壹口：
17. 　　　　　　　宗氏，於隆慶伍年病故。
18. 　事產：
19. 　　官民田地轉除田地壹畝玖分玖氂陸毫。
20. 　　　　　夏稅：小麥正耗肆升陸合

（後缺）

五七 明隆慶陸年（1572）直隸揚州府泰州如皋縣縣市西廂第壹里（圖）賦役黃冊（軍戶某）

【題解】

此件爲《韻學集成》第六冊卷六第五七葉背，編號爲 HV·YXJC[]6·Y57］，其上下完整，前後均缺，共存文字二十行，與正面古籍文字成經緯狀。此件爲明代某户的賦役黄冊，由第一行所載的「充發衛所接補」一語推知，此黄冊的户頭當係某軍户。另，明代賦役黄冊在攢造之時需對下一輪十年内各户充任里長、甲首情況等做出預先安排，第二、三行所載某充甲首的時間爲「萬曆玖年」（1581），而此前的隆慶陸年（1572）爲黄冊的攢造年份，據此可知，此件當係該年攢造的賦役黄冊。此件的文字字形、筆跡等與已知該批黄冊中攢造機構爲直隸揚州府泰州如皋縣縣市西廂第壹里（圖）的賦役黄冊相似，故推斷，此件亦當屬於該里（圖）的黄冊。

【錄文】

（前缺）

1. □□充發衛所接補，來歷俱在户頭
2. 王□户下□內開造完，充萬曆玖年甲
3. 　首。
4. 舊管：
5. 　人丁：計家男、婦伍口。
6. 　　　男子肆口。
7. 　　　婦女壹口。
8. 　事產：
9. 　　官民田地壹畝貳分叁釐陸毫。
10. 　　　夏税：小麥正耗貳升柒合貳勺。
11. 　　　秋糧：

12. 米正耗伍升叁合玖勺。
13. 黃豆正耗肆升伍合叁勺。
14. 官田地肆分肆釐。
   夏稅：小麥正耗壹升陸合貳勺。
   秋糧：
15. 米正耗叁升捌合陸勺。
16. 黃豆正耗壹升捌合。
17. 米正耗叁升捌合陸勺。
18. 田貳分玖釐玖毫。秋糧：米正耗叁升捌合陸勺。
19. 地壹分肆釐壹毫。
20.

（後缺）

五八 明隆慶陸年（1572）直隸揚州府泰州如皋縣縣市西廂第壹里（圖）賦役黃冊

【題解】

此件爲《韻學集成》第六冊卷六第五八葉背，編號爲HV·YXJC[[6·Y58]，其上下完整，前後均缺，共存文字二十行，與正面古籍文字成經緯狀。此件爲明代某戶的賦役黃冊。另，明代賦役黃冊往往會登載攢造之前十年內的田畝變化等情況，文中載有土地的「兊佃」時間「隆慶貳年」（1568），而此後的隆慶陸年（1572）爲黃冊的攢造年份，據此可知，此件當係該年攢造的賦役黃冊。此件的文字字形、筆跡等與已知該批黃冊中攢造機構爲直隸揚州府泰州如皋縣縣市西廂第壹里（圖）的賦役黃冊相似，故推斷，此件亦當屬於該里（圖）的黃冊。

【錄文】

（前缺）

1. 官田地叁畝伍分柒釐。
2. 夏稅：小麥正耗壹斗叁升壹合叁勺。
3. 秋糧：
4. 米正耗叁斗壹升貳合肆勺。
5. 黃豆正耗壹斗肆升伍合玖勺。
6. 田本圖一則沒官蕩田貳畝肆分叁釐肆毫。秋糧：米每畝科正米壹斗貳升，每斗帶耗柒合，於隆慶貳年伍月內兌佃過割與肆都貳圖吳艮承種。
7. 地本圖一則沒官陸地壹畝壹分叁釐陸毫，係過割與肆都貳圖吳艮承種。
8. 夏稅：小麥每畝科正麥壹斗捌升捌合，每斗帶耗柒合，共該壹斗叁升壹合叁勺。
9. 秋糧：黃豆每畝科正豆壹斗貳升，每斗帶耗柒合，共該壹斗肆升伍合玖勺。
10. 民田地陸畝肆分捌釐玖毫。
11. 夏稅：小麥正耗捌升玖合壹勺。
12. 秋糧：
13. 米正耗壹斗貳升肆合叁勺。
14. 黃豆正耗貳斗貳升貳合捌勺。

（後缺）

五九　明隆慶陸年（1572）直隸揚州府泰州如皋縣縣市西廂第壹里（圖）賦役黃冊之一（吳某）

【題解】

此件爲《韻學集成》第六冊卷六第五九葉背，編號爲 HV·YX]C][6·Y59]，其上下完整，前後均缺，共存文字二一行，與正面古籍文字成經緯狀。此件爲明代某戶的賦役黃冊，據文中所載男子姓名知，此黃冊的戶頭當係吳某。另，此件中的「吳銳」「吳儻」「吳應元」等人又見於 HV·YX]C][6·Y38]，可知這兩件當係同一戶的黃冊，明代黃冊按四柱登載人口、事產的事項，由此可知，此件當在 HV·YX]C][6·Y38]前。另，明代賦役黃冊往往會登載攢造之前十年內的田畝變化等情況，文中載有土地的「出賣」時間「隆慶貳年」（1568），而此後的隆慶陸年（1572）爲黃冊的攢造年份，據此可知，此件當係該年攢造的賦役黃冊，此件的文字字形、筆跡等與已知該批黃冊中攢造機構爲直隸揚州府泰州如皋縣縣市西廂第壹里（圖）的賦役黃冊相似，故推斷，此件亦當屬於該里（圖）的黃冊。

【錄文】

（前缺）

1. 耗柒合，共該壹斗貳升肆合叁勺，於隆慶
2. 貳年伍月內出賣與肆都貳圖吳艮承種。
3. 地本圖一則陸地肆畝壹分陸釐伍毫。
4. 夏稅：小麥每畝科正麥貳升，每斗帶耗柒合，共該
5. 捌升玖合壹勺。
6. 秋糧：黃豆每畝科正豆伍升，每斗帶耗柒合，共該貳斗
7. 貳升貳合捌勺。
8. 新收：

9. 人口：正收男、婦壹拾壹口。

男子柒口：

10. 吳銳，係原先漏報。
11. 吳儻，係原先漏報。
12. 吳應元，係原先漏報。
13. 吳樟，係原先漏報。
14. 吳林，係原先漏報。
15. 吳安郎，係原先漏報。
16. 吳芹，係原先漏報。

婦女肆口：

17. 章氏，係娶到本圖章文女。
18. 焦氏，係娶到本圖焦□女。
19. □氏，係娶到

（後缺）

六〇 明隆慶陸年（1572）直隸揚州府泰州如皋縣縣市西廂第壹里（圖）賦役黃冊

【題解】

此件爲《韻學集成》第六冊卷六第六十葉背，編號爲HV·YXJC]6·Y60]，其上下完整，前後均缺，共存文字十九行，與正面古籍文字成經緯狀。此件爲明代某戶的賦役黃冊。另，明代賦役黃冊往往會登載攢造之前十年內的田畝變化等情況，文中載有土地的『兌佃』時間『隆慶伍年』（1571）、『隆慶叄年』（1569）、『隆慶貳年』（1568），而此後的隆慶陸年（1572）爲黃冊的攢造年份，據此可知，此件當

哈佛藏《韻學集成》《直音篇》紙背明代文獻釋錄　卷二

係該年攢造的賦役黃冊。此件的文字字形、筆跡等與已知該批黃冊中攢造機構爲直隸揚州府泰州如皋縣縣市西廂第壹里（圖）的賦役黃冊相似，故推斷，此件亦當屬於該里（圖）的黃冊。

【錄文】

(前缺)

1. 每畝科正麥壹斗捌合，每斗帶耗柒合，
2. 共該壹合伍勺。
3. 秋糧：黃豆每畝科正豆壹斗貳升，每斗帶耗柒合，
4. 共該壹合柒勺。
5. 一本圖一則沒官陸地叁分伍釐陸毫，於隆慶伍年係兌
6. 佃與貳拾壹都貳圖鄧高承種。
7. 夏稅：小麥每畝科正麥壹斗捌合，每斗帶耗柒
8. 合，共該肆升壹合壹勺。
9. 秋糧：黃豆每畝科正米①壹斗貳升，每斗帶耗柒
10. 合，共該肆升伍合柒勺。
11. 一本圖一則沒官陸地捌分伍釐柒毫，於隆慶叁年係
12. 兌佃與玖都壹圖吳淵承種。
13. 夏稅：小麥每畝科正麥壹斗捌合，每斗帶耗柒
14. 合，共該玖升玖合。
15. 秋糧：黃豆每畝科正豆壹斗貳升，每斗帶耗柒
16. 合，共該壹斗壹升。
17. 一本圖一則沒官陸地壹分貳毫，於隆慶貳年係兌

① 【米】據文義當係【豆】之誤。

九〇

六一 明隆慶陸年（1572）直隸揚州府泰州如皋縣縣市西廂第壹里（圖）賦役黃冊

【題解】

此件爲《韻學集成》第六冊卷六第六一葉背，編號爲 HV·YXJC[6·Y61]，其上下完整，前後均缺，共存文字十九行，與正面古籍文字成經緯狀。此件爲明代某戶的賦役黃冊。另，此件的文字字形、筆跡等與該批紙背文獻中隆慶陸年（1572）攢造的直隸揚州府泰州如皋縣縣市西廂第壹里（圖）賦役黃冊相似，故推斷，此件亦當屬於該里（圖）的黃冊。

【錄文】

（前缺）

1. 一本圖一則蕩田叁畝玖分玖毫。秋粮：米每畝科正米□
2. 升，每斗帶耗柒合，共該貳斗玖合壹勺，
3. 係買到本圖張應兒戶下田。
4. 地壹頃叁畝貳分□氂貳毫。
5. 夏稅：小麥正耗貳石貳斗壹升肆勺。
6. 秋粮：黃豆正耗伍石伍斗貳升陸合壹勺。
7. 一本圖一則陸地壹畝陸分柒氂柒毫，係買到壹都叁□
8. 花樓戶下地。
9. 夏稅：小麦每畝科正麥貳升，每斗帶耗柒合，共該

（後缺）

18. 夏稅：小麥每畝科正麥壹斗捌合，每斗帶耗
19. 佃與叁都貳圖姚愚承種。

六二　明隆慶陸年（1572）直隸揚州府泰州如皋縣縣市西廂第壹里（圖）賦役黃冊

【題解】

此件爲《韻學集成》第六冊卷六第六二葉背，編號爲HV·YXJCJ6·Y62，其上下完整，前後均缺，共存文字十九行，與正面古籍文字成經緯狀。此件爲明代某户的賦役黃冊。另，此件的文字字形、筆跡等與該批紙背文獻中隆慶陸年（1572）攢造的直隸揚州府泰州如皋縣縣市西廂第壹里（圖）賦役黃冊相似，故推斷，此件亦當屬於該里（圖）的黃冊。

【錄文】

（前缺）

1.
秋糧：黄豆每畝科正豆壹斗貳升，每斗帶耗柒

10. 　叁升伍合捌勺。
11. 秋糧：黄豆每畝科正豆伍升，每斗帶耗柒合，
12. 　捌升玖合柒勺。
13. 一本圖一則陸地貳拾壹畝肆分叁毫，買到拾玖都壹圖
14. 　□元户下地。
15. 夏税：小麥每畝科正麥貳升，每斗帶耗柒合，共該
16. 　斗伍升捌合。
17. 秋糧：黄豆每畝科正豆伍升，每斗帶耗柒合，共該 壹
18. 　石壹斗肆升伍合壹勺。
19. 一本圖一則陸地貳畝肆分肆釐柒毫，買到貳拾壹都貳 圖

（後缺）

2. 合，共該捌升捌合陸勺。
3.
4. 一本圖一則沒官陸地壹分壹釐，係佃到南廂王寶戶下
5. 地。
6. 夏稅：小麥每畝科正麥壹斗捌合，每斗帶耗柒
7. 合，共該壹升貳合柒勺。
8. 秋粮：黃豆每畝科正豆壹斗貳升，每斗帶耗柒合，
9. 共該壹升肆合壹勺。
10. 一本圖一則沒官陸地叁釐貳毫，係佃到本圖陳萬戶下
11. 地。
12. 夏稅：小麥每畝科正麥壹斗捌合，每斗帶耗柒合，
13. 共該肆合。
14. 秋粮：黃豆每畝科正豆壹斗貳升，每斗帶耗柒合，
15. 共該肆合陸勺。
16. 一本圖一則沒官陸地伍分玖釐貳毫，係兌佃陸都肆圖吳春
17. 戶下地。
18. 夏稅：小麥每畝科正麥壹斗捌合，每斗帶耗柒合，共
19. 該陸升捌合肆勺。
20. 秋粮：黃豆每畝科正豆壹斗貳升，每斗帶耗柒合，

（後缺）

六三 明嘉靖叁拾壹年（1552）直隸揚州府江都縣青草沙第肆圖賦役黃冊

【題解】

此件爲《韻學集成》第六冊卷六第六三葉背，編號爲HV·YXJC[]6·Y63，其上下完整，前後均缺，共存文字十六行，與正面古籍文字成經緯狀。此件爲明代某户的賦役黄册。另，此件的文字字形、筆跡等與該批紙背文獻中嘉靖叁拾壹年（1552）攢造的直隸揚州府江都縣青草沙第肆圖賦役黄冊相似，故推斷，此件亦當屬於該批黄册。

【録文】

（前缺）

1. 耗麥柒合。

秋粮：

2. 米每畝科正米壹斗，每斗帶耗柒

3. 合。共該正耗米壹斗柒

4. 合。

5. 正米壹斗。

6. 耗米柒合。

7. 黄荳每畝科正荳伍升，每斗帶耗

8. 柒合，共該正耗荳伍升

9. 叁升①伍勺。

10. 正荳伍升。

11. 耗荳叁合伍勺。

---

① "升"據下文耗豆數量，此當係"合"之誤。

六四 明隆慶陸年（1572）直隸揚州府泰州如皋縣縣市西廂第壹里（圖）賦役黃冊

【題解】

此件爲《韻學集成》第六册卷六第六四葉背，編號爲 HV·YXJC[]6·Y64]，其上下完整，前後均缺，共存文字十九行，與正面古籍文字成經緯狀。此件爲明代某户的賦役黃冊。另，此件的文字字形、筆跡等與該批紙背文獻中隆慶陸年（1572）攢造的直隸揚州府泰州如皋縣縣市西廂第壹里（圖）賦役黃冊相似，故推斷，此件亦當屬於該里（圖）的黃冊。

【錄文】

（前缺）

1. 本圖一則陸地叁分柒釐玖毫，係買拾柒都貳圖丁鳳户□
地。
2. 合。
3. 夏稅：小麥每畝科正麥貳升，每斗帶耗柒合，共該□
合壹勺。
4. 秋糧：黄豆每畝科正豆伍升，每斗帶耗柒合，共該 貳
升叁勺。

13. 一則本圖重租田陸分。
14. 夏稅：小麥每畝科正麥壹斗，每斗帶
15. 耗柒合，共該正耗麥陸
16. 升肆合貳勺。

（後缺）

8. 一本圖一則陸地捌分壹毫，係買到拾肆都貳圖周梓户□
9. 地。
10. 夏稅：小麥每畝科正麥貳升，每斗帶耗柒合，共該壹
11. 升柒合貳勺。
12. 秋粮：黃豆每畝科正豆伍升，每斗帶耗柒合，共該肆
13. 升貳合玖勺。
14. 一本圖一則陸地壹畝貳分陸釐，係買到貳拾都壹圖
15. 何梅户下地。
16. 夏稅：小麥每畝科正麥貳升，每斗帶耗柒合，共該貳
17. 升叁合壹勺。
18. 秋粮：黃豆每畝科正豆伍升，每斗帶耗柒合，共該陸
19. 升柒合柒勺。

（後缺）

六五 明隆慶陸年（1572）直隸揚州府泰州如皋縣縣市西廂第壹里（圖）賦役黃冊

【題解】

此件爲《韻學集成》第六冊卷六第六五葉背，編號爲HV·YXJC[6·Y65]，其上下完整，前後均缺，共存文字十九行，與正面古籍文字成經緯狀。此件爲明代某户的賦役黃冊。另，此件的文字字形、筆跡等與該批紙背文獻中隆慶陸年（1572）攢造的直隸揚州府泰州如皋縣縣市西廂第壹里（圖）賦役黃冊相似，故推斷，此件亦當屬於該里（圖）的黃冊。

【錄文】

（前缺）

1. 秋糧：黃豆每畝科正豆伍升，每斗帶耗柒合，共該伍
2. 升捌合。
3. 一本圖一則陸分陸釐，係買到拾肆都貳圖貢達戶下
4. 地。
5. 夏稅：小麥每畝科正麥貳升，每斗帶耗柒合，共該壹升肆
6. 合柒勺。
7. 秋糧：黃豆每畝科正豆伍升，每斗帶耗柒合，共該叁升伍
8. 合叁勺。
9. 一本圖一則陸地柒分陸釐叁毫，係買到壹都肆圖劉金戶下
10. 地
11. 夏稅：小麥每畝科正麥貳升，每斗帶耗柒合，共該壹升陸
12. 合叁勺。
13. 秋糧：黃豆每畝科正豆伍升，每斗帶耗柒合，共該肆
14. □捌勺。
15. 一本圖一則陸地壹畝伍分柒釐，買到貳拾都伍圖沈堂戶下
16. 地。
17. 夏稅：小麥每畝科正麥貳升，每斗帶耗柒合，共該叁升叁
18. 合陸勺。
19. 秋糧：黃豆每畝科正豆伍升，每斗帶耗柒合，共該捌升肆

（後缺）

六六 明隆慶陸年（1572）直隸揚州府泰州如皋縣縣市西廂第壹里（圖）賦役黃冊

【題解】

此件爲《韻學集成》第六冊卷六第六六葉背，編號爲 HV·YXJC][6·Y66]，其上下完整，前後均缺，共存文字二一行，與正面古籍文字成經緯狀。此件爲明代某戶的賦役黃冊。另，明代賦役黃冊往往會登載攢造之前十年內的田畝變化等情況，文中載有土地的「出賣」時間「隆慶伍年」(1571)、「嘉靖肆拾肆年」(1565)、「嘉靖肆拾伍年」(1566) 等，而此後的隆慶陸年 (1572) 爲黃冊的攢造年份，據此可知，此件當係該年攢造的賦役黃冊。此件的文字字形、筆跡等與已知該批黃冊中攢造機構爲直隸揚州府泰州如皋縣縣市西廂第壹里（圖）的賦役黃冊相似，故推斷，此件亦當屬於該里（圖）的黃冊。另，此件與 HV·YXJC][6·Y67]、HV·YXJC][6·Y70]、HV·YXJC][6·Y71] 的格式相同、內容相關、攢造時間相同，疑此數件屬於同一戶的黃冊。

【錄文】

（前缺）

1. 一本圖一則蕩田貳分伍釐。秋糧：米每畝科正米伍升，
2. 每斗帶耗柒合，共該壹升叁合肆
3. 勺，於隆慶伍年出賣與拾肆都壹
4. 圖劉枝爲業。
5. 一本圖一則蕩田壹分肆釐伍毫。秋糧：米每畝科正米伍升，每斗帶耗柒合，共該陸合
6. 捌勺，於嘉靖肆拾肆年出賣與本
7. 圖古朋爲業。
8. 一本圖一則蕩田貳畝玖分肆釐伍毫。秋粮：米每畝
9. 科正米伍升，每斗帶耗柒合，
10.

11.
12.
13.
14.
15. 一本圖一則蕩田叁畝貳分伍釐。秋糧：米每畝科正米伍升，每斗帶耗柒合，共該壹斗柒升貳合陸勺，於隆慶叄年出賣與本圖許孟祥爲業。
16.
17. 一本圖一則蕩田壹畝壹分玖釐陸毫。秋糧：米每畝科正米伍升，每斗帶耗柒合，共該陸升肆合，於隆慶肆年出賣與肆都叄圖金儒孝爲業。
18.
19.
20.
21. 一本圖一則蕩田

（後缺）

共該壹斗伍升柒合陸勺，於嘉靖肆拾伍年出賣與本圖宗□爲業。

六七　明隆慶陸年（1572）直隷揚州府泰州如皋縣縣市西廂第壹里（圖）賦役黃冊

【題解】

此件爲《韻學集成》第六冊卷六第六七葉背，編號爲HV·YXJCJ6·Y67，其上下完整，前後均缺，共存文字十九行，與正面古籍文字成經緯狀。此件爲明代某户的賦役黄册。另，明代賦役黄冊往往會登載攢造之前十年内的田畝變化等情況，文中載有土地的「出賣」時間『隆慶伍年』（1571）、『隆慶肆年』（1570）、『隆慶叄年』（1569），而此後的隆慶陸年（1572）爲黄册的攢造年份，據此可知，此件係該年攢造的賦役黄冊。此件的文字字形、筆跡等與已知該批黄册中攢造機構爲直隷揚州府泰州如皋縣縣市西廂第壹里（圖）的賦役黄冊相似，故推斷，此件亦當屬於該里（圖）的黃册。另，此件與HV·YXJCJ6·Y66」HV·YXJCJ6·Y70」HV·YXJCJ6·Y71」格式

哈佛藏《韻學集成》《直音篇》紙背明代文獻釋錄 卷二

相同、內容相關，攢造時間相同，疑此數件屬於同一戶的黃冊。

【錄文】

（前缺）

1. 一本圖一則蕩田陸分伍釐玖毫。秋糧：米每畝科正米伍升，每斗帶耗柒合，共該叁升 壹 合叁勺，於隆慶伍年出賣與貳拾壹都壹圖葛元春爲業。

2.

3.

4. 一本圖一則蕩田伍分柒釐捌毫。秋糧：米每畝科正米伍升，每斗帶耗柒合，共該叁升玖勺，於隆慶肆年出賣與南廂 秦 鑑爲業。

5.

6.

7.

8.

9. 一本圖一則蕩田 叁 分肆釐。秋糧：米每畝科正米伍升，每斗帶耗柒合伍勺，共該柒合伍勺，於隆慶叁年出賣與貳拾壹都貳圖蔣 祿 爲業。

10.

11.

12.

13. 一本圖一則蕩田壹分伍釐陸毫。秋糧：米每畝科正米伍升，每斗帶耗柒合，共該捌合叁勺，於隆慶伍年出賣與貳拾壹 都 壹圖曹漢光爲業。

14.

15.

16.

17. 一本圖一則蕩田壹畝柒分肆釐捌毫。秋糧：米每畝科正米伍升，每斗帶耗柒合，共該玖升叁合伍勺，於隆慶叁年出賣與

18.

19.

六八 明隆慶陸年（1572）直隸揚州府泰州如皋縣縣市西廂第壹里（圖）賦役黃册

【題解】

此件爲《韻學集成》第六册卷六第六八葉背，編號爲 HV·YXJC[]6·Y68]，其上下完整，前後均缺，共存文字十九行，與正面古籍文字成經緯狀。此件爲明代某户的賦役黄册。另，此件的文字字形、筆跡等與該批紙背文獻中隆慶陸年（1572）攢造的直隸揚州府泰州如皋縣縣市西廂第壹里（圖）賦役黄册相似，故推斷，此件亦當屬於該里（圖）的黄册。另，此件與 HV·YXJC[]6·Y69]格式相同、内容相關，疑此兩件屬於同一户的黄册。

【録文】

（後缺）

（前缺）

1. 丁紅江户下地。
2. 夏税：小麥每畝科正麥貳升，每斗帶耗柒合，共該玖升陸合勺。
3. 秋粮：黄豆每畝科正豆伍升，每斗帶耗柒合，共該□斗玖升壹合肆勺。
4. 夏税：小麥每畝科正麥貳升，每斗帶耗柒合，共該□升柒合陸勺。
5. 秋粮：黄豆每畝科正豆伍升，每斗帶耗柒合，共該肆
6. 一本圖一則陸地玖分壹釐柒毫，係買到貳拾都伍圖彭交户□地。
7. 夏税：小麥每畝科正麥貳升，每斗帶耗柒合，共該
8.
9.
10. 秋粮：黄豆每畝科正豆伍升，每斗帶耗柒合，共該肆

11.
12. 一本圖一則陸地貳畝貳分玖釐叁毫，買到壹都拾圖王□
13. 　　戶下地。
14. 夏稅：小麥每畝科正麥貳升，每斗帶耗柒合，共該□
15. 　　玖合壹勺。
16. 秋粮：黃豆每畝科正豆伍升，每斗帶耗柒合，共該壹
17. 　　斗貳升貳合柒勺。
18. 一本圖一則陸地叁畝壹分肆釐壹毫，買到貳拾壹都貳圖
19. 　　高松戶下地。

（後缺）

六九　明隆慶陸年（1572）直隸揚州府泰州如皋縣縣市西廂第壹里（圖）賦役黃冊

【題解】

此件爲《韻學集成》第六冊卷六第六九葉背，編號爲HV·YXJC[]6·Y69]，其上下完整，前後均缺，共存文字十九行，與正面古籍文字成經緯狀。此件爲明代某戶的賦役黃冊。另，此件的文字字形、筆跡等與該批紙背文獻中隆慶陸年（1572）攢造的直隸揚州府泰州如皋縣縣市西廂第壹里（圖）賦役黃冊相似，故推斷，此件亦當屬於該里（圖）的黃冊。另，此件與HV·YXJC[]6·Y68]格式相同、內容相關，疑此兩件屬於同一戶的黃冊。

【錄文】

（前缺）

1. 一本圖一則陸地叁畝伍毫，係買到貳拾都叁圖陳經戶下

2. 地。
3. 夏稅：小麥每畝科正麥貳升，每斗帶耗柒合，共該
4. 陸升肆合叄勺。
5. 秋糧：黃豆每畝科正豆伍升，每斗帶耗柒合，共該壹
6. 斗陸升捌勺。
7. 一本圖一則陸地貳畝伍分捌釐貳毫，係買到本圖陳絲戶下
8. 地。
9. 夏稅：小麥每畝科正麥貳升，每斗帶耗柒合，共該伍
10. 升伍合貳勺。
11. 秋糧：黃豆每畝科正豆伍升，每斗帶耗柒合，共該壹
12. 斗叄升捌合。
13. 一本圖一則陸地叄分壹釐柒毫，係買到貳拾都壹圖牟□
14. 戶下地。
15. 夏稅：小麥每畝科正麥貳升，每斗帶耗柒合，共該陸
16. 合捌勺。
17. 秋糧：黃豆每畝科正豆伍升，每斗帶耗柒合，共該壹
18. 升陸合玖勺。
19. 一本圖一則陸地叄畝伍分柒釐捌毫，買到拾柒都貳圖

（後缺）

七〇 明隆慶陸年（1572）直隸揚州府泰州如皋縣縣市西廂第壹里（圖）賦役黄冊

【題解】

此件爲《韻學集成》第六册卷六第七十葉背，編號爲 HV·YXJC][6·Y70]，其上下完整，前後均缺，共存文字十九行，與正面古籍文字成經緯狀。此件爲明代某户的賦役黄冊。另，明代賦役黄冊往往會登載攢造之前十年内的田畝變化等情況，文中載有土地的「出賣」時間『嘉靖肆拾肆年』（1565）、『隆慶叁年』（1569）、『隆慶肆年』（1570）等，而此後的隆慶陸年（1572）爲黄冊的攢造年份，據此可知，此件當係該年攢造的賦役黄冊。此件的文字字形、筆跡等與已知該批黄冊中攢造機構爲直隸揚州府泰州如皋縣縣市西廂第壹里（圖）的賦役黄冊相似，故推斷，此件亦當屬於該里（圖）的黄冊。另，此件與 HV·YXJC][6·Y66]、HV·YXJC][6·Y67]、HV·YXJC][6·Y71] 格式相同、内容相關、攢造時間相同，疑此數件屬於同一户的黄冊。

【錄文】

（前缺）

1. 一本圖一則蕩田貳分陸釐叁毫。秋糧：米每畝科正米
2. 伍升，每斗帶耗柒合，共該壹升肆合
3. 壹勺，於嘉靖肆拾肆年出賣與貳
4. 拾壹都壹圖蔣畱保爲業。
5. 一本圖一則蕩田貳分貳釐貳毫。秋糧：米每畝科正米
6. 伍升，每斗帶耗柒合，共該壹升壹合
7. 玖勺，於隆慶叁年出賣與貳拾都叁圖
8. □成爲業。
9. 一本圖一則蕩田捌分壹毫。秋糧：米每畝科正米伍
10. 升，每斗帶耗柒合，共該肆升貳合玖

七一 明隆慶陸年（1572）直隸揚州府泰州如皋縣縣市西廂第壹里（圖）賦役黃冊

【題解】

此件為《韻學集成》第六冊卷六第七一葉背，編號為 HV·YXJCJ6·Y71」，其上下完整，前後均缺，共存文字二一行，與正面古籍文字成經緯狀。此件為明代某戶的賦役黃冊。明代賦役黃冊往往會登載攢造之前十年內的田畝變化等情況，文中載有土地的『出賣』時間『嘉靖肆拾肆年』（1565）、『嘉靖肆拾伍年』（1566）、『隆慶貳年』（1568）等，而此後的隆慶陸年（1572）為黃冊的攢造年份，據此可知，此件當係該年攢造的賦役黃冊。此件的文字字形、筆跡等與已知該批黃冊中攢造機構為直隸揚州府泰州如皋縣縣市西廂第壹里（圖）的賦役黃冊相同，故推斷，此件亦當屬於該里（圖）的黃冊。另，此件與 HV·YXJCJ6·Y66」、HV·YXJCJ6·Y67」、HV·YXJCJ6·Y70」的格式相同、內容相關，攢造時間相同，疑此數件屬於同一戶的黃冊。

11.
12.
13. 一本圖一則蕩田壹畝貳分貳釐柒毫。秋糧：米每畝
14. 科正米伍升，每斗帶耗柒合，共該
15. 陸升伍合陸勺，於隆慶肆年出賣
16. 與叄都叄圖石濱為業。
17. 一本圖一則蕩田壹畝陸分捌釐貳毫。秋糧：米每畝
18. 科正米伍升，每斗帶耗柒合，共該
19. 肆升，於隆慶叄年出賣貳拾壹

（後缺）

勺，於嘉靖肆拾伍年出賣貳拾壹都
貳圖楊金為業。

【錄文】

（前缺）

1. ▭毫。秋粮：米正耗壹石捌斗叁升陸
2. 勺。
3. 一本圖一則蕩田叁畝肆分柒釐叁毫。秋糧：米每畝
4. 正米伍升，每斗帶耗柒合，共該壹斗
5. 捌升伍合柒勺，於隆慶貳年出賣與
6. 捌都壹圖沈喜□爲業。
7. 一本圖一則蕩田伍分壹釐壹毫。秋粮：米每畝科正米
8. 伍升，每斗帶耗柒合，共該貳升柒合叁
9. 勺，於隆慶貳年出賣貳拾壹都壹圖
10. ▭爲業。
11. 一本圖一則蕩田叁釐陸毫。秋粮：米每畝科正米伍升，
12. 每斗帶耗柒合，共該壹合玖勺，於嘉
13. 靖肆拾肆年出賣與拾□都貳圖蘇
14. ▭爲業。
15. 一本圖一則蕩田壹畝肆分肆釐。秋糧：米每畝科正米
16. 伍升，每斗帶耗柒合捌合肆
17. 勺，於嘉靖肆拾伍年出賣叁都□圖
18. 王泮爲業。
19. 一本圖一則蕩田捌分壹釐壹毫。秋糧：米每畝科正米
20. 伍升，每斗帶耗柒合，共該肆升叁合

七二 明隆慶陸年（1572）直隸揚州府泰州如皋縣市西廂第壹里賦役黃冊（軍戶周狗兒等）

【題解】

此件爲《韻學集成》第六册卷六第七二葉背，編號爲HV·YX[C][6·Y72]，其上殘下完，前後均缺，共存文字二一行，與正面古籍文字成經緯狀。此件爲明代兩戶的賦役黃册，其中第一至二行係一戶，第三至二一行係直隸揚州府泰州如皋縣市西廂第壹里軍戶周狗兒的黃册。另，明代賦役黃冊在攢造之時需對下一輪十年內各戶充任里長、甲首情況等做出預先安排，第七、八行所載周狗兒充甲首的時間爲『萬曆叁年』（1575），而此前的隆慶陸年（1572）爲黃册的攢造年份，據此可知，此件當係該年攢造的賦役黃册。今據第二戶黃册擬現題。

【錄文】

（前缺）

1. 　　房屋：民草房壹間。
2. 　　　　耗豆陸合壹[

3. ▢今即周狗兒係直隸揚州府泰州如皋縣市西廂第壹里軍戶。有祖周榮叁先於
4. 　洪武拾玖年爲人命事，發雲南左衛前
5. 　所百戶劉江總旗李允真小旗劉賓下
6. 　軍，不缺。本軍於弘治拾柒年有正軍周
7. 　榮回家取計軍裝、首絲解衛，充萬曆叁
8. 　年甲首。

21.

（後缺）

肆勺，於嘉靖肆拾肆年出賣與本圖

9. □管：
10. 人丁：計家男子貳口。
11. 事產：
12. 　房屋：民草房伍間。
13. ☐：
14. 人口：男子貳口。
15. 　　　周寶隆慶叄年故。　周名隆慶伍年故。
16. □收：
17. 人口：正收男子壹口。周狗兒，係本戶漏報。
18. □在：
19. 人口：男子成丁壹口。本身年壹拾捌歲。
20. 事產：
21. 　房屋：民草房伍間。

（後缺）

七三　明隆慶陸年（1572）直隸揚州府泰興縣順得鄉貳拾壹都第拾伍里（圖）賦役黃冊

【題解】

此件爲《韻學集成》第六冊卷六第七三葉背，編號爲HV·YXJC[]6·Y73]，其上下完整，前後均缺，共存文字二十行，與正面古籍文字成經緯狀。此件爲明代某戶的賦役黃冊。另，此件的文字字形、筆跡等與該批紙背文獻中隆慶陸年（1572）攢造的直隸揚州府泰興

---

① 『□』，據文義該字當作『新』，以下該類情況同此，不另說明。

縣順得鄉貳拾壹都第拾伍里（圖）賦役黃冊相似，故推斷，此件亦當屬於該里（圖）的黃冊。

【錄文】

（前缺）

1. 職見任不缺。
2. 舊管：
3. 人丁：計家男、婦拾叄口。
4. 男子捌口。
5. 婦女伍口。
6. 事產：
7. 官民田地捌拾陸畝柒合伍勺伍毫。桑壹株。
8. 夏稅：
9. 小麥正耗肆石叁升壹合。
10. 秋粮：
11. 絲壹兩。
12. 米正耗陸石伍斗壹升叁合伍勺。
13. 黃豆正耗伍斗捌勺。
14. 官田柒畝捌分伍釐伍毫。
15. 夏稅：小麥正耗壹石肆斗玖升捌合柒勺。
16. 秋粮：米正耗貳石柒斗玖升壹合捌勺。
17. 民田地柒拾捌畝玖分。桑壹株。
18. 夏稅：
19. 小麥正耗貳石伍斗叁升玖合貳勺。

20. 絲壹兩。

（後缺）

七四 明隆慶陸年（1572）直隸揚州府泰州如皋縣縣市西廂第壹里（圖）賦役黃冊

【題解】

此件爲《韻學集成》第六冊卷六第七四葉背，編號爲HV·YXJC][6·Y74］，其上下完整，前後均缺，共存文字十九行，與正面古籍文字成經緯狀。此件爲明代某戶的賦役黃冊。另，此件的文字字形、筆跡等與該批紙背文獻中隆慶陸年（1572）攢造的直隸揚州府泰州如皋縣縣市西廂第壹里（圖）賦役黃冊相似，故推斷，此件亦當屬於該里（圖）的黃冊。另，此件與HV·YXJC][6·Y75］格式相同、內容相關，疑此兩件屬於同一戶的黃冊。

【錄文】

（前缺）

1. 秋粮：黃豆每畝科正豆伍升，每斗帶耗柒合，共該□
2. 合柒勺。
3. 一本圖一則陸地貳畝叁分貳釐肆毫，買到拾肆都貳□
4. 曹洗戶下地。
5. 夏稅：小麥每畝科正麥貳升，每斗帶耗柒合，共該□
6. 升玖合柒勺。
7. 秋粮：黃豆每畝科正豆伍升，每斗帶耗柒合，共該
8. 壹斗貳升肆合叁勺。
9. 一本圖一則陸地伍分陸釐捌毫，買到拾柒都貳圖冒□

七五 明隆慶陸年（1572）直隸揚州府泰州如皋縣縣市西廂第壹里（圖）賦役黃冊

【題解】

此件爲《韻學集成》第六冊卷六第七五葉背，編號爲HV·YXJC[］6·Y75］，其上下完整，前後均缺，共存文字十九行，與正面古籍文字成經緯狀。此件爲明代某户的賦役黄冊。另，此件的文字字形、筆跡等與該批紙背文獻中隆慶陸年（1572）攢造的直隸揚州府泰州如皋縣縣市西廂第壹里（圖）的黄冊相似，故推斷，此件亦當屬於該里（圖）的黄冊。另，此件與HV·YXJC[］6·Y74］格式相同、内容相關，疑此兩件屬於同一户的黄冊。

【録文】

（前缺）

10. 户下地。
11. 夏税：小麥每畝科正麥貳升，每斗帶耗柒合，共該
12. 壹升貳合貳勺。
13. 秋粮：黄豆每畝科正豆伍升，每斗帶耗柒合，共該
14. 升肆勺。
15. 一本圖一則陸地陸分叁釐壹毫，買到拾肆都貳圖周□
16. 户下地。
17. 夏税：小麥每畝科正麥貳升，每斗帶耗柒合，共該壹
18. 升叁合伍勺。
19. 秋粮：黄豆每畝科正豆伍升，每斗帶耗柒合，共該叁

（後缺）

哈佛藏《韻學集成》《直音篇》紙背明代文獻釋錄 卷二

1. 夏稅：小麥每畝科正麥貳升，每斗帶耗柒合，共該伍
2. 升壹合伍勺。
3. 秋糧：黃豆每畝科正豆伍升，每斗帶耗柒合，共該壹
4. 斗貳升捌合柒勺。
5. 一本圖一則陸地肆分肆釐玖毫，買到本圖張□戶下
6. 地。
7. 夏稅：小麥每畝科正麥貳升，每斗帶耗柒合，共該玖
8. 合陸勺。
9. 秋糧：黃豆每畝科正豆伍升，每斗帶耗柒合，共該貳升肆
10. 合。
11. 一本圖一則陸地伍分玖釐玖毫，買到本圖劉待價戶下
12. 地。
13. 夏稅：小麥每畝科正麥貳升，每斗帶耗柒合，共該壹
14. 壹升叁合肆勺。
15. 秋糧：黃豆每畝科正豆伍升，每斗帶耗柒合，共該叁斗
16. 捌升叁合伍勺。
17. 一本圖一則陸地叁釐貳毫，買到東廂孫佰戶下地。
18. 夏稅：小麥每畝科正麥貳升，每斗帶耗柒合，共該柒
19. 勺。

（後缺）

七六 明隆慶陸年（1572）直隸揚州府泰興縣順得鄉貳拾壹都第拾伍里（圖）賦役黃冊之一

【題解】

此件爲《韻學集成》第六冊卷六第七六葉背，編號爲HV·YXJC][6·Y76]，其上下完整，前後均缺，共存文字二十行，與正面古籍文字成經緯狀。此件爲明代某戶的賦役黃冊。另，此件的文字字形、筆跡等與該批紙背文獻中隆慶陸年（1572）攢造的直隸揚州縣順得鄉貳拾壹都第拾伍里（圖）賦役黃冊相似，故推斷，此件亦當屬於該里（圖）的黃冊。另，此件之民田地數等於HV·YXJC][6·Y77]民田地數之和，且兩件文字的筆跡、墨色相同，可知此兩件可綴合爲一，綴合後此件在前。

【錄文】

（前缺）

1. 黃豆正耗伍升陸合貳勺。
2. 官田叁畝貳釐。
3. 夏稅：小麥正耗貳斗捌勺。
4. 秋粮：米正耗陸斗貳升捌合貳勺。
5. 一本都一則俞平章原獻曹沙米高田壹畝貳釐。
6. 夏稅：小麥每畝科正麥壹斗捌升柒合肆勺，每斗耗柒合，共該貳斗捌勺。
7. 正麥壹斗捌升叁合柒勺。
8. 耗麥壹升叁合壹勺。
9. 秋粮：米每畝科正米叁斗肆升叁勺肆抄，每斗帶耗柒合，共該叁斗柒升壹合肆勺。
10. 正米叁斗肆升柒合壹勺。

12. 　　　　　　　　　　耗米貳升肆合叁勺。
13. 一本都一則富淮庄原科水田貳畝。
14. 　秋粮：米每畝科正米壹斗貳升，每斗帶耗柒合，共該貳斗伍
15. 　　　　升陸合捌勺。
16. 　　　正米貳斗肆升。
17. 　　　耗米壹升陸合捌勺。
18. 民田壹拾貳畝壹分伍釐。
19. 　夏稅：小麥正耗貳斗貳升玖合伍勺。
20. 　秋粮：

（後缺）

七七　明隆慶陸年（1572）直隸揚州府泰興縣順得鄉貳拾壹都第拾伍里（圖）賦役黃冊之二

【題解】

此件爲《韻學集成》第六冊卷六第七七葉背，編號爲HV·YXJCJ]6·Y77」，其上下完整，前後均缺，共存文字十九行，與正面古籍文字成經緯狀。此件爲明代某戶的賦役黃冊。另，此件的文字字形、筆跡等與該批紙背文獻中隆慶陸年（1572）攢造的直隸揚州府泰興縣順得鄉貳拾壹都第拾伍里（圖）賦役黃冊相似，故推斷，此件亦當屬於該里（圖）的黃冊。另，此件之民田地數之和等於HV·YXJCJ]6·Y76」民田地數，且兩件文字的筆跡、墨色相同，可知此兩件可綴合爲一，綴合後此件在後。

【錄文】

（前缺）

1. 米正耗伍斗玖升叁合玖勺。
2. 黃豆正耗伍升陸合貳勺。
3. 田壹拾壹畝壹分。
4. 夏稅：小麥正耗壹斗玖升伍合捌勺。
5. 秋糧：米正耗伍斗玖升叁合玖勺。
6. 一本都一則高田陸畝壹分。
7. 夏稅：小麥每畝科正麥叁升，每斗帶耗壹升捌升叁合。
8. 正麥壹斗捌升叁合。
9. 耗麥壹升貳合捌勺。
10. 秋糧：米每畝科正米伍升，每斗帶耗柒合，共該叁斗貳升陸合肆勺。
11. 正米叁斗伍合。
12. 耗米貳升壹合肆勺。
13. 一本都一則水田伍畝。
14. 秋糧：米每畝科正米伍升，每斗帶耗柒合，共該貳斗陸升柒合伍勺。
15. 正米貳斗伍升。
16. 耗米壹升柒合伍勺。
17. 地本都一則地壹畝伍釐。
18. 夏稅：小麥每畝科正麥叁升，每斗帶耗柒合，共該叁升叁合柒勺。
19. 正麥叁升壹合伍勺。

（後缺）

本冊爲總第七冊，共九八葉，全部爲公文紙本文獻。

第七冊

一 明隆慶陸年（1572）直隸揚州府泰州如皋縣縣市西廂第壹里（圖）賦役黃冊

【題解】

此件爲《韻學集成》第七冊卷七第一葉背，編號爲 HV·YXJCJ7·Y1，其上下完整，前後均缺，共存文字二一行，與正面古籍文字成經緯狀。此件爲明代某戶的賦役黃冊。另，此件的文字字形、筆跡等與該批紙背文獻中隆慶陸年（1572）攢造的直隸揚州府泰州如皋縣縣市西廂第壹里（圖）賦役黃冊相似，故推斷，此件亦當屬於該里（圖）的黃冊。

【錄文】

（前缺）

1. 官民田地壹拾畝壹分
2. 夏稅：小麥正耗貳斗貳升壹合玖勺。
   秋糧：
3. 米正耗肆斗叁升玖合柒勺。
4. 黃豆正耗叁斗柒升壹合貳勺。
5.
6. 官田地叁畝伍分玖釐貳毫。
7. 夏稅：小麥正耗壹斗叁升貳合叁勺。

8. 秋糧：
9. 　　米正耗叁斗□升肆合壹勺。
10. 　　黃豆正耗壹斗肆升柒合。
11. 田本圖一則沒官蕩田貳畝肆分肆釐捌毫。
12. 　　科正米壹斗貳升，每畝
13. 　　　正米貳斗玖升叁合捌勺。
14. 　　　耗米貳升捌勺。
15. 地本圖一則沒官陸地壹畝壹分肆釐肆毫。
16. 　　夏稅：小麥每畝科正麥壹斗捌合，每斗帶耗
17. 　　　柒合，共該壹斗叁升貳合叁勺。
18. 　　　正麥壹斗貳升叁合陸勺。
19. 　　　耗麥捌合柒勺。
20. 　　秋糧：黃豆每畝科正豆壹斗貳升，每斗帶耗柒

（後缺）

二　明隆慶陸年（1572）直隸揚州府泰州如皋縣縣市西廂第壹里（圖）賦役黃冊

【題解】

此件爲《韻學集成》第七冊卷七第二葉背，編號爲 HV·YXJCJ7·Y2，其上下完整，前後均缺，共存文字十九行，與正面古籍文字成經緯狀。此件爲明代某戶的賦役黃冊。另，此件的文字字形、筆跡等與該批紙背文獻中隆慶陸年（1572）攢造的直隸揚州府泰州如皋

哈佛藏《韻學集成》《直音篇》紙背明代文獻釋錄　卷二

【錄文】

（前缺）

1. 縣縣市西廂第壹里（圖）賦役黃冊相似，故推斷，此件亦當屬於該里（圖）的黃冊。
2. 夏稅：小麥正耗肆升肆合壹勺。
3. 秋糧：
4. 　米正耗壹斗肆合陸勺。
5. 　黃豆正耗肆升玖合。
6. 田本圖一則沒官蕩田捌分壹釐伍毫。
7. 　壹斗貳升，每斗帶耗柒合，共該壹
8. 　升□合陸勺，係兌佃到南廂程□存戶下田。
9. 地本圖一則沒官陸地叁分捌釐壹毫，係兌佃到南廂程□
10. 　柒合，共該肆升玖合。存戶下地。
11. 夏稅：小麥每畝科正麥壹斗捌合，每斗帶耗柒合，共該肆升肆合壹勺。
12. 秋糧：黃豆每畝科正豆壹斗貳升，每斗帶耗柒合，共該肆升玖合。
13. 民田地貳畝壹分柒釐叁毫。
14. 夏稅：小麥正耗貳升玖合捌勺。
15. 秋糧：
16. 　米正耗肆升壹合陸勺。
17. 　黃豆正耗柒升肆合陸勺。

一一八

三 明隆慶陸年（1572）直隸揚州府泰州如皋縣縣市西廂第壹里（圖）賦役黃冊（陳某）

【題解】

此件爲《韻學集成》第七册卷七第三葉背，編號爲 HV·YX]C]7·Y3]，其上下完整，前後均缺，共存文字二十行，與正面古籍文字成經緯狀。此件爲明代某户的賦役黃册，據第九行所載新收男子「陳□良」可知，此黃册的户頭當係陳某。另，明代賦役黃册往往會登載攢造之前十年內的人口變化等情況，文中所載「本身」的病故時間爲「嘉靖肆拾貳年」（1563），而此後的隆慶陸年（1572）爲黃册的攢造年份，據此可知，此件當係該年攢造的賦役黃册。此件的文字字形、筆跡等與已知該批黄册中攢造機構爲直隸揚州府泰州如皋縣縣市西廂第壹里（圖）的賦役黃册相似，故推斷，此件亦當屬於該里（圖）的黄册。

【錄文】

（前缺）

1. 　　　　夏税：小麥正耗壹升玖合。
2. 　　　　秋糧：黃豆正耗肆升柒合陸勺。
3. 房屋：民草房貳間。
4. 開除：
5. 　　人口：男子壹口。
6. 　　　　本身，於嘉靖肆拾貳年病故。
7. 新收：
8. 　　人口：正收男子壹口。
9. 　　　　陳□良，係本户原先漏報。

（後缺）

四　明隆慶陸年（1572）直隸揚州府泰州如皋縣縣市西廂第壹里（圖）賦役黃冊

【題解】

此件爲《韻學集成》第七冊卷七第四葉背，編號爲 HV·YXJCJ7·Y4，其上下完整，前後均缺，共存文字二十行，與正面古籍文字成經緯狀。此件爲明代某戶的賦役黃冊。另，此件的文字字形、筆跡等與該批紙背文獻中隆慶陸年（1572）攢造的直隸揚州府泰州如皋縣縣市西廂第壹里（圖）賦役黃冊相似，故推斷，此件亦當屬於該里（圖）的黃冊。

【錄文】

（前缺）

10. 事產：
11. 　官民田地轉收田地玖畝捌分壹毫。
12. 　夏稅：
13. 　　小麥正耗貳斗壹升肆合柒勺。
14. 　秋糧：
15. 　　米正耗肆斗貳升伍合陸勺。
16. 　　黃豆正耗叁斗伍升玖合貳勺。
17. 　官田地叁畝肆分柒釐捌毫。
18. 　夏稅：
19. 　　小麥正耗壹斗貳升柒合玖勺。
20. 　秋糧：
21. 　　米正耗叁斗肆合肆勺。
22. 　　黃豆正耗壹斗肆升貳合壹勺。

（後缺）

1. 共該貳斗玖升貳合。
2. 一本圖一則沒官陸地肆釐,係佃與北廂何訓承種。
3. 夏稅:小麥每畝科正麥壹斗捌合,每斗帶耗柒合,共該陸勺。
4. 秋糧:黃豆每畝科正豆壹斗貳升,每斗帶耗柒合,共該伍合壹勺。
5. 一本圖一則沒官陸地玖釐貳毫,係佃與貳拾都伍圖孫才承種。
6. 夏稅:小麥每畝科正麥壹斗捌合,每斗帶耗柒合,共該壹升陸勺。
7. 秋糧:黃豆每畝科正豆壹斗貳升,每斗帶耗柒合,共該壹升壹合捌勺。
8. 一本圖一則沒官陸地叁釐柒毫,係佃與北廂錢陰承種。
9. 夏稅:小麥每畝科正麥壹斗捌合,每斗帶耗柒合,共該肆合叁勺。
10. 秋糧:黃豆每畝科正豆壹斗貳升,每斗帶耗柒合,共該肆合捌勺。
11. 一本圖一則沒官陸地捌分玖釐肆毫,係兌佃與拾伍都壹圖張鎮承種。

(後缺)

五 明隆慶陸年（1572）直隸揚州府泰州如皋縣市西廂第壹里（圖）賦役黃冊

【題解】

此件爲《韻學集成》第七冊卷七第五葉背，編號爲 HV·YXJCJ7·Y5，其上下完整，前後均缺，共存文字二十行，與正面古籍文字成經緯狀。此件爲明代某戶的賦役黃冊。另，此件的文字字形、筆跡等與該批紙背文獻中隆慶陸年（1572）攢造的直隸揚州府泰州如皋縣縣市西廂第壹里（圖）賦役黃冊相似，故推斷，此件亦當屬於該里（圖）的黃冊。

【錄文】

（前缺）

1. 一本圖一則沒官蕩田壹畝伍分柒釐叁毫。秋糧：米每
2. 畝科正米壹斗貳升，每斗帶耗柒合，
3. 共該貳斗貳合，係佃與貳拾捌都壹
4. 圖徐相承種。
5. 一本圖一則沒官蕩田壹分陸毫。秋糧：米每畝科正米壹斗
6. 貳升，每斗帶耗柒合，共該壹升叁合
7. 陸勺，係佃與東廂夏燦承種。
8. 一本圖一則沒官蕩田柒毫。秋糧：米每畝科正米壹斗貳升，
9. 每斗帶耗柒合，共該玖勺，係佃與壹都
10. 叁圖戴銀承種。
11. 一本圖一則沒官蕩田捌分柒釐叁毫。秋糧：米每畝科正米
12. 壹斗貳升，每斗帶耗柒合，共該壹斗壹
13. 升貳合壹勺，係佃與東廂張樞□承

六 明隆慶陸年（1572）直隸揚州府泰州如皋縣縣市西廂第壹里（圖）賦役黃冊

【題解】

此件為《韻學集成》第七冊卷七第六葉背，編號為HV·YXJCJ7·Y6，其上下完整，前後均缺，共存文字二十行，與正面古籍文字成經緯狀。此件為明代某戶的賦役黃冊。另，明代賦役黃冊往往會登載攢造之前十年內的田畝變化等情況，文中載有土地的「出賣」時間『嘉靖肆拾叄年』（1564）、『嘉靖肆拾叄年』（1563），而此後的隆慶陸年（1572）為黃冊的攢造年份，據此可知，此件當係該年攢造的賦役黃冊。此件的文字字形、筆跡等與已知批黃冊中攢造機構為直隸揚州府泰州如皋縣縣市西廂第壹里（圖）的黃冊相似，故推斷，此件亦當屬於該里（圖）的黃冊。

【錄文】

（前缺）

1. 共該壹石捌斗伍合伍勺。
2. 一本圖一則陸地肆畝捌分陸釐壹毫，於嘉靖肆拾

　　　　　　　　　　　　　　　　　　　　　　　種。
14. 一本圖一則沒官蕩田伍釐伍毫。秋糧：米每畝科正米壹
15. 斗貳升，每斗帶耗柒合，共該柒合壹
16. 勺，係佃與本圖劉紳承種。
17. 一本圖一則沒官蕩田貳分貳釐陸毫。秋糧：米每畝科正米壹
18. 斗貳升，每斗帶耗柒合，共該貳升玖合，係
19. 佃與拾貳都貳圖王江承種。
20.

（後缺）

哈佛藏《韻學集成》《直音篇》紙背明代文獻釋錄 卷二

3. 叁年叁月內出賣與拾貳都叁圖
4. 焦鵠爲業。
5. 夏稅：小麥每畝科正麥貳升，每斗帶耗柒
6. 合，共該壹斗肆合。
7. 秋糧：黃豆每畝科正豆伍升，每斗帶耗柒合，
8. 共該貳斗陸合壹勺。
9. 一本圖一則陸地貳拾柒畝柒分柒釐捌毫，於嘉靖肆叁①
10. 叁年肆月內出賣與拾肆都壹圖王
11. 梓爲業。
12. 夏稅：小麥每畝科正麥貳升，每斗帶耗柒合，共
13. 該伍斗玖升肆合肆勺。
14. 秋糧：黃豆每畝科正豆伍升，每斗帶耗柒合，共
15. 該壹石肆斗捌升陸合壹勺。
16. 一本圖一則陸地壹畝捌分叁釐肆毫，於嘉靖拾
17. 貳年叁月內出賣與本圖宗宜爲
18. 業
19. 夏稅：小麥每畝科正麥貳升，每斗帶耗柒合，
20. 共該陸升玖合貳勺。

（後缺）

① 【叁】，據文義該字當係【拾】之誤。

七　明隆慶陸年（1572）直隸揚州府泰州如皋縣縣市西廂第壹里（圖）賦役黃冊之二（陳某）

【題解】

此件爲《韻學集成》第七册卷七第七葉背，編號爲 HV·YXJC]7·Y7」，其上下完整，前後均缺，共存文字二十行，與正面古籍文字成經緯狀。此件爲明代某戶的賦役黃册，據此件所載男子姓名知，此件與 HV·YXJC]7·Y7」HV·YXJC]7·Y8」『正收』人口處，據之推知，此件之婦女爲「大貳拾□口」，其數字遠多於 HV·YXJC]7·Y8」正收婦女之數，故推知此件當在 HV·YXJC]7·Y8」之後。今據 HV·YXJC]7·Y8」擬現題。

【錄文】

（前缺）

1. 孫陳策年伍拾伍歲。
2. 孫陳筦年肆拾伍歲。
3. 姪陳恢年肆拾陸歲。
4. 姪陳軳年伍拾歲。
5. 姪陳轅年伍拾歲。
6. 孫陳橪年叁拾陸歲。
7. 姪陳談年伍拾歲。
8. 姪陳恒年肆拾陸歲。
9. 姪陳翎年伍拾歲。
10. 姪陳錦年叁拾歲。

姪陳情年肆拾伍歲。
姪陳試年柒拾歲。
孫陳邊年肆拾伍歲。
孫陳栢年陸拾伍歲。
姪陳樞年肆拾歲。
姪陳壹龍年叁拾伍歲。
弟陳佃年陸拾歲。
孫陳翠年肆拾捌歲。
姪陳惺年伍拾歲。
姪陳紹芳年叁拾陸歲。

11. 姪陳應科年貳拾歲。
12. 孫陳桃年叁拾歲。
13. 孫陳囗[叡]年拾柒歲。
14. 孫陳梅年貳拾歲。
15. 姪陳囗年肆拾歲。
16. 孫陳汝精年貳拾歲。
17. 婦女大[貳]拾囗囗：
18. 弟婦[邵]氏年陸拾歲。
19. 弟婦張氏年陸拾伍歲。
20. 姪婦劉氏年[陸]拾歲。

孫陳翦年叁拾歲。
孫陳囗年貳拾歲。
孫陳囗年[貳]拾伍歲。
孫陳篦年貳拾伍歲。
孫陳曉年貳拾伍歲。
姪陳㐰年貳拾歲。
姪陳忉年貳拾歲。
弟婦鄧氏年陸拾歲。
弟婦王氏年伍拾伍歲。
姪婦馮氏年伍拾歲。

（後缺）

八　明隆慶陸年（1572）直隸揚州府泰州如皋縣縣市西廂第壹里（圖）賦役黃冊之一（陳某）

【題解】

此件爲《韻學集成》第七冊卷七第八葉背，編號爲 HV·YXJC][7·Y8]，其上下完整，前後均缺，共存文字二十行，與正面古籍文字成經緯狀。此件爲明代某戶的賦役黃冊，據此件所載男子姓名知，此黃冊的戶頭當係陳某。另，明代賦役黃冊往往會登載攢造之前十年內的田畝變化等情況，文中載有土地的「兌佃」時間「隆慶陸年」（1572），而該年正係黃冊的攢造年份，據此可知，此件當係該年攢造成經緯狀。此件的文字字形、筆跡等與已知該批黃冊中攢造機構爲直隸揚州府泰州如皋縣縣市西廂第壹里（圖）的賦役黃冊相似，故推斷，此件亦當屬於該里（圖）的黃冊。另，此件所載人名「陳錦」「陳翦」等又見於 HV·YXJC][7·Y7]，據之推知，此件與 HV·YXJC][7·Y7

當屬於同一戶的黃冊。又，鑒於 HV·YXJC[7·Y7]之婦女爲「大貳拾□口」，其數字遠多於此件正收婦女之數，故推知 HV·YXJC[7·Y7]應係『實在』部分，故此件當在 HV·YXJC[7·Y7]之前。

【錄文】

（前缺）

1. 夏稅：小麥每畝科正麥貳升，每斗帶耗柒
2. 合，共該壹合捌勺。
3. 秋糧：黃豆每畝科正豆伍升，每斗帶耗柒
4. 合，共該肆合伍勺。
5. 一本圖一則陸地叁頃肆拾肆畝伍分貳釐柒毫，於隆
6. 慶陸年拾月內兌佃與本圖林出、陳
7. 誕爲業。
8. 夏稅：小麥每畝科正麥貳升，每斗帶耗柒合，共
9. 該柒石貳斗捌升肆合陸勺。
10. 秋糧：黃豆每畝科正豆伍升，每斗帶耗柒合，共
11. 該壹拾捌石貳斗壹升壹合伍勺。
12. □收：
13. 人口：正收男、婦貳拾玖口。
14. 男子貳拾壹口：
15. 陳竹，係本戶原先漏報。
16. 陳慄，係本戶原先漏報。
17. 陳剪，係本戶原先漏報。
18. 陳錦，係本戶原先漏報。

19. 陳筀，係本戶原先漏報。
20. 陳□，係本戶原先漏報。

（後缺）

九　明隆慶陸年（1572）直隸揚州府泰州如皋縣縣市西廂第壹圖賦役黃冊（竈戶某等）

【題解】

此件為《韻學集成》第七冊卷七第九葉背，編號為'HV·YX]C]7·Y9'，其上殘下完，前後均缺，共存文字二十行，與正面古籍文字成經緯狀。此件揚州兩戶的賦役黃冊，其中第一至十六行係一戶，第十七至二十行係直隸揚州府泰州如皋縣縣市西廂第壹圖竈戶某之黃冊殘件。另，明代賦役黃冊在攢造之時需對下一輪十年內各戶充任里長、甲首情況等做出預先安排，第十七行所載竈戶某充甲首的時間為『萬曆陸年』（1578），而此前的隆慶陸年（1572）為黃冊的攢造年份，據此可知，此件當係該年攢造的賦役黃冊。今據第二戶黃冊擬現題。

【錄文】

（前缺）

1. 　　　　　　　　米正耗□捌合捌勺。
2. 　　　　　　　　黃豆正耗叁升叁合伍勺。
3. 田本圖一則蕩田叁分肆釐捌毫。　秋糧：米每畝科正米伍升，
4. 　　　　　　　　每斗帶耗柒合，
5. 　　　　　　　　正米壹升柒合肆勺。
6. 　　　　　　　　耗米壹合肆勺。
7. 地本圖一則陸地陸分貳釐伍毫。
8. 　　夏稅：小麥每畝科正麥貳升，每斗帶耗柒合，共

9. 該壹升肆合叁勺。
10. 正麥壹升貳合伍勺。
11. 耗麥合捌勺。
12. 秋糧：黃豆每畝科正豆伍升，每斗帶耗柒合，共該
13. 叁升叁合伍勺。
14. 正豆叁升壹合叁勺。
15. 耗豆貳合貳勺。
16. 房屋：民草房壹間。
17. 係直隸揚州府泰州如皋縣縣市西廂第壹圖竈戶，充萬曆陸年甲首。
18. 舊管：
19. 人丁：計家男、婦貳口。
20. 男子壹口。

（後缺）

一〇 明隆慶陸年（1572）直隸揚州府泰州如皋縣縣市西廂第壹里（圖）賦役黃冊（王某）

【題解】

此件爲《韻學集成》第七冊卷七第十葉背，編號爲 HV·YXJC|7·Y10］，其上下完整，前後均缺，共存文字十九行，與正面古籍文字成經緯狀。此件爲明代某户的賦役黃冊，據第3行所載男子姓名知，此黃冊的户頭當係王某。另，此件的文字字形、筆跡等與該批紙背文獻中隆慶陸年（1572）攢造的直隸揚州府泰州如皋縣縣市西廂第壹里（圖）賦役黃冊相似，故推斷，此件亦當屬於該里（圖）的黃冊。

【錄文】

（前缺）

1. 人口：男、婦貳口。
2. 男子成丁壹口：
3. 　　王道保年貳拾歲。
4. 婦女大壹口：
5. 　　母□氏年伍拾歲。
6. 事產：
7. 官民田地壹畝伍分玖毫。
8. 　夏稅：小麥正耗叁升肆合。
9. 　秋糧：
10. 　　米正耗陸升伍合陸勺。
11. 　　黃豆正耗伍升伍合伍勺。
12. 官田地伍分叁釐陸毫。
13. 　夏稅：小麥正耗壹升玖合柒勺。
14. 　秋糧：
15. 　　米正耗肆升陸合捌勺。
16. 　　黃豆正耗貳升貳合。
17. 田本圖一則沒官蕩田叁分陸釐伍毫。秋糧：米每畝科正米
18. 　　壹斗貳升，每斗帶耗柒合，共該肆升
19. 　　□合捌勺。

（後缺）

一一 明隆慶陸年（1572）直隸揚州府泰州如皋縣縣市西廂第壹里（圖）賦役黃冊

【題解】

此件爲《韻學集成》第七冊卷七第十一葉背，編號爲HV·YXJCj7·Y11，其上下完整，前後均缺，共存文字二十行，與正面古籍文字成經緯狀。此件爲明代某户的賦役黄册。另，此件的文字字形、筆跡等與該批紙背文獻中隆慶陸年（1572）攢造的直隸揚州府泰州如皋縣縣市西廂第壹里（圖）賦役黄册相似，故推斷，此件亦當屬於該里（圖）的黄册。

【錄文】

（前缺）

1. 夏税：小□□耗壹拾壹石柒斗壹合陸勺。
2. 秋糧：
3. 米正耗貳拾伍石捌斗叁升玖合肆勺。
4. 黄豆正耗壹拾叁石壹合捌勺。
5. 田本圖一則没官蕩田貳頃壹拾陸畝捌分壹釐捌毫。秋糧：米
6. 每畝科正米壹斗貳升，每斗帶耗柒
7. 合，共該貳拾柒石捌斗叁升玖合肆
8. 勺。
9. 正米貳拾陸石貳升伍合肆勺。
10. 耗米壹石捌斗壹升肆合。
11. 地本圖一則没官陸地壹頃壹畝貳分陸釐
12. 夏税：小麥每畝科正麥壹斗捌合，每斗帶耗柒
13. 合，共該壹拾壹石柒斗壹合陸勺。

哈佛藏《韻學集成》《直音篇》紙背明代文獻釋錄　卷二

14. 正麥壹拾石玖斗叁升陸合壹勺。
15. 耗麥柒斗陸升伍合伍勺。
16. 秋糧：黃豆每畝科正豆壹斗貳升，每斗帶耗柒合，
17. 共該壹拾叁石壹合捌勺。
18. 正豆壹拾貳石壹斗肆升柒合貳勺。
19. 耗豆捌斗伍升肆合陸陸[1]勺。
20. 民田地伍頃柒拾伍畝捌釐柒毫。

（後缺）

一二　明隆慶陸年（1572）直隸揚州府泰州如皋縣縣市西廂第壹里（圖）賦役黃冊（陳某）

【題解】

此件為《韻學集成》第七冊卷七第十二葉背，編號為"HV·YX]C[J7·Y12"，其上下完整，前後均缺，共存文字二十行，與正面古籍文字成經緯狀。此件為明代某戶的賦役黃冊，據第一行所載男子姓氏推斷，此黃冊的戶頭當係 陳 某。另，此件的文字字形、筆跡等與該批紙背文獻中隆慶陸年（1572）攢造的直隸揚州府泰州如皋縣縣市西廂第壹里（圖）賦役黃冊相似，故推斷，此件亦當屬於該里（圖）的黃冊。

【錄文】

（前缺）

1. 陳□□□□
2. 婦女捌口：漏報。

① 第二個「陸」，係衍文，據文義當刪。

3. 邵氏，係娶到東廂邵龍女。
4. 薛氏，係娶到北廂薛欽女。
5. 李氏，係娶到泰州李俯女。
6. 郭氏，係娶到本圖郭鸞女。
7. 叢氏，係娶到通州叢仁女。
8. 紀氏，係娶到本圖紀綠女。
9. 韓氏，係娶到泰興縣韓保女。
10. 蔣氏，係娶到南廂蔣籍女。

11. 事產：

12. 官民田地轉收田地貳頃肆拾壹畝捌分捌釐柒毫。

13. 夏稅：小麥正耗伍石叁斗柒勺。

14. 秋糧：

15. 米正耗壹拾石伍斗叁合。

16. 黃豆正耗捌石捌斗陸升陸合肆勺。

17. 官田地捌拾伍畝捌分叁釐柒毫。

18. 夏稅：小麥正耗叁石壹斗伍升柒合肆勺。

19. 秋糧：

20. 米正耗柒石伍斗壹升貳合捌勺。

（後缺）

一三 明隆慶陸年（1572）直隸揚州府泰州如皋縣縣市西廂第壹圖賦役黃冊（民戶陳萬良等）

【題解】

此件爲《韻學集成》第七冊卷七第十三葉背，編號爲「HV·YXJCJ7·Y13」，其上殘下完，前後均缺，中有缺行，共存文字十九行，與正面古籍文字成經緯狀。此件爲明代兩戶的賦役黃冊，其中第一至八行係一戶，第九至十九行係直隸揚州府泰州如皋縣縣市西廂第壹圖民戶陳萬良的黃冊。另，明代賦役黃冊在攢造之時需對下一輪十年內各戶充任里長、甲首等做出預先安排，第九、十行所載陳萬良充甲首的時間爲「萬曆拾年」（1582），而此前的隆慶陸年（1572）爲黃冊的攢造年份，據此可知，此件當係該年攢造的賦役黃冊。今據第二戶黃冊擬現題。

【錄文】

（前缺）

1. 　　　　　共該壹斗貳升陸合柒勺。
2. 　　　　正麥壹斗壹升捌合肆勺。
3. 　　　　耗麥捌合叁勺。
4. 秋糧：黃豆每畝科正豆伍升，每斗帶耗柒合，共
5. 　　　　該叁斗壹升陸合柒勺。
6. 　　　　正豆貳斗玖升陸合。
7. 　　　　耗豆貳升柒勺。
8. 房屋：民草房叁間。
9. ———今陳萬良係直隸揚州府泰州如皋縣①市西②第壹圖民③，充萬曆拾年甲

---

① 「縣」：據文義該字後脫一「縣」字。

一四 明隆慶陸年（1572）直隸揚州府泰州如皋縣縣市西廂第壹里（圖）賦役黃冊

【題解】

此件爲《韻學集成》第七冊卷七第十四葉背，編號爲HV·YXJC[]7·Y14]，其上下完整，前後均缺，共存文字十九行，與正面古籍文字成經緯狀。此件爲明代某戶的賦役黄册。另，此件的文字字形、筆跡等與該批紙背文獻中隆慶陸年（1572）攢造的直隸揚州府泰州如皋縣縣市西廂第壹里（圖）賦役黄册相似，故推斷，此件亦當屬於該里（圖）的黄册。

10. 首。
11. □管：
12. 人丁：計家男子壹口。

（中缺1行）

13. 官民田地貳畝壹分肆釐柒毫。
14. 夏稅：小麥正耗肆升柒合壹勺。
15. 秋糧：
16. 米正耗玖升叄合貳勺。
17. 黄豆正耗柒升捌合貳勺。
18. 官田地柒分陸釐貳毫。
19. 夏稅：小麥正耗貳升捌合壹勺。

（後缺）

② 【西】：據文義該字後脫一【廂】字。
③ 【民】：按文例此處當脫【籍】字或【戶】字。

【錄文】

（前缺）

1. 一本圖一則沒官陸地叁分肆釐玖毫，係佃與貳拾壹都貳圖
2. 　陳統承種。
3. 夏稅：小麥每畝科正麥壹斗捌合，每斗帶耗柒合，共
4. 　　該肆升叁勺。
5. 秋糧：黃豆每畝科正豆壹斗貳升，每斗帶耗捌合，共
6. 　　該肆升肆合捌勺。
7. 一本圖一則沒官陸地壹分叁釐，係佃與貳拾叁都壹
8. 　圖周[第]承種。
9. 夏稅：小麥每畝科正麥壹斗捌合，每斗帶耗柒合，
10. 　　共該壹升伍合。
11. 秋糧：黃豆每畝科正豆壹斗貳升，每斗帶耗柒合，
12. 　　共該壹升陸合柒勺。
13. 一本圖一則沒官陸地捌分伍釐柒毫，係佃與貳拾壹
14. 　都貳圖張恩承種。
15. 夏稅：小麥每畝科正麥壹斗捌合，每斗帶耗
16. 　　柒合，共該玖升玖合。
17. 秋糧：黃豆每畝科正豆壹斗貳升，每斗帶耗柒
18. 　　合，共該壹斗壹升。
19. 一本圖一則沒官陸地[貳]釐柒毫，係佃與玖都壹圖張

（後缺）

一五 明隆慶陸年（1572）直隸揚州府泰州如皋縣縣市西廂第壹里（圖）賦役黃冊

【題解】

此件爲《韻學集成》第七册卷七第十五葉背，編號爲HV·YXJCJ7·Y15］，其上下完整，前後均缺，共存文字二十行，與正面古籍文字成經緯狀。此件爲明代某户的賦役黃册。另，明代賦役黃册往往會登載攢造之前十年内的田畝變化等情況，文中載有土地的『出賣』時間『嘉靖肆拾伍年』（1566）、『隆慶元年』（1567）等，而此前的隆慶陸年（1572）爲黃册的攢造年份，據此可知，此件當係該年攢造的賦役黃册。此件的文字字形、筆跡等與已知該批黃册中攢造機構爲直隸揚州府泰州如皋縣縣市西廂第壹里（圖）的賦役黃册相似，故推斷，此件亦當屬於該里（圖）的黃册。

【録文】

（前缺）

1. 出賣與本圖吳柳爲業。
2. 一本圖一則蕩田貳分。秋糧：米每畝科正米伍升，每斗帶耗柒合，共該壹升壹合，於嘉靖肆拾伍年柒月内出賣本圖李鑾爲業。
3. 一本圖一則蕩田玖分柒釐陸毫。秋糧：米每畝科正米伍升，每斗帶耗柒合，共該伍升貳勺，於嘉靖肆拾伍年出賣與本圖紀香爲業。
4. 一本圖一則蕩田肆畝壹分貳釐叁毫。秋糧：米每畝科正米伍升，每斗帶耗柒合，共該貳斗貳

12. 升陸勺，於隆慶元年貳月內出賣與
13. 本圖王深爲業。
14. 一本圖一則蕩田叁畝壹分貳釐。秋糧：米每畝科正米
15. 伍升，每斗帶耗柒合，共該壹斗陸
16. 升陸合玖勺，於隆慶元年陸月內出賣
17. 與本圖許潤爲業。
18. 一本圖一則蕩田肆釐柒毫。秋糧：米每畝科正米伍升，
19. 每斗帶耗柒合，共該貳合伍勺，於隆
20. 慶□年叁月內出賣與本圖□□□。

（後缺）

一六 明隆慶陸年（1572）直隸揚州府泰州如皋縣縣市西廂第壹里（圖）賦役黃冊

【題解】

此件爲《韻學集成》第七冊卷七第十六葉背，編號爲 HV·YXJCJ7·Y16］，其上下完整，前後均缺，共存文字二十行，與正面古籍文字成經緯狀。此件爲明代某戶的賦役黃冊。另，明代賦役黃冊往往會登載攢造之前十年內的田畝變化等情況，文中載有土地的「出賣」時間「嘉靖肆拾貳年」（1563）、「嘉靖肆拾叁年」（1564）等，而此前的隆慶陸年（1572）爲黃冊的攢造年份，據此可知，此件當係該里攢造的賦役黃冊。此件的文字字形、筆跡等與已知該批黃冊中攢造機構爲直隸揚州府泰州如皋縣縣市西廂第壹里（圖）的黃冊相似，故推斷，此件亦當屬於該里（圖）的黃冊。

【錄文】

（前缺）

1. 秋糧：
2. 　　共該壹石柒升壹合柒勺。
3.
4. 一本圖一則陸地貳拾肆畝肆分肆釐，於嘉靖肆拾
5. 　　貳年貳月內出賣與叁都叁圖徐
6. 　　富爲業。
7. 　　夏稅：小麥每畝科正麥貳升，每斗帶耗柒合，
8. 　　　　共該伍斗貳升叁勺。
9. 　　秋糧：黃豆每畝科正豆伍升，每斗帶耗柒合，
10. 　　　　共該壹石叁斗柒合伍勺。
11. 一本圖一則陸地壹拾壹畝柒分捌釐叁毫，於嘉靖
12. 　　肆拾貳年正月內出賣與拾柒都
13. 　　壹圖王桐爲業。
14. 　　夏稅：小麥每畝科正麥貳升，每斗帶耗柒合，
15. 　　　　共該貳斗伍升貳合貳勺。
16. 　　秋糧：黃豆每畝科正豆伍升，每斗帶耗柒合，
17. 　　　　共該陸斗叁升肆勺。
18. 一本圖一則陸地叁拾叁畝柒分肆釐捌毫，於嘉靖
19. 　　拾叁年肆月內出賣與拾貳都壹圖
20. 　　馬應琪爲業。
　　夏稅：小麥每畝科正麥貳升，每斗帶耗柒合，

（後缺）

一七 明隆慶陸年（1572）直隸揚州府泰州如皋縣縣市西廂第壹里（圖）賦役黃冊

【題解】

此件爲《韻學集成》第七冊卷七第十七葉背，編號爲HV·YXJC[]7·Y17]，其上下完整，前後均缺，共存文字十九行，與正面古籍文字成經緯狀。此件爲明代某戶的賦役黃冊。另，此件的文字字形、筆跡等與該批紙背文獻中隆慶陸年（1572）攢造的直隸揚州府泰州如皋縣縣市西廂第壹里（圖）賦役黃冊相似，故推斷，此件亦當屬於該里（圖）的黃冊。

【錄文】

（前缺）

1. 地叁畝肆分貳釐肆毫。
2. 夏稅：小麥正耗柒升伍合肆勺。
3. 秋糧：黃豆正耗壹斗捌升捌合伍勺。
4. 一本圖一則陸地貳畝伍分柒釐陸毫，係買貳拾叁都壹
5. 圖錢統戶下地。
6. 夏稅：小麥每畝科正麥貳升，每斗帶耗柒合，共該
7. 伍升伍合壹勺。
8. 秋粮：黃豆每畝科正豆伍升，每斗帶耗柒合，共該
9. 壹斗叁升柒合捌勺。
10. 一本圖一則陸地捌分肆釐捌毫，係買到本圖許玨戶下
11. 地。
12. 夏稅：小麥每畝科正麥貳升，每斗帶耗柒合，共該
13. 壹升捌合貳勺。

一八 明隆慶陸年（1572）直隸揚州府泰州如皋縣縣市西廂第壹里（圖）賦役黃冊

【題解】

此件爲《韻學集成》第七冊卷七第十八葉背，編號爲 HV·YXJCJ7·Y18"，其上下完整，前後均缺，共存文字二十行，與正面古籍文字成經緯狀。此件爲明代某戶的賦役黃冊。另，此件的文字字形、筆跡等與該批紙背文獻中隆慶陸年（1572）攢造的直隸揚州府泰州如皋縣縣市西廂第壹里（圖）賦役黃冊相似，故推斷，此件亦當屬於該里（圖）的黃冊。

【錄文】

（前缺）

1. 夏稅：小麥每畝科正麥壹斗捌合，每斗帶耗柒合，共該肆升柒合⬚勺。
2. 秋糧：黃豆每畝科正豆壹斗貳升，每斗帶耗柒合，共該伍升貳合肆勺。
3.
4.
5. 一本圖一則沒官陸地貳釐陸毫，係佃與本圖劉紳承種。

　　秋粮：黃豆每畝科正豆伍升，每斗帶耗柒合，共該肆升伍合肆勺。

（後缺）

14.
15.
16. ⬚在：
17. 人口：男、婦陸口。
18. 男子成丁肆口：
19. 本身年陸拾伍歲。
　　孫孝兒年肆拾柒歲。

6. 夏稅：小麥每畝科正麥壹斗捌合，每斗帶耗柒合，共該叁合。
7.
8. 秋糧：黃豆每畝科正豆壹斗貳升，每斗帶耗柒合，共該叁合叁勺。
9.
10. 一本圖一則沒官陸地壹分伍毫，係佃與拾貳都貳圖王江承種。
11.
12. 夏稅：小麥每畝科正麥壹斗捌合，每斗帶耗柒合，共該壹升貳合貳勺。
13.
14. 秋糧：黃豆每畝科正豆壹斗貳升，每斗帶耗柒合，共該壹升叁合伍勺。
15.
16. 一本圖一則沒官陸地肆分叁釐陸毫，係佃與陸都肆圖李敖承種。
17.
18. 夏稅：小麥每畝科正麥壹斗捌合，每斗帶耗柒合，共該伍升肆勺。
19.
20. 秋糧：黃豆每畝科正豆壹斗貳升，每斗帶耗柒合，

（後缺）

一九 明隆慶陸年（1572）直隸揚州府泰州如皋縣縣市西廂第壹里（圖）賦役黃冊

【題解】

此件爲《韻學集成》第七册卷七第十九葉背，編號爲 HV・YXJCJ7・Y19〕，其上下完整，前後均缺，共存文字二十行，與正面古籍

文字成經緯狀。此件爲明代某户的賦役黃册。另，明代賦役黃册往往會登載攢造之前十年內的田畝變化等情況，文中載有土地的『出賣』時間『隆慶貳年』（1568）、『隆慶陸年』（1572）等，而隆慶陸年（1572）正爲黃册的攢造年份，據此可知，此件當係該年攢造的賦役黃册。此件的文字字形、筆跡等與已知該批黃册中攢造機構爲直隸揚州府泰州如皋縣市西廂第壹里（圖）的賦役黃册相似，故推斷，此件亦當屬於該里（圖）的黃册。

【錄文】

（前缺）

1. 一本圖一則蕩田貳分。秋糧：米每畝科正米伍升，每
2. 斗帶耗柒合，共該壹升柒勺，於隆
3. 慶□年出賣與北廂張賢爲業。
4. 一本圖一則蕩田叁畝陸釐貳毫。秋糧：米每畝科正
5. 米伍升，每斗帶耗柒合，共該壹斗
6. 陸升叁合捌勺，於隆慶陸年出
7. 賣與本圖張銳爲業。
8. 一本圖一則蕩田壹分陸釐。秋糧：米每畝科正米伍
9. 升，每斗帶耗柒合，共該捌合陸勺，
10. 於隆慶陸年出賣與貳拾都叁圖
11. 陳□爲業。
12. 地陸拾畝叁分壹釐。
13. 夏稅：小麥正耗壹石叁斗壹升貳合。
14. 秋糧：黃豆正耗叁石貳斗捌升。
15. 一本圖一則陸地陸畝貳分貳釐貳毫，於隆慶貳年
16. 出賣與捌都壹圖□喜保爲業。

二〇 明隆慶陸年（1572）直隸揚州府泰州如皋縣縣市西廂第壹里（圖）賦役黃冊

【題解】

此件爲《韻學集成》第七冊卷七第二十葉背，編號爲 HV·YXJCIJ7·Y20」，其上下完整，前後均缺，共存文字十九行，與正面古籍文字成經緯狀。此件爲明代某户的賦役黃冊。另，明代賦役黃冊往往會登載攢造之前十年內的田畝變化等情況，文中載有土地的「出賣」時間「嘉靖肆拾肆年」（1565）、「隆慶貳年」（1568），而此後的隆慶陸年（1572）爲黃冊的攢造年份，據此可知，此件當係該年攢造的賦役黃冊。此件的文字字形、筆跡等與已知該批黃冊中攢造機構爲直隸揚州府泰州如皋縣縣市西廂第壹里（圖）的賦役黃冊相似，故推斷，此件亦當屬於該里（圖）的黃冊。

【錄文】

（前缺）

1. 秋糧：黃豆每畝科正豆伍升，每斗帶耗柒合，
2. 　　　共該壹斗柒升陸合肆勺。
3. 一本圖一則陸地壹畝肆分伍釐肆毫，於嘉靖肆
4. 　　　拾肆拾肆[1]年出賣本圖王深爲業。

17.
18.
19.
20.
　　夏稅：小麥每畝科正麥貳升，每斗帶耗柒合，
　　　　　共該壹斗叁升叁合貳勺。
　　秋糧：黃豆每畝科正豆伍升，每斗帶耗柒合，
　　　　　共該叁斗叁升貳合玖勺。

（後缺）

---

[1] 第二個「拾肆」，係衍文，當刪。

二一 明隆慶陸年（1572）直隸揚州府泰州如皋縣縣市西廂第壹里（圖）賦役黃冊

【題解】

此件爲《韻學集成》第七册卷七第二一葉背，編號爲 HV·YXJCJ7·Y21，其上完下殘，前後均缺，共存文字十九行，與正面古籍

5. 夏税：小麥每畝科正麥貳升，每斗帶耗柒合，
6. 共該叁升壹合壹勺。
7. 秋糧：黃豆每畝科正豆伍升，每斗帶耗柒合，共
8. 該柒升柒合捌勺。
9. 一本圖一則陸地陸畝壹分貳釐叁毫，於隆慶貳年
10. 出賣與東廂張析爲業。
11. 夏税：小麥每畝科正麥貳升，每斗帶耗柒合，共
12. 該壹斗叁升壹合。
13. 秋糧：黃豆每畝科正豆伍升，每斗帶耗柒合，共
14. 該叁斗貳升柒合陸勺。
15. 一本圖一則陸地叁分柒釐柒毫，於嘉靖肆拾肆年
16. 出賣與余給爲業。
17. 夏税：小麥每畝科正麥貳升，每斗帶耗柒合，
18. 共該捌合壹勺。
19. 秋糧：黃豆每畝科正豆伍升，每斗帶耗柒合，

（後缺）

哈佛藏《韻學集成》《直音篇》紙背明代文獻釋錄　卷二

文字成經緯狀。此件爲明代某戶的賦役黃冊。另，明代賦役黃冊往往會登載攢造之前十年內的田畝變化等情況，文中載有土地的『賣』出時間『隆慶叁年』（1569），而此後的隆慶陸年（1572）爲黃冊的攢造年份，據此可知，此件當係該年攢造的賦役黃冊。此件的文字字形、筆跡等與已知該批黃冊中攢造機構爲直隸揚州府泰州如皋縣縣市西廂第壹里（圖）的賦役黃冊相似，故推斷，此件亦當屬於該里（圖）的黃冊。

【錄文】

（前缺）

1. 夏稅：小麥每畝科正麥貳升，每斗帶耗柒合，共該貳
2. 合玖勺。
3. 秋糧：黃豆每畝科正豆伍升，每斗帶耗柒合，共該柒
4. 勺。
5. 一本圖一則陸地貳分柒釐肆毫，於隆慶叁年拾月內賣
6. 與拾伍都壹圖張鎮承種。
7. 夏稅：小麥每畝科正麥貳升，每斗帶耗柒合，共該貳
8. 升壹勺。
9. 秋糧：黃豆每畝科正豆伍升，每斗帶耗柒合，共該壹斗
10. 柒升伍合貳勺。
11. 一本圖一則陸地叁分壹釐肆毫，於隆慶叁年拾月內賣與□
12. 廂郭紅承種。
13. 夏稅：小麥每畝科正麥貳升，每斗帶耗柒合，共該□
14. 升捌合
15. 秋糧：黃豆每畝科正豆伍升，每斗帶耗柒合，共該壹
16. 升陸合捌勺。

一四六

二三　明隆慶陸年（1572）直隸揚州府泰州如皋縣縣市西廂第壹里（圖）賦役黃冊（許某）

【題解】

此件爲《韻學集成》第七冊卷七第二二葉背，編號爲 HV·YXJCJ7·Y22，其上下完整，前後均缺，共存文字二十行，與正面古籍批紙背文字成經緯狀。此件爲明代某戶的賦役黃冊，據其中所載男子姓名知，此黃冊的戶頭當係許某。另，此件的文字字形、筆跡等與該批紙背文獻中隆慶陸年（1572）攢造的直隸揚州府泰州如皋縣縣市西廂第壹里（圖）賦役黃冊相似，故推斷，此件亦當屬於該里（圖）的黃冊。

【錄文】

（前缺）

1. 　　　穆承種。
2. 夏稅：小麥每畝科正麥貳升，每斗帶耗柒合，
3. 　　　共該肆勺。
4. 秋糧：黃豆每畝科正豆伍升，每斗帶耗柒合，
5. 　　　共該玖勺。
6. 新收：
7. 人口：男、婦口拾捌口。
8. 　　男子貳拾玖口：

（後缺）

17.
18. 　　夏稅：小麥每畝科正麥貳升，每斗帶耗柒合，共該□
19. 一本圖一則陸地叁畝貳分伍釐柒毫，於隆慶叁年拾壹月內賣與貳拾都壹圖劉宗虎承種。

9. 許愚，係本戶原先漏報。
10. 許書，係本戶原先漏報。
11. 許櫳，係本戶原先漏報。
12. 許□，係本戶原先漏報。
13. 許孫兒，係本戶原先漏報。
14. 許緯，係本戶原先漏報。
15. 許釧，係本戶原先漏報。
16. 許倪，係本戶原先漏報。
17. 許尤兒，係本戶原先漏報。
18. 許講，係本戶原先漏報。
19. 許訓，係本戶原先漏報。
20. 許禰，係本戶原先漏報。

（後缺）

二三 明隆慶陸年（1572）直隸揚州府泰州如皋縣縣市西廂第壹圖賦役黃冊（竈戶某等）

【題解】

此件爲《韻學集成》第七冊卷七第二三葉背，編號爲 HV·YXJCJ7·Y23，其上殘下完，前後均缺，共存文字二十行，與正面古籍文字成經緯狀。此件爲明代兩戶的賦役黃冊，其中第一至十六行係一戶，第十七至二十行係直隸揚州府泰州如皋縣縣市西廂第壹圖竈戶某的黃冊。另，明代賦役黃冊在攢造之時需對下一輪十年內各戶充任里長、甲首情況等做出預先安排，第十九行所載竈戶某充甲首的時間爲「萬曆拾年」（1582），而此前的隆慶陸年（1572）爲黃冊的攢造年份，據此可知，此件當係該年攢造的賦役黃冊。今據第二戶黃冊擬現題。

【錄文】

（前缺）
1. 黃豆正耗貳斗壹升柒合叁勺。
2. 田本圖一則蕩田叁畝叁分壹釐。秋糧：米每畝科正米伍升，每斗帶耗柒合，共該壹斗柒升柒合壹勺。
3. 正米壹斗陸升伍合伍勺。
4. 耗米壹升壹合陸勺。
5. 地本圖一則陸地伍畝玖分叁釐。
6. 夏稅：小麥每畝科正麥貳升，每斗帶耗柒合，共該壹斗貳升陸合玖勺。
7. 正麥壹斗壹升捌合貳勺。
8. 耗麥捌合柒勺。
9. 秋糧：黃豆每畝科正豆壹升伍升，每斗帶耗柒合，共該叁斗壹升柒合叁勺。
10. 正豆貳斗玖升陸合伍勺。
11. 耗豆貳升捌勺。
12. 房屋：民草房貳間。
13. ▢係直隸揚州府泰州如皋縣縣市西廂第壹圖竈戶，原係泰州浦津鄉柒都搬來本縣買田，前冊附籍當差，充竈來歷俱在原籍開造，充萬曆拾年甲首。於嘉靖肆拾壹年造冊，蒙駁麥米豆不同，

二四 明隆慶陸年（1572）直隸揚州府泰州如皋縣縣市西廂第壹里（圖）賦役黃冊

【題解】

此件爲《韻學集成》第七冊卷七第二四葉背，編號爲HV·YXJCJ7·Y24，其上下完整，前後均缺，共存文字二十行，與正面古籍文字成經緯狀。此件爲明代某戶的賦役黃冊。另，此件的文字字形、筆跡等與該批紙背文獻中隆慶陸年（1572）攢造的直隸揚州府泰州如皋縣縣市西廂第壹里（圖）賦役黃冊相似，故推斷，此件亦當屬於該里（圖）的黃冊。

【錄文】

（前缺）

1. ▢柒升陸合▢勺。
2. 秋糧：
3. 米正耗肆斗肆升肆合捌勺。
4. 黃豆正耗壹斗玖升柒合捌勺。
5. 田本圖一則沒官蕩田叁畝肆分陸釐肆毫。秋糧：米每畝科正
6. 米壹斗貳升，每斗帶耗柒合，共該肆斗
7. 肆升肆合捌勺。
8. 正米肆斗壹升伍合柒勺。
9. 耗米貳升捌合壹勺。
10. 地本圖一則沒官陸地壹畝陸分壹釐捌毫。
11. 夏稅：小麥每畝科正麥壹斗捌合，每斗帶耗柒合，

（後缺）

二五 明隆慶陸年（1572）直隸揚州府泰州如皋縣縣市西廂第壹里（圖）賦役黃冊

【題解】

此件爲《韻學集成》第七冊卷七第二五葉背，編號爲 HV·YXJCJ7·Y25］，其上下完整，前後均缺，共存文字二十行，文中載有土地的"出賣"文字成經緯狀。此件爲明代某戶的賦役黃冊。另，明代賦役黃冊往往會登載攢造之前十年內的田畝變化等情況，據此可知，此件當係該年攢造的賦役黃冊。攢造時間『嘉靖肆拾叁年』（1564），而此後的隆慶陸年（1572）爲黃冊的攢造年份，據此可知，此件當係該年攢造的賦役黃冊。此件的文字字形、筆跡等與已知該批黃冊中攢造機構爲直隸揚州府泰州如皋縣市西廂第壹里（圖）的賦役黃冊相似，故推斷，此件亦當屬於該里（圖）的黃冊。

【錄文】

（前缺）

12. 共該壹斗柒升陸合柒勺。
13. 正麥壹斗陸升伍合柒勺。
14. 耗麥壹升壹合。
15. 秋糧：黃豆每畝科正豆壹斗貳升，每斗帶耗柒合，
16. 共該壹斗玖升柒合捌勺。
17. 正豆壹斗捌升柒合貳勺。
18. 耗豆壹升叁合陸勺。
19. 夏稅：小麥正耗壹斗貳升陸合玖勺。
20. 民田地玖畝叁分肆釐。

（後缺）

1. 一本圖一則陸地叁畝柒分伍釐，於嘉靖肆拾叁年叁
2. 　　月內出賣與本圖紀香爲業。
3. 夏稅：小麥每畝科正麥貳升，每斗帶耗柒合，
4. 　　共該貳升叁合。
5. 秋糧：黃豆每畝科正豆伍升，每斗帶耗柒合，
6. 　　共該伍升柒合伍勺。
7. 一本圖一則陸地柒畝叁分捌釐捌毫，於嘉靖肆拾
8. 　　叁年拾月內出賣與本圖王深爲業。
9. 夏稅：小麥每畝科正麥貳升，每斗帶耗柒合，
10. 　　共該壹斗伍升捌合壹勺。
11. 秋糧：黃豆每畝科正豆伍升，每斗帶耗柒合，
12. 　　共該叁斗玖升伍合叁勺。
13. 一本圖一則陸地伍畝伍分玖釐壹毫，於嘉靖肆拾
14. 　　叁年叁月內出賣與本圖許潤爲業。
15. 夏稅：小麥每畝科正麥貳升，每斗帶耗柒合，
16. 　　共該壹斗壹升玖合貳勺。
17. 秋糧：黃豆每畝科正豆伍升，每斗帶耗柒
18. 　　合共該☐斗玖升捌合壹勺。

（後缺）

二六 明隆慶陸年（1572）直隸揚州府泰州如皋縣縣市西廂第壹里（圖）賦役黃冊（許某）

【題解】

此件爲《韻學集成》第七冊卷七第二六葉背，編號爲 HV·YXJC|7·Y26]，其上下完整，前後均缺，共存文字十九行，與正面古籍文字成經緯狀。此件爲明代某戶的賦役黃冊，據其中所載男子姓名知，此黃冊的户頭當係許某。另，明代賦役黃冊往往會登載攢造之前十年內的人口變化等情況，文中所載相關人口的病故時間從「嘉靖肆拾壹年」（1562）至「隆慶叁年」（1569），而此後的隆慶陸年（1572）爲黃冊的攢造年份，據此可知，此件當係該年攢造的賦役黃冊。此件的文字字形、筆跡等與已知該批黃冊中攢造機構爲直隸揚州府泰州如皋縣縣市西廂第壹里（圖）的賦役黃冊相似，故推斷，此件亦當屬於該里（圖）的黃冊。

【錄文】

（前缺）

1. 姪許□，於嘉靖肆拾貳年病故。
2. 姪許璨，於嘉靖肆拾肆年病故。
3. 孫許停，於隆慶貳年病故。
4. 孫許重兒，於隆慶叁年病故。
5. 姪許客，於嘉靖肆拾叁年病故。
6. 姪許鏘，於隆慶元年病故。
7. 姪許筭，於嘉靖肆拾叁年病故。
8. 弟許鏢，於嘉靖肆拾壹年病故。
9. 姪許傑，於隆慶叁年病故。
10. 孫許儒，於隆慶貳年病故。
11. 婦女伍口：

12. 姪婦紀氏，於嘉靖肆拾壹年病故。
13. 姪婦儲氏，於隆慶元年病故。
14. 姪婦陶氏，於隆慶元年病故。
15. 姪婦冒氏，於嘉靖肆拾貳年病故。
16. 姪婦蔣氏，於隆慶叁年病故。

事產：

17. 官民田地轉除田地捌拾畝陸分玖釐壹毫。
18. 夏稅：小麥正耗壹石柒斗陸升捌合伍勺。
19.

（後缺）

二七 明嘉靖叁拾壹年（1552）直隸揚州府江都縣青草沙第肆圖賦役黃冊

【題解】

此件爲《韻學集成》第七册卷七第二七葉背，編號爲HV·YXJCJ7·Y27，其上下完整，前後均缺，共存文字十七行，與正面古籍文字成經緯狀。此件爲明代某户的賦役黃冊。另，明代賦役黃冊往往會登載攢造之前十年内的田畝變化等情況，文中載有土地的「出賣」時間「嘉靖貳拾陸年」（1547）、「嘉靖貳拾肆年」（1545），而此後的嘉靖叁拾壹年（1552）爲黄冊的攢造年份，據此可知，此件當係該年攢造的賦役黄冊，已知該批黄冊的攢造機構爲直隸揚州府江都縣青草沙第肆圖，故此件亦當屬於該圖之黄冊。

【錄文】

（前缺）

1. 秋粮：黄荳每畝科正壹伍升，每斗帶耗
2. 柒合，共該正耗壹肆升

二八 明嘉靖叁拾壹年（1552）直隸揚州府江都縣青草沙第肆圖賦役黃冊

【題解】

此件爲《韻學集成》第七册卷七第二八葉背，編號爲HV·YXJC[7·Y28]，其上下完整，前後均缺，共存文字十七行，與正面古籍

3. 玖勺。
4. 一地叁畝捌分伍釐，於嘉靖貳拾陸年出賣與崇德
5. 拾貳圖人户吳潮爲業。
6. 夏稅：小麥每畝科正麥伍升，每斗帶
7. 耗柒合，共該正耗麥貳
8. 斗陸合。
9. 秋糧：黃荳每畝科正荳伍升，每斗帶耗
10. 柒合，共該正耗荳貳斗
11. 陸合。
12. 一地壹拾貳畝陸分伍釐，於嘉靖貳拾肆年出賣
13. 與仙女叁圖人户方琴爲
14. 業。
15. 夏稅：小麥每畝科正麥伍升，每斗帶耗
16. 柒合，共該正耗麥陸斗柒
17. 升陸合捌勺。

（後缺）

文字成經緯狀。此件爲明代某戶的賦役黃冊。另，此件的文字字形、筆跡等與該批紙背文獻中嘉靖叄拾壹年（1552）攢造的直隸揚州府江都縣青草沙第肆圖賦役黃冊相似，故推斷，此件亦當屬於該批黃冊。

【錄文】

（前缺）

1. 官民田地壹拾捌畝叄分柒釐伍毫。
2. 夏稅：小麥正耗陸斗柒升玖合捌勺。
3. 秋粮：
4. 米正耗伍斗陸升貳合柒勺。
5. 黃荳正耗伍斗肆升捌合伍勺。
6. 官田本圖袁成入官田壹畝壹分肆釐肆毫。
7. 夏稅：小麥每畝科正麥壹斗，每斗帶耗柒
8. 合，共該正耗麥壹斗貳升
9. 貳合肆勺。
10. 正麥壹斗壹升肆合肆勺。
11. 耗麥捌合。
12. 秋粮：米每畝科正米壹斗肆升，每斗帶
13. 耗柒合，共該正耗米壹
14. 斗柒升壹合肆勺。
15. 正米壹斗陸升貳勺。
16. 耗米壹升壹合貳勺。
17. 民田地壹拾柒畝貳分叄釐壹毫。

（後缺）

二九 明隆慶陸年（1572）直隸揚州府泰州如皋縣縣市西廂第壹里（圖）賦役黃冊

【題解】

此件爲《韻學集成》第七冊卷七第二九葉背，編號爲 HV·YXJCJ7·Y29，其上下完整，前後均缺，共存文字二十行，與正面古籍文字成經緯狀。此件爲明代某户的賦役黃冊。另，明代賦役黃冊往往會登載攢造之前十年內的田畝變化等情况，而此件的隆慶陸年（1572）爲黃冊的攢造年份，據此可知『嘉靖肆拾貳年』（1563）、『嘉靖肆拾叁年』（1564）、『嘉靖肆拾肆年』（1565）而此後的隆慶陸年（1572）爲黃冊的攢造年份，據此可知，此件當係該年攢造的賦役黃冊。此件的文字字形、筆跡等與已知該批黃冊中攢造機構爲直隸揚州府泰州如皋縣縣市西廂第壹里（圖）的賦役黃冊相似，故推斷，此件亦當屬於該里（圖）的黃冊。

【錄文】

（前缺）

1. ▢捌斗貳升叁合叁勺，
2. 於嘉靖肆拾貳年兑佃與叁都叁
3. 叁圖徐恕承種。
4. 一本圖一則沒官蕩田陸畝捌分捌釐肆毫。秋糧：米每
5. 畝科正米壹斗貳升，每斗帶耗柒
6. 合，共該捌斗捌升叁合玖勺，於嘉
7. 靖肆拾叁年兑佃與拾柒都壹圖
8. 王桐承種。
9. 一本圖一則沒官蕩田壹拾玖畝柒分壹釐陸毫。秋糧：米每畝科正米壹斗貳升，每斗帶
10. 耗柒合，共該貳石伍斗叁升壹合
11.

三〇 明隆慶陸年（1572）直隸揚州府泰州如皋縣縣市西廂第壹里（圖）賦役黃冊（陳某）

【題解】

此件爲《韻學集成》第七冊卷七第三十葉背，編號爲HV·YXJCJ7·Y30，其上下完整，前後均缺，共存文字二十行，與正面古籍文字成經緯狀。此件爲明代某戶的賦役黃冊，據第1行所載男子「陳竿」推知，此黃冊的戶頭當係陳某。另，此件的文字字形、筆跡等與該批紙背文獻中隆慶陸年（1572）攢造的直隸揚州府泰州如皋縣市西廂第壹里（圖）賦役黃冊相似，故推斷，此件亦當屬於該里（圖）的黃冊。

【錄文】

1. 陳竿。

（前缺）

12. 伍勺，於嘉靖肆拾叁年兌佃與
13. 拾貳都壹圖馬應琪承種。
14. 一本圖一則沒官蕩田貳畝捌分肆釐。秋糧：米每畝
15. 科正米壹斗貳升，每斗帶耗柒合，共
16. 該叁斗陸升肆合柒勺，於嘉靖肆
17. 拾肆年兌佃與拾貳都叁圖焦鵠承
18. 種
19. 一本圖一則沒官蕩田壹拾陸畝貳分貳釐捌毫。秋糧：
20. 米每畝科正米壹斗貳升，每斗帶

（後缺）

2. 婦女壹拾口:
3. 　　韓氏。
4. 　　丁氏。
5. 　　葛氏。
6. 　　冒氏。
7. 　　許氏。
8. 　　邵氏。
9. 　　李氏。
10. 　　紀氏。
11. 　　韓氏。
12. 　　蔣氏。
13. 事產:
14. 　　官民田地轉除田地壹拾壹頃肆拾貳畝叁分叁釐陸毫。　桑貳株。
15. 　　夏稅:
16. 　　　　小麥正耗貳拾伍石陸升叁合捌勺。
17. 　　　　絲貳兩。
18. 　　秋糧:
19. 　　　　米正耗肆拾玖石捌斗貳升玖合貳勺。
20. 　　　　黃豆正耗肆拾壹石捌斗貳升伍合貳勺。

（後缺）

三一 明隆慶陸年（1572）直隸揚州府泰州如皋縣縣市西廂第壹里（圖）賦役黃冊之一

【題解】

此件爲《韻學集成》第七册卷七第三一葉背，編號爲"HV·YXJCJ7·Y31"，其上下完整，前後均缺，共存文字二十行，與正面古籍文字成經緯狀。此件爲明代某户的賦役黃册。此件的文字字形、筆跡等與該批紙背文獻中隆慶陸年（1572）攢造的直隸揚州府泰州如皋縣縣市西廂第壹里（圖）賦役黃册相似，故推斷，此件亦當屬於該里（圖）的黃册。另，此件與 HV·YXJCJ7·Y32 格式相同，内容相關，推斷它們當屬於同一户的黃册。

【録文】

（前缺）

1. 貳升，每斗帶耗柒合，共該壹斗貳
2. 柒勺，係兑到肆都貳圖曹新户下
3. 田。
4. 一本圖一則没官蕩田貳畝壹分捌釐貳毫。秋糧：米每畝
5. 科正米壹斗貳升，每斗帶耗柒合，
6. 共該貳斗捌升貳勺，係兑到拾
7. 貳都壹圖張淵户下田。
8. 一本圖一則蕩田捌毫。秋糧：米每畝科正米壹斗貳
9. 升，每斗帶耗柒合，共該壹合，係兑到
10. 本圖錢忠户下田。
11. 一本圖一則蕩田陸分壹釐捌毫。秋糧：米每畝科正
12. 米壹斗貳升，每斗帶耗柒合，共該

三二 明隆慶陸年（1572）直隸揚州府泰州如皋縣縣市西廂第壹里（圖）賦役黃冊之一

【題解】

此件爲《韻學集成》第七册卷七第三二葉背，編號爲 HV・YXJCJ7・Y32］，其上下完整，前後均缺，共存文字十九行，與正面古籍文字成經緯狀。此件爲明代某户的賦役黃册。另，此件與 HV・YXJCJ7・Y31］格式相同，內容相關，推斷它們當屬於同一户的黃册。今據 HV・YXJCJ7・Y31］擬現題。

【錄文】

（前缺）

1. 壹都壹圖周賢户下田。
2. 一本圖一則沒官蕩田叁分壹釐。秋糧：米每畝科正
3. 米壹斗貳升，每斗帶耗柒合，共

（後缺）

13. 柒升玖合叁勺，係兌到本圖張□恩
14. 户下田。
15. 一本圖一則沒官蕩田柒釐叁毫。秋糧：米每畝科正米壹
16. 斗貳升，每斗帶耗柒合，共玖合肆
17. 勺，係兌佃到貳拾叁都壹圖徐果户下
18. 田。
19. 一本圖一則沒官蕩田貳分貳釐。秋糧：米每畝科正米壹
20. 斗貳升，每斗帶耗柒合，共該貳升捌

4. 該叁升玖合捌勺，係兌到貳拾
5. 壹都貳圖曹淵戶下田。
6. 一本圖一則沒官蕩田柒分柒釐肆毫。秋糧：米每
7. 畝科正米壹斗貳升，每斗帶耗柒
8. 合，共該玖升玖合肆勺，係兌到
9. 北廂洪傳戶下田。
10. 一本圖一則沒官蕩田壹畝捌分叁釐。秋糧：米每畝
11. 科正米壹斗貳升，每斗帶耗柒□
12. 共該貳斗叁升伍合，係兌到 本
13. 圖劉紳戶下田。
14. 一本圖一則沒官蕩田柒分伍釐貳毫。秋糧：米每斗貳升，
15. 科正米壹斗貳升，每斗帶耗柒□，
16. 共該玖升陸合陸勺，係兌到本圖□
17. 輊戶下田。
18. 一本圖一則沒官蕩田陸分壹釐陸毫。秋糧：米每斗帶耗柒合，共
19. 正米壹斗貳升，每斗帶耗柒合，共

（後缺）

三三 明隆慶陸年（1572）直隸揚州府泰州如皋縣縣市西廂第壹里（圖）賦役黃冊（許某）

【題解】

此件爲《韻學集成》第七冊卷七第三三葉背，編號爲HV·YXJC[]7·Y33]，其上下完整，前後均缺，共存文字十九行，與正面古籍文字成經緯狀。此件爲明代某戶的賦役黃冊，據其中所載男子姓名知，此黃冊的户頭當係許某。另，此件的文字字形、筆跡等與該里紙背文獻中隆慶陸年（1572）攢造的直隸揚州府泰州如皋縣縣市西廂第壹里（圖）賦役黃冊相似，故推斷，此件亦當屬於該里（圖）的黃冊。

【錄文】

（前缺）

1. 男子貳口：
2. 　　孫許鉦，原係本户漏報。
3. 　　弟許鑑，原係本户漏報。
4. 婦女貳口：
5. 　　孫婦曹氏，原係娶到寶應曹□女。
6. 　　孫婦徐氏，係娶到太鄉徐陸女。
7. 事產：
8. 　　官民田地轉收田地叁分肆釐叁毫。
9. 　　夏稅：小麥正耗柒合叁勺。
10. 　　秋糧：
11. 　　　　米正耗壹升伍合。
12. 　　　　黃豆正耗壹升貳合貳勺。

13. 官田地壹分貳釐壹毫。
14. 夏稅：小麥正耗肆合肆勺。
15. 秋糧：
16. 　　米正耗壹升柒勺。
17. 　　黃豆正耗肆合玖勺。
18. 一本圖一則沒官□田捌釐叁毫。秋糧：米每畝科正米
19. 　　□斗貳升，每斗帶耗柒合，共該壹

（後缺）

三四 明嘉靖叁拾壹年（1552）直隸揚州府江都縣青草沙第肆圖賦役黃冊（朱某）

【題解】

此件爲《韻學集成》第七冊卷七第三四葉背，編號爲 HV·YXJCJ7·Y34，其上殘下完，前後均缺，共存文字十八行，與正面古籍文字成經緯狀。此件爲明代某戶的賦役黃冊，據其中所載男子姓名知，此黃冊的戶頭當係朱某。另，此件的文字字形、筆跡等與該批紙背文獻中嘉靖叁拾壹年（1552）攢造的直隸揚州府江都縣青草沙第肆圖賦役黃冊相似，故推斷，此件亦當屬於該圖的黃冊。

【錄文】

（前缺）

1. 人丁：計家男子貳口。
2. 事產：
3. 　　民田地玖畝壹釐。
4. 　　夏稅：小麥正耗肆斗捌升貳合肆勺。

三五 明隆慶陸年（1572）直隸揚州府泰州如皋縣縣市西廂第壹里（圖）賦役黃冊

5. 秋糧：
6. 米正耗伍斗捌升捌合伍勺。
7. 黃荳正耗壹斗捌升捌合壹勺。
8. 田伍畝伍分。
9. 夏稅：小麥正耗貳斗玖升肆合叁勺。
10. 秋糧：米正耗伍斗捌升捌合伍勺。
11. 地叁畝伍分壹釐。
12. 夏稅：小麥正耗壹斗捌升捌合壹勺。
13. 秋糧：黃荳正耗壹斗捌升捌合壹勺。
14. 民草房肆間。
15. 民黃牛壹隻。
16. ▢人口：正收男、婦貳口。
17. 男子成丁壹口：弟朱思，係前冊失報。
18. 婦女大壹口：妻王氏，係娶到官▢▢圖王和失報女。

（後缺）

【題解】

此件為《韻學集成》第七冊卷七第三五葉背，編號為HV・YXJCJ7・Y35，其上下完整，前後均缺，共存文字十九行，與正面古籍文字成經緯狀。此件為明代某戶的賦役黃冊。另，此件的文字字形、筆跡等與該批紙背文獻中隆慶陸年（1572）攢造的直隸揚州府泰州

哈佛藏《韻學集成》《直音篇》紙背明代文獻釋錄　卷二

如皋縣縣市西廂第壹里（圖）賦役黃冊相似，故推斷，此件亦當屬於該里（圖）的黃冊。

【錄文】

（前缺）

1. 户下地。
2. 夏稅：小麥每畝科正麥壹斗捌合，每斗帶耗柒合，
3. 　　　共該貳升陸合捌勺。
4. 秋糧：黃豆每畝科正豆壹斗貳升，每斗帶耗柒合，
5. 　　　共該貳升玖合捌勺。
6. 民田地伍畝叁分叁釐肆毫。
7. 夏稅：小麥正耗柒升伍合肆勺。
8. 秋糧：
9. 　　　米正耗壹斗貳合貳勺。
10. 　　　黃豆正耗壹斗捌升伍勺。
11. 田壹畝玖分壹釐。秋糧：米每畝科
12. 一本圖一則蕩田壹畝肆分叁釐柒毫。秋糧：米每畝科
13. 　　　伍升，每斗帶耗柒合，共該柒升陸合
14. 　　　玖勺，係買到貳拾叁都壹圖錢統
15. 　　　户下田。
16. 一本圖一則沒官蕩田肆分柒釐叁毫。秋糧：米每畝科
17. 　　　正米伍升，每斗帶耗柒合，共該貳升
18. 　　　伍合叁勺，係買到本圖許鈺户下

① 據文例，此處脫【正米】二字。

一六六

三六 明隆慶陸年（1572）直隸揚州府泰州如皋縣縣市西廂第壹里（圖）賦役黃冊

【題解】

此件爲《韻學集成》第七册卷七第三六葉背，編號爲HV·YXJCJ7·Y36］，其上下完整，前後均缺，共存文字二十行，與正面古籍文字成經緯狀。此件爲明代某户的賦役黃册。另，此件的文字字形、筆跡等與該批紙背文獻中隆慶陸年（1572）攢造的直隸揚州府泰州如皋縣縣市西廂第壹里（圖）賦役黃册相似，故推斷，此件亦當屬於該里（圖）的黃册。

【錄文】

（前缺）

1. 升，每斗帶耗柒合，共該壹升壹勺，
2. 賣與貳拾都伍圖孫才承種。
3. 一本圖一則蕩田柒釐陸毫。秋糧：米每畝科正米伍升，每
4. 斗帶耗柒合，共該肆合壹勺，係賣
5. 與北廂錢金承種。
6. 一本圖一則蕩田壹畝捌分貳釐玖毫。秋糧：米每畝科正
7. 米伍升，每斗帶耗柒合，共該玖升
8. 柒合玖勺，係賣與拾伍都壹圖
9. 張鎖承種。
10. 一本圖一則蕩田壹分柒釐伍毫。秋糧：米每畝科正米伍

19. 田。

（後缺）

三七 明隆慶陸年（1572）直隸揚州府泰州如皋縣縣市西廂第壹里（圖）賦役黃冊之一（朱佛囗）

11. 升，每斗帶耗柒合，共該玖升叁合陸
12. 勺，係賣與東廂郭紅承種。
13. 一本圖一則蕩田壹畝捌分壹釐捌毫。秋糧：米每畝科正
14. 米伍升，每斗帶耗柒合，共該玖升柒
15. 合叁勺，係賣與貳拾圖[①]壹圖劉宗
16. 虎承種。
17. 一本圖一則蕩田肆分柒釐叁毫。秋糧：米每畝科正米伍
18. 升，每斗帶耗柒合，共該貳升伍合
19. 叁勺，係賣與本圖錢惠承種。
20. 一本圖一則蕩田肆分捌釐貳毫。秋糧：米每畝科正米

（後缺）

【題解】

此件爲《韻學集成》第七冊卷七第三七葉背，編號爲 HV·YXJCJ7·Y37]，其上下完整，前後均缺，共存文字二十行，與正面古籍文字成經緯狀。此件爲明代某户的賦役黃冊，據第二至四行所載「實在」人口推知，此黃冊的户頭可能爲朱佛囗，今暫以其擬題。此件的文字字形、筆跡等與該批紙背文獻中隆慶陸年（1572）攢造的直隸揚州府泰州如皋縣縣市西廂第壹里（圖）賦役黃冊相似，故推斷，此件亦當屬於該里（圖）的黃册。另，據 HV·YXJCJ7·Y38]所載民田地數與此件所載官田地數之和等於此件之官民田地數，知

[①]「圖」當係「都」之誤。

HV·YXJC[J7·Y38]可與此件綴合，綴合後此件在前。

【錄文】

（前缺）

1.
2. 實在：
3. 　　　　　　　　該肆合貳勺。
4. 人口：男子壹口。
5. 　　　　朱佛□年貳拾壹歲。
6. 事產：
7. 　　官民田地壹畝伍分柒釐捌毫。
8. 　　夏稅：小麥正耗貳升伍合壹勺。
9. 　　秋糧：
10. 　　　　米正耗柒升叁合。
11. 　　　　黃豆正耗肆升捌合伍勺。
12. 　　官田地肆分玖釐伍毫。
13. 　　夏稅：小麥正耗壹升叁勺。
14. 　　秋糧：
15. 　　　　米正耗伍升貳合壹勺。
16. 　　　　黃豆正耗壹升壹合肆勺。
17. 　　田本圖一則沒官蕩田肆分肆毫。秋糧：米每畝壹斗貳升，每斗帶耗柒合，共該伍升貳合壹勺。
18.
19. 　　　　正米肆升捌合柒勺。

三八 明隆慶陸年（1572）直隸揚州府泰州如皋縣縣市西廂第壹里（圖）賦役黃冊之二（朱佛□）

【題解】

此件爲《韻學集成》第七冊卷七第三八葉背，編號爲 HV·YXJCJ7·Y38]，其上下完整，前後均缺，共存文字十八行，與正面古籍文字成經緯狀。此件爲明代某戶的賦役黃冊。另，據此件所載民田地數與 HV·YXJCJ7·Y37]所載官田地數與之和等於 HV·YXJCJ7·Y37]可與此件綴合，綴合後此件在後。今據 HV·YXJCJ7·Y37]擬現題。

【錄文】

（前缺）

1. 夏稅：小麥每畝科正麥壹升捌合，每斗帶耗柒
2. 合，共該壹升叁勺。
3. 正麥玖合陸勺。
4. 耗麥柒勺。
5. 秋糧：黃豆每畝科正豆壹斗貳升，每斗帶耗柒合，
6. 正豆壹升柒勺。
7. 耗豆柒勺。
8.
9. 民田地壹畝捌釐叁毫。

（後缺）

20. 耗米叁合肆勺。

三九 明隆慶陸年（1572）直隸揚州府泰州如皋縣縣市西廂第壹里（圖）賦役黃冊

【題解】

此件爲《韻學集成》第七冊卷七第三九葉背，編號爲HV·YXJCJ7·Y39]，其上下完整，前後均缺，共存文字二十行，與正面古籍文字成經緯狀。此件爲明代某户的賦役黃冊。明代賦役黃冊往往會登載攢造之前十年內的田畝變化等情況，文中載有土地的『過割』時間『隆慶元年』（1567）等，而此後的隆慶陸年（1572）爲黃冊的攢造年份，據此可知，此件當係該年攢造的賦役黃冊。此件的文字字形、筆跡等與已知該批黃冊中攢造機構爲直隸揚州府泰州如皋縣縣市西廂第壹里（圖）的賦役黃冊相似，故推斷，此件亦當屬於該里（圖）的黃冊。另，此件與HV·YXJCJ7·Y40]格式相同，內容相關，筆跡相似，疑屬於同一户的黃冊。

【錄文】

（前缺）

10. 夏稅：小麥正耗壹升合捌勺。
11. 秋糧：
12. 　　米正耗貳升玖勺。
13. 　　黃豆正耗叁升柒合壹勺。
14. 田本圖一則蕩田叁分玖釐。秋糧：米每畝科正米伍升，每
15. 　　斗帶耗柒合，共該貳升玖勺。
16. 　　正米壹升玖合伍勺。
17. 　　耗米壹合肆勺。
18. 地本圖一則陸地陸分玖釐叁毫。

（後缺）

哈佛藏《韻學集成》《直音篇》紙背明代文獻釋錄 卷二

1. 秋糧：黃豆每畝科正豆壹斗貳升，每斗帶耗
2. 柒合，共該貳升陸合伍勺。
3. 一本圖一則沒官陸地肆分柒釐柒毫，於嘉靖肆拾囗
4. 年過割與本圖紀香承種。
5. 夏稅：小麥每畝科正麥壹斗捌合，每斗帶耗柒
6. 合，伍①升伍合壹勺。
7. 秋糧：黃豆每畝科正豆壹斗貳升，每斗帶耗柒
8. 合，共該陸升壹合貳勺。
9. 一本圖一則沒官陸地貳畝壹釐陸毫，於隆慶元年過
10. 割與本圖王深承種。
11. 夏稅：小麥每畝科正麥壹斗捌合，每斗帶耗
12. 柒合，共該壹斗叁升叁合。
13. 秋糧：黃豆每畝科正豆壹斗貳升，每斗帶耗
14. 柒合，共該貳斗伍升捌合玖勺。
15. 一本圖一則沒官陸地壹畝伍分貳釐伍毫，於隆慶元年
16. 過割與本圖許潤承種。
17. 夏稅：小麥每畝科正麥壹斗捌合，每斗帶耗
18. 柒合，共該壹斗柒升陸合貳勺。
19. 秋糧：黃豆每畝科正豆壹斗貳升，每斗帶耗
20. 柒合，共該壹斗玖升伍合捌勺。

（後缺）

① 【伍】：據文例該字前漏【共該】二字。

一七二

四〇 明隆慶陸年（1572）直隸揚州府泰州如皋縣縣市西廂第壹里（圖）賦役黃冊

【題解】

此件爲《韻學集成》第七册卷七第四十葉背，編號爲"HV·YXJCJ7·Y40"，其上下均缺，前後均缺，共存文字二十行，與正面古籍文字成經緯狀。此件爲明代某户的賦役黄册。另，明代賦役黄册往往會登載攢造之前十年内的田畝變化等情况，文中載有土地的"過割"時間『嘉靖肆拾年』（1565）、『嘉靖肆拾伍年』（1566），而此後的隆慶陸年（1572）爲黄册的攢造年份，據此可知，此件當係該年攢造的賦役黄册。此件的文字字形、筆跡等與已知該批黄册中攢造機構爲直隸揚州府泰州如皋縣縣市西廂第壹里（圖）的賦役黄册相似，内容相關、筆跡相似，疑屬於同一户的黄册。另，此件與HV·YXJCJ7·Y39]格式相同、内容相關、筆跡相似，故推斷，此件亦當屬於該里（圖）的黄册。

【録文】

（前缺）

1. 過割與拾貳都壹圖馬應琪承種。
2. 夏稅：小麥每畝科正麥壹斗捌合，每斗帶耗柒合，共該壹石陸升肆合壹勺。
3. 秋糧：黄豆每畝科正豆壹斗貳升，每斗帶耗柒合，共該壹石壹斗貳合叁勺。
4.
5. 一本圖一則沒官陸地壹畝叁分貳釐陸毫，於嘉靖肆拾肆年過割與拾貳都叁圖焦鵠承種。
6. 夏稅：小麥每畝科正麥壹斗捌合，每斗帶耗柒合，共該壹斗伍升叁合叁勺。
7. 秋糧：黄豆每畝科正豆壹斗貳升，每斗帶耗柒合，共該壹斗柒升叁勺。
8.
9.
10.
11.

四一 明隆慶陸年（1572）直隸揚州府泰州如皋縣縣市西廂第壹里（圖）賦役黃冊

【題解】

此件爲《韻學集成》第七册卷七第四一葉背，編號爲 HY·YXJCJ7·Y41］，其上下完整，前後均缺，共存文字二十行，與正面古籍文字成經緯狀。此件爲明代某户的賦役黄册。另，此件的文字字形、筆跡等與該批紙背文獻中隆慶陸年（1572）攢造的直隸揚州府泰州如皋縣縣市西廂第壹里（圖）賦役黄册相似，故推斷，此件亦當屬於該里（圖）的黄册。

【錄文】

（前缺）

1. 耗米叁升。
2. 地本圖一則沒官陸地壹畝陸分壹釐伍毫。

12.

13.

14.

15. 夏税：小麥每畝科正麥壹斗捌合，每斗帶耗

　　柒合，共該捌斗壹升玖合陸勺。

16.

17. 秋糧：黄豆每畝科正豆壹斗貳升，每斗帶耗

　　柒合，共該玖斗壹升柒勺。

18.

19. 一本圖一則沒官陸地伍分，於嘉靖拾伍年過割與

　　本圖宗宜承種。

20.

（後缺）

一本圖一則沒官陸地柒畝伍分捌釐玖毫，於嘉靖肆

　　拾肆年過割與拾肆都壹圖 丁 楟承

　　種。

3. 夏稅：小麥每畝科正麥壹升捌合，每斗帶耗柒
4. 合，共該壹斗柒升陸合伍勺。
5. 正麥壹斗柒升貳合肆勺。
6. 耗麥壹升貳合貳勺。
7. 秋糧：黃豆每畝科正豆壹斗貳升，每斗帶耗柒
8. 合，共該貳斗捌合叁勺。
9. 正豆壹斗玖升叁合捌勺。
10. 耗豆壹升肆合伍勺。
11. 民田地玖畝貳分壹釐陸毫。
12. 夏稅：小麥正耗壹斗貳升陸合柒勺。
13. 秋糧：
14. 米正耗壹斗柒升陸合叁勺。
15. 黃豆正耗叁斗壹升壹合柒勺。
16. 田本圖一則蕩田叁畝貳分玖釐陸毫。
17. 夏稅：小麥每畝科正米伍升，每斗帶耗柒合，共該壹斗
18. 柒升陸合叁勺。
19. 正米壹斗陸升肆合捌勺。
20. 耗米壹升壹合伍勺。

（後缺）

四二 明隆慶陸年（1572）直隸揚州府泰州如皋縣縣市西廂第壹圖賦役黃冊之二（軍戶吉仁等）

【題解】

此件爲《韻學集成》第七冊卷七第四二葉背，編號爲 HV·YXJCj7·Y42]，其上下完整，前後均缺，共存文字二十行，與正面古籍文字成經緯狀。此件爲明代某户的賦役黃冊，據第 13 至 15 行所載男丁姓名知，此黃冊的戶頭當係吉某，此件有可能是以吉仁爲戶頭的黃冊。另，此件的文字字形、筆跡等與隆慶陸年（1572）攢造的直隸揚州府泰州如皋縣縣市西廂第壹里（圖）賦役黃冊相似，故推斷，此件當屬於該里（圖）的黃冊。另，HV·YXJCj7·Y47]第 18 至二十行載有直隸揚州府泰州如皋縣縣市西廂第壹圖軍戶吉仁的黃冊，而此件之吉仁正係 HV·YXJCj7·Y47]之吉仁，故此兩件實爲同一户的黃冊，可以綴合，綴合後此件在後。今據 HV·YXJCj7·Y47]擬現題。

【錄文】

（前缺）

1. 黃豆正耗壹升肆合。
2. 田本圖一則蕩田壹分肆釐伍毫。秋糧：米每畝科正米伍升，每
3. 斗帶耗柒合，共該柒合捌勺，係買到
4. 本圖劉官户下田。
5. 地本圖一則陸地貳分陸釐壹毫，係買到本圖劉官户下地。
6. 夏稅：小麥每畝科正麥貳升，每斗帶耗柒合，
7. 共該[伍]合陸勺。
8. 秋糧：黃豆每畝科正豆伍升，每斗帶耗柒合，
9. 共該壹升肆合。

10. 實在：
11. 人口：男、婦陸口。
12. 　　　男子成丁叁口：
13. 　　　　弟吉仁年叁拾歲。
14. 　　　　吉舉年叁拾伍歲。
15. 　　　　吉⃞倉年貳拾歲。
16. 　　　婦女大叁口：
17. 　　　　弟婦王氏年叁拾歲。
18. 　　　　弟婦張氏年貳拾貳歲。
19. 　　　　弟婦紀氏年拾玖歲。
20. 事產：

（後缺）

四三　明隆慶陸年（1572）直隸揚州府泰州如皋縣縣市西廂第壹里（圖）賦役黃冊

【題解】

此件爲《韻學集成》第七冊卷七第四三葉背，編號爲HV·YXJC[]7·Y43]，其上下完整，前後均缺，共存文字十九行，與正面古籍文字成經緯狀。此件爲明代某戶的賦役黃冊。另，此件的文字字形、筆跡等與該批紙背文獻中隆慶陸年（1572）攢造的直隸揚州府泰州如皋縣縣市西廂第壹里（圖）賦役黃冊相似，故推斷，此件亦當屬於該里（圖）的黃冊。另，此件與HV·YXJC[]7·Y44]格式相同、內容相關，據之推斷，此兩。可能屬於同一戶的黃冊。

【錄文】

哈佛藏《韻學集成》《直音篇》紙背明代文獻釋錄 卷二

（前缺）

1. 米正耗貳石玖斗玖升貳勺。
2. 黃豆正耗伍石叁斗伍升捌合貳勺。
3.
4. 田伍拾伍畝捌分玖釐貳毫。秋糧：米正耗貳石玖斗玖升貳勺。
5. 一本圖一則蕩田伍分叁釐。秋糧：米每畝科正米伍升，每斗帶耗柒合，共該貳升捌合，係買到本圖陳守常戶下田。
6.
7.
8. 一本圖一則蕩田貳畝肆分柒釐貳毫。秋糧：米每畝科正米伍升，每斗帶耗柒合，共該壹斗叁升貳合叁勺，係買到本圖張繼祖戶下田。
9.
10.
11.
12. 一本圖一則蕩田叁畝叁分肆釐叁毫。秋糧：米每畝科正米伍升，每斗帶耗柒合，共該壹斗柒升貳合玖勺，係買到本圖許校戶下田。
13.
14.
15.
16. 一本圖一則蕩田伍分柒釐柒毫。秋糧：米每畝科正米伍升，每斗帶耗柒合，共該叁升玖勺，係買到本圖李堂戶下田。科正米伍升。①
17.
18.
19.

（後缺）

① 【科正米伍升】，據此件體例，該句疑似衍文。

一七八

四四 明隆慶陸年（1572）直隸揚州府泰州如皋縣縣市西廂第壹里（圖）賦役黃冊

【題解】

此件為《韻學集成》第七冊卷七第四四葉背，編號為"HV·YXJCJ7·Y44"，其上下完整，前後均缺，共存文字二十行，與正面古籍文字成經緯狀。此件為明代某戶的賦役黃冊。另，此件的文字字形、筆跡等與該批紙背文獻中隆慶陸年（1572）攢造的直隸揚州府泰州如皋縣縣市西廂第壹里（圖）賦役黃冊相似，故推斷，此件亦當屬於該里（圖）的黃冊。另，此件與HV·YXJCJ7·Y43格式相同、內容相關，據之推斷，此兩件可能屬於同一戶的黃冊。

【錄文】

（前缺）

1. ▢，每斗帶耗柒合，共該貳斗
2. 陸升叁合貳勺，係買到拾柒都壹
3. 圖朱從週戶下田。
4. 一本圖一則蕩田陸畝柒分柒釐陸毫。秋糧：米每畝
5. 科正米伍升，每斗帶耗柒合，共該
6. 叁斗叁升肆勺，係買到陸都陸圖
7. 楊承▢戶下田。
8. 一本圖一則蕩田柒畝捌分貳釐叁毫。秋糧：米每畝科
9. 正米伍升，每斗帶耗柒合，共該肆
10. 斗壹升捌合伍勺，係買到壹都叁
11. 圖顧潮戶下田。
12. 一本圖一則蕩田壹畝伍分伍釐叁毫。秋糧：米每畝科正米

四五　明嘉靖叁拾壹年（1552）直隸揚州府江都縣青草沙第肆圖賦役黃冊

【題解】

此件爲《韻學集成》第七册卷七第四五葉背，編號爲HV·YX]C[J7·Y45]，其上下完整，前後均缺，共存文字十七行，與正面古籍文字成經緯狀。此件爲明代某户的賦役黃册。另，明代賦役黃册往往會登載攢造之前十年内的田畝變化等情況，文中載有土地的「過割」時間「嘉靖貳拾貳年」（1543），而此後的嘉靖叁拾壹年（1552）爲黃册的攢造年份，據此可知，此件當係該年攢造的賦役黃册，已知該批黃册的攢造機構爲直隸揚州府江都縣青草沙第肆圖，故此件亦當屬於該圖之黃册。

【錄文】

（前缺）

1.
2. 夏稅：小麥正耗壹石肆斗肆升肆合陸勺。

（後缺）

13. 伍升，每斗帶耗柒合，共該捌升叁合
14. 壹勺，係買到捌都壹圖張艮戶下田。
15. 一本圖一則蕩田肆畝貳分伍釐伍毫。秋糧：米每畝科正
16. 米伍升，每斗帶耗柒合，共該貳斗貳
17. 升柒合陸勺，係買到南廂章梧戶下
18. 田。
19. 一本圖一則蕩田柒畝叁分伍釐叁毫。秋糧：米每畝科正
20. 米伍升，每斗帶耗柒合，共該叁斗玖

四六 明嘉靖叁拾壹年（1552）直隸揚州府江都縣青草沙第肆圖賦役黃冊

【題解】

此件爲《韻學集成》第七冊卷七第四六葉背，編號爲 HV·YXJCJ7·Y46，其上下完整，前後均缺，共存文字十七行，與正面古籍

3. 秋糧：
4. 　　米正耗伍斗貳升捌勺。
5. 　　黄荳正耗玖斗貳升叁合柒勺。
6. 田玖畝柒分叁釐伍毫，於嘉靖貳拾貳年出賣與大儀鄉伍
7. 圖人户薛禄爲業。
8. 夏税：小麥每畝科正麥伍升，每斗帶耗
9. 　　柒合，共該正耗麥伍斗貳
10. 　　升玖勺。
11. 秋糧：米每畝科正米伍升，每斗帶耗柒
12. 　　合，共該正耗米伍斗貳
13. 　　升捌勺。
14. 地壹拾柒畝貳分陸釐伍毫。
15. 　　夏税：小麥正耗玖斗叁升叁合柒勺。
16. 　　秋糧：黄荳正耗玖斗貳升叁合柒勺。
17. 一地柒分陸釐伍毫，於嘉靖貳拾貳年出賣與大儀

（後缺）

哈佛藏《韻學集成》《直音篇》紙背明代文獻釋錄 卷二

文字成經緯狀。此件為明代某戶的賦役黃冊。另，此件的文字字形、筆跡等與該批紙背文獻中嘉靖叁拾壹年（1552）攢造的直隸揚州府江都縣青草沙第肆圖賦役黃冊相似，故推斷，此件亦當屬於該批黃冊。

【錄文】

（前缺）

1. 人口：計家男、婦陸口。
2. 男子肆口。
3. 婦女貳口。
4. 事產：
5. 官民田地肆拾伍畝叁分柒釐伍毫。
6. 夏稅：小麥正耗貳石壹斗貳升肆合肆
7. 勺。
8. 秋糧：
9. 米正耗壹石捌升叁合伍勺。
10. 黃荳正耗壹石肆斗柒升貳合貳
11. 勺。
12. 官田壹畝壹分肆釐肆毫。
13. 夏稅：小麥正耗壹斗貳升貳合勺。
14. 秋糧：米正耗壹斗柒升壹合肆勺。
15. 民田地肆拾肆畝貳分叁釐壹毫。
16. 夏稅：小麥正耗貳石貳合。
17. 秋糧：

（後缺）

四七 明隆慶陸年（1572）直隸揚州府泰州如皋縣縣市西廂第壹圖賦役黃冊之一（軍戶吉仁等）

【題解】

此件爲《韻學集成》第七册卷七第四七葉背，編號爲 HV·YXJC|7·Y47]，其上殘下完，前後均缺，共存文字二十行，與正面古籍文字成經緯狀。此件爲明代兩户的賦役黃冊，其中第一至十七行係一户，第十八至二十行係直隸揚州府泰州如皋縣縣市西廂第壹圖軍户吉仁的黃冊。另，該批紙背文獻中已知攢造時間的直隸揚州府泰州如皋縣縣市西廂第壹圖賦役黃冊攢造於隆慶陸年（1572），故可知此件亦當係該年攢造的黃冊。另，此件與 HV·YXJC|7·Y42]內容相關，都屬於吉仁一户的黃冊，此兩件綴合後，此件在前。今據此件第二户黃冊擬現題。

【錄文】

(前缺)

1. 每畝科正豆伍升，每斗帶耗柒合，共
2. 該壹斗柒合。
3. 正豆壹斗。
4. 耗豆柒合。
5. 一則莊地伍分貳釐肆毫。
6. 夏税：小麥每畝科正麥肆升伍合，每斗帶耗柒
7. 合，共該貳升伍合壹勺。
8. 正麥貳升叁合陸勺。
9. 耗麥壹合伍勺。
10. 秋糧：黄豆每畝科正豆柒升伍合，每斗帶耗柒

四八　明隆慶陸年（1572）直隸揚州府泰州如皋縣縣市西廂第壹里（圖）賦役黃冊

【題解】

此件爲《韻學集成》第七冊卷七第四八葉背，編號爲 HV·YXJC[7·Y48]，其上下完整，前後均缺，共存文字二十行，與正面古籍文字成經緯狀。此件爲明代某户的賦役黃册。另，此件的文字字形、筆跡等與該批紙背文獻中隆慶陸年（1572）攢造的直隸揚州府泰州如皋縣縣市西廂第壹里（圖）賦役黃册相似，故推斷，此件亦當屬於該里（圖）的黃册。

【錄文】

（前缺）

1. 米正耗壹拾壹石捌升壹合伍勺。
11. 合，共該伍升伍合玖勺。
12. 正豆叁升玖合叁勺。
13. 耗豆壹升陸合陸勺。
14. 民桑一則，桑貳株。夏稅：絲每株科絲壹兩，共該貳兩。
15. 房屋：民瓦、草房壹拾間。
16. 瓦房叁間。
17. 草房柒間。
18. 今姪吉仁係直隸揚州府泰州如皋縣縣市西廂第壹圖軍户，有祖吉丑子
19. 、弟，吉旺子先於洪武貳拾貳年爲同
20. 名軍役事，發陝西安中護衛充軍。洪

（後缺）

2. 黃豆正耗壹拾玖石捌斗陸升叄合伍勺。

3. 田貳頃陸拾畝玖分貳釐玖毫。秋糧：米☐合伍勺。

4.
5. 一則蕩田貳頃伍拾柒分貳釐玖毫。秋糧：米每畝科正米伍升，每斗帶耗柒合，共該壹拾壹石陸合陸勺。
6.
7.
8. 正米壹拾石貳斗捌升陸合伍勺。
9. 耗米柒斗貳升壹勺。
10. 一則功臣田壹畝。秋糧：米每畝科正米伍升，每斗帶耗柒合，共該伍升叄合伍勺。
11. 正米伍升。
12. 耗米叄合伍勺。
13. 一則莊田貳分。秋糧：米每畝科正米壹斗，每斗帶耗柒合，共該貳升壹合肆勺。
14.
15. 正米貳升。
16. 耗米壹合肆勺。
17.
18. 夏稅：小麥正耗柒石玖斗肆升捌合壹勺。
19. 地叄頃陸拾捌畝玖分伍釐捌毫。
20. 秋糧：黃豆正耗壹拾玖石捌斗陸升叄合伍勺。

（後缺）

四九 明隆慶陸年（1572）直隸揚州府泰州如皋縣縣市西廂第壹里（圖）賦役黃冊

【題解】

此件爲《韻學集成》第七冊卷七第四九葉背，編號爲 HV·YXJCJ7·Y49，其上下完整，前後均缺，共存文字十八行，與正面古籍文字成經緯狀。此件爲明代某户的賦役黃冊。另，此件的文字字形、筆跡等與該批紙背文獻中隆慶陸年（1572）攢造的直隸揚州府泰州如皋縣縣市西廂第壹里（圖）賦役黃冊相似，故推斷，此件亦當屬於該里（圖）的黃冊。另，此件與 HV·YXJCJ7·Y50、HV·YXJCJ7·Y51、HV·YXJCJ7·Y52 格式相同、内容相關、筆跡相似，疑此數件同屬於一户的黃冊。

【錄文】

（前缺）

1. 合，共該貳升貳合陸勺。
2. 秋糧：黃豆每畝科正豆伍升，每斗帶耗柒合，
3. 共該伍升捌合肆勺。
4. 一本圖一則陸地貳畝壹分貳釐陸毫
5. 壹都貳圖張柳憲早①户下地。
6. 夏稅：小麥每畝科正麥貳升，每斗帶耗柒合，
7. 共該肆升伍合伍勺。
8. 秋糧：黃豆每畝科正豆伍升，每斗帶耗柒合，
9. 共該壹斗壹升叁合柒勺。
10. 一本圖一則陸地捌分陸釐柒毫，係兌到壹都叁圖王
11. 虎堂户下地。

① 「早」，疑爲誤書。

五〇 明隆慶陸年（1572）直隸揚州府泰州如皋縣縣市西廂第壹里（圖）賦役黃冊

【題解】

此件爲《韻學集成》第七冊卷七第五十葉背，編號爲 HV·YXJCJ7·Y50，其上下完整，前後均缺，共存文字十九行，與正面古籍文字成經緯狀。此件爲明代某戶的賦役黃冊。另，此件的文字字形、筆跡等與該批紙背文獻中隆慶陸年（1572）攢造的直隸揚州府泰州如皋縣縣市西廂第壹里（圖）賦役黃冊相同，故推斷，此件亦當屬於該里（圖）的黃冊。另，此件與 HV·YXJCJ7·Y49、HV·YXJCJ7·Y51、HV·YXJCJ7·Y52 格式相同、內容相關、筆跡相似，疑此數件同屬於一戶的黃冊。

【錄文】

（前缺）

1. 　　　　　　　　　　　共該肆斗柒升□合陸勺。
2. 秋糧：黃豆每畝科正豆伍升，每斗帶耗柒合，
3. 　　　　　　　　　　　共該肆斗肆升捌合伍勺。

（後缺）

12. 夏稅：小麥每畝科正麥貳升，每斗帶耗柒合，共
13. 　　該壹升捌合陸勺。
14. 秋糧：黃豆每畝科正豆伍升，每斗帶耗柒合，共
15. 　　該肆升陸合肆勺。
16. 一本圖一則陸地捌畝叁分肆釐陸毫，係兑到陸都肆
17. 　　圖彥□□戶下地。
18. 夏稅：小麥每畝科正麥貳升，每斗帶耗柒合，

4. 一本圖一則陸地壹畝叁分陸釐玖毫，係兌到肆都貳圖曹新戶下地。
5. 夏稅：小麥每畝科正麥貳升，每斗帶耗柒合，共該貳升玖合叁勺。
6. 秋糧：黃豆每畝科正豆伍升，每斗帶耗柒合，共該柒升叁合貳勺。
7. 一本圖一則陸地叁畝柒分叁釐捌毫，係兌到拾貳都叁圖張淵戶下地。
8. 夏稅：小麥每畝科正麥貳升，每斗帶耗柒合，共該貳斗。
9. 秋糧：黃豆每畝科正豆伍升，每斗帶耗柒升。
10. 一本圖一則陸地壹釐叁毫，係兌到本圖錢忠戶下地。
11. 夏稅：小麥每畝科正麥貳升，每斗帶耗柒合，共該叁勺。

（後缺）

五一 明隆慶陸年（1572）直隸揚州府泰州如皋縣縣市西廂第壹里（圖）賦役黃冊

【題解】

此件爲《韻學集成》第七冊卷七第五一葉背，編號爲HV·YXJC[]7·Y51"，其上下完整，前後均缺，共存文字十八行，與正面古籍文字成經緯狀。此件爲明代某户的賦役黃冊。另，此件的文字字形、筆跡等與該批紙背文獻中隆慶陸年（1572）攢造的直隸揚州府泰州如皋縣縣市西廂第壹里（圖）賦役黃冊相似，故推斷，此件亦當屬於該里（圖）的黃冊。另，此件與HV·YXJC[]7·Y49"、HV·YXJC[]7·Y50"、HV·YXJC[]7·Y52]格式相同、內容相關、相似，筆跡相似，疑此數件同屬於一户的黃冊。

【錄文】

（前缺）

1. 户下地。
2. 夏税：小麥每畝科正麥貳升，每斗帶耗柒合，共
3. 　　該柒勺。
4. 秋糧：黃豆每畝科正豆伍升，每斗帶耗柒合，共
5. 　　該壹合捌勺。
6. 一本圖一則陸地貳畝貳分玖釐貳毫，係兑到貳拾壹
7. 　　都壹圖周賢户下地。
8. 夏税：小麥每畝科正麥貳升，每斗帶耗柒合，
9. 　　共該肆升玖勺。
10. 秋糧：黃豆每畝科正豆伍升，每斗帶耗柒合，
11. 　　共該壹斗貳升合肆勺。
12. 一本圖一則陸地伍分叁釐壹毫，係兑到貳拾壹都貳

五二　明隆慶陸年（1572）直隸揚州府泰州如皋縣縣市西廂第壹里（圖）賦役黃冊

【題解】

此件爲《韻學集成》第七冊卷七第五二葉背，編號爲 HV·YXJC⑰·Y52，其上下完整，前後均缺，共存文字二一行，與正面古籍文字成經緯狀。此件爲明代某户的賦役黃册。另，此件的文字字形、筆跡等與該批紙背文獻中隆慶陸年（1572）攢造的直隸揚州府泰州如皋縣縣市西廂第壹里（圖）賦役黃册相似，故推斷，此件亦當屬於該里（圖）的黃册。另，此件與 HV·YXJC⑰·Y49、HV·YXJC⑰·Y50、HV·YXJC⑰·Y51 格式相同、內容相關、筆跡相似，疑此數件同屬於1户的黃册。

【錄文】

（前缺）

1.
2.
3.
　　一本圖一則陸地貳畝伍分柒釐陸毫，係兌到南廂章

圖曹淵户下地。

夏稅：小麥每畝科正麥貳升，每斗帶耗柒
　　合，共該壹升壹合叁勺。

秋糧：黃豆每畝科正豆伍升，每斗帶耗柒合，共
　　該貳升捌合肆勺。

一本圖一則陸地壹畝貳釐陸毫，係兌到北廂洪傳户下

地。

（後缺）

12.
13.
14.
15.
16.
17.
18.

夏稅：小麥正耗捌斗捌合壹勺。

秋糧：黃豆正耗貳石貳升叁勺。

4. 樓戶下地。
5. 夏稅：小麥每畝科正麥貳升，每斗帶耗柒合，共
6. 該伍升伍合壹勺。
7. 秋糧：黃豆每畝科正豆伍升，每斗帶耗柒合，共
8. 該壹斗叁升柒合捌勺。
9. 一本圖一則陸地壹畝柒分捌釐肆毫，係兌到東廂張
10. 統紀戶下地。
11. 夏稅：小麥每畝科正麥貳升，每斗帶耗柒合，
12. 共該叁升捌合貳勺。
13. 秋糧：黃豆每畝科正豆伍升，每斗帶耗柒合，
14. 共該玖升伍合肆勺。
15. 一本圖一則陸地玖釐肆毫，係兌到南廂周崇侃戶下
16. 地。
17. 夏稅：小麥每畝科正麥貳升，每斗帶耗柒合，
18. 共該貳合。
19. 秋糧：黃豆每畝科正豆伍升，每斗帶耗柒合，
20. 共該伍合。
21. ▯都壹圖▯金

（後缺）

五三 明隆慶陸年（1572）直隸揚州府泰州如皋縣縣市西廂第壹里（圖）賦役黃冊之一

【題解】

此件爲《韻學集成》第七冊卷七第五三葉背，編號爲HV·YXJCJ7·Y53］，其上下完整，前後均缺，共存文字二十行，與正面古籍文字成經緯狀。此件爲明代某戶的賦役黃冊。另，此件的文字字形、筆跡等與該批紙背文獻中隆慶陸年（1572）攢造的直隸揚州府泰州如皋縣縣市西廂第壹里（圖）賦役黃冊相似，故推斷，此件亦當屬於該里（圖）的黃冊。另，此件第十三至二十行與HV·YXJCJ7·Y54］登記格式一致、內容相似，據之推斷，此件與之當屬於同一戶的黃冊，可以綴合，綴合後此件在前。

【錄文】

（前缺）

1. 兌到貳拾壹都壹圖史諷戶下田。
2. 一本圖一則沒官蕩田壹畝柒分玖釐捌毫。秋糧：
3. 米每畝科正米壹斗貳升，每斗
4. 帶耗柒合，共該貳斗叁升玖勺，係
5. 兌到拾貳都叁圖張潤戶下田。
6. 一本圖一則沒官蕩田叁分肆釐柒毫。秋糧：米每畝
7. 科正米壹斗貳升，每斗帶耗柒合，
8. 共該肆升肆合陸勺，係兌到本圖
9. 王權戶下田。
10. 地貳拾柒畝叁分貳釐陸毫。
11. 夏稅：小麥正耗叁石壹斗伍升柒合肆勺。
12. 秋糧：黃豆正耗叁石伍斗捌合貳勺。

五四 明隆慶陸年（1572）直隸揚州府泰州如皋縣縣市西廂第壹里（圖）賦役黃冊之二

【題解】

此件爲《韻學集成》第七册卷七第五四葉背，編號爲[HV·YXJCJ7·Y54]，其上下完整，前後均缺，共存文字二十行，與正面古籍文字成經緯狀。此件爲明代某户的賦役黄册。另，此件與[HV·YXJCJ7·Y53]第十三至二十行登記格式一致、内容相似，據之推斷，此件與之當屬於同一户的黄册，可以綴合，綴合後此件在後。今據[HV·YXJCJ7·Y53]擬現題。

【錄文】

（前缺）

1. ▢▢貳升，每斗帶耗
2. 柒合，共該玖升叁合伍勺。
13. 一本圖一則沒官陸地貳分陸釐，係兑佃到本圖陳
14. 　　常户下地。
15. 夏税：小麥每畝科正麥壹斗捌合，每斗帶
16. 　　耗柒合，共該叁升。
17. 秋糧：黃豆每畝科正豆壹斗貳升，每斗帶
18. 　　耗柒合，共該叁升叁合。
19. 一本圖一則沒官陸地壹畝⬜陸分捌毫，係兑佃本圖張
20. 　　稼户下田。

（後缺）

3. 一本圖一則沒官陸地貳分捌釐貳毫，係兌佃到本圖
4. 吉堂戶下地。
5. 夏稅：小麥每畝科正麥壹斗捌合，每斗帶耗
6. 柒合，共該叁升貳合陸勺。
7. 秋糧：黃豆每畝科正豆壹斗貳升，每斗帶耗
8. 柒合，共該叁升陸合貳勺。
9. 一本圖一則沒官陸地伍毫，係兌佃到本圖吳嵩戶下
10. 地。
11. 夏稅：小麥每畝科正麥壹斗捌合，每斗帶耗
12. 柒合，共該伍勺。
13. 秋糧：黃豆每畝科正豆壹斗貳升，每斗帶耗
14. 柒合，共該陸勺。
15. 一本圖一則沒官陸地貳畝柒釐貳毫，係兌佃到柒都
16. 肆圖邵繼祖戶下地。
17. 夏稅：小麥每畝科正麥壹斗捌合，每斗帶耗
18. 柒合，共該叁斗壹升肆合叁勺。
19. 秋糧：黃豆每畝科正豆壹斗貳升，每斗帶耗
20. 柒合，共該叁斗肆升玖合貳勺。

（後缺）

五五 明隆慶陸年（1572）直隸揚州府泰州如皋縣縣市西廂第壹里（圖）賦役黃冊

【題解】

此件爲《韻學集成》第七冊卷七第五五葉背，編號爲HV·YXJC‖7·Y55」，其上下完整，前後均缺，共存文字二十行，與正面古籍文字成經緯狀。此件爲明代某户的賦役黃冊。另，明代賦役黃冊往往會登載攢造之前十年内的田畝變化等情况，文中載有土地『過割』等的時間『嘉靖肆拾貳年』（1563）、『嘉靖肆拾叁年』（1564）等，而此後的隆慶陸年（1572）爲黃冊的攢造年份，據此可知，此件當係該年攢造的賦役黃冊。此件的文字字形、筆跡等與已知該批黃冊中攢造機構爲直隸揚州府泰州如皋縣縣市西廂第壹里（圖）的賦役黃冊相似，故推斷，此件亦當屬於該里（圖）的黃冊。

【錄文】

（前缺）

1. 地壹頃貳拾玖畝捌分捌毫。
2. 夏税：小麥正耗壹拾伍石貳勺。
3. 秋糧：黄豆正耗壹拾陸石陸斗陸升陸合捌勺。
4. 一本圖一則沒官地伍畝肆分陸釐伍毫，於嘉靖肆拾
　　年兑佃與拾貳都叁圖王憲承種。
5. 夏税：小麥每畝科壹斗捌升，每斗帶耗柒合，共
　　該陸斗叁升壹合伍勺。
6. 秋糧：黄豆每畝科正豆壹斗貳升，每斗帶耗柒合，
　　共該柒升壹合柒勺。
7. 一本圖一則沒官陸地陸畝陸分陸釐捌毫，於嘉靖肆拾
　　貳年過割與叁都叁圖徐富承種。

12. 夏税：小麥每畝科正麥壹斗捌合，每斗帶耗柒
合，共該柒斗柒升陸勺。
13. 秋糧：黃豆每畝科正豆壹斗貳升，每斗帶耗柒合，
共該捌斗伍升陸合貳勺。
14.
15. 一本圖一則沒官陸地叁畝貳分壹釐伍毫，於嘉靖肆拾
16. 叁年過割與拾柒都壹圖王桐承種。
17. 夏税：小麥每畝科正麥壹斗捌合，每斗帶耗
柒合，共該叁斗柒升壹合陸勺。
18.
19.
20. □□[1]黃豆每畝科正豆壹斗貳升，每斗帶耗柒

（後缺）

五六　明隆慶陸年（1572）直隸揚州府泰州如皋縣縣市西廂第壹里（圖）賦役黃冊

【題解】

此件爲《韻學集成》第七冊卷七第五六葉背，編號爲 HV・YXJC|j7・Y56，其上下完整，前後均缺，共存文字二一行，與正面古籍文字成經緯狀。此件爲明代某户的賦役黃冊。另，明代賦役黃冊往往會登載攢造之前十年內的田畝變化等情况，文中載有土地的「兑佃」時間「嘉靖肆拾伍年」（1566）、「隆慶元年」（1567），而此後的隆慶陸年（1572）爲黃冊的攢造年份，據此可知，此件當係該年攢造的賦役黃冊。此件的文字字形、筆跡等與已知該批黃冊中攢造機構爲直隸揚州府泰州如皋縣縣市西廂第壹里（圖）的賦役黃冊相似，故推斷，此件亦當屬於該里（圖）的黃冊。

① 「□□」，據文義此二字當作「秋糧」。

【錄文】

（前缺）

1. 丁檸承種。
2. 一本圖一則沒官蕩田壹畝柒釐貳毫。秋糧：米每畝科
3. 正米壹斗貳升，每斗帶耗柒合，共
4. 該壹斗叁升柒合陸勺，於嘉靖肆
5. 拾伍年兌佃與本圖宗宜承種。
6. 一本圖一則沒官蕩田貳分□毫。秋糧：米每畝科正米
7. 壹斗貳升，每斗帶耗柒合，共該貳
8. 升陸合捌勺，於嘉靖肆拾伍年兌
9. 佃與本圖李鑒承種。
10. 一本圖一則沒官蕩田肆分□釐。秋糧：米每畝科正
11. 米壹斗貳升，每斗帶耗柒合，共該
12. 伍升□合伍勺，於嘉靖肆拾伍年
13. 兌佃與本圖吳□承種。
14. 一本圖一則沒官蕩田壹□壹釐貳毫。秋糧：米每畝科
15. 正米壹斗貳升，每斗帶耗柒合，共
16. 該壹斗叁升壹合貳勺，於隆慶元
17. 年兌佃與本圖紀香承種。
18. 一本圖一則沒官蕩田肆畝叁分壹釐陸毫。秋糧：米
19. 每畝科正米壹斗貳升，每斗帶耗
20. □斗□升□□，於□□
21.

五七 明隆慶陸年（1572）直隸揚州府泰州如皋縣市西廂第壹里（圖）賦役黃冊（許某）

（後缺）

【題解】

此件爲《韻學集成》第七冊卷七第五七葉背，編號爲 HV·YXJCJ7·Y57，其上下完整，前後均缺，共存文字二十行，與正面古籍文字成經緯狀。此件爲明代某戶的賦役黃冊，據其中所載男子姓名知，此黃冊的戶頭當係許某。另，明代賦役黃冊往往會登載攢造之前十年內的人口變化等情況，文中所載「本身」等人的病故時間從「嘉靖肆拾壹年」（1562）至「隆慶貳年」（1568），而此後的隆慶陸年（1572）爲黃冊的攢造年份，據此可知，此件當係該年攢造的賦役黃冊。此件的文字字形、筆跡等與已知該批黃冊中攢造機構爲直隸揚州府泰州如皋縣縣市西廂第壹里（圖）的賦役黃冊相似，故推斷，此件亦當屬於該里（圖）的黃冊。

【錄文】

（前缺）

1. 　　地叁頃貳拾捌畝貳分柒釐陸毫。
2. 　　　　夏稅：小麥正耗柒石貳升伍合壹勺。
3. 　　　　秋糧：黃豆正耗壹拾柒石伍斗陸升貳合捌勺。
4. 　　民桑貳株。夏稅：絲每株科絲壹兩，共該貳兩。
5. 　房屋：民瓦、草房壹拾玖間。
6. 　　　　瓦房叁間。
7. 　　　　草房壹拾陸間。
8. 　頭匹：水牛叁隻。
9. □除：

五八　明隆慶陸年（1572）直隸揚州府泰州如皋縣縣市西廂第壹里賦役黃冊（軍戶許鑒）

【題解】

此件爲《韻學集成》第七册卷七第五八葉背，編號爲「HV·YX]C[J7·Y58]」，其上殘下完，前後均缺，共存文字二十行，與正面古籍文字成經緯狀。此件爲明直隸揚州府泰州如皋縣縣市西廂第壹里軍戶許鑒的賦役黃冊。另，明代賦役黃冊在攢造之時需對下一輪十年內各户充任里長、甲首情況等做出預先安排，第4、5行所載許鑒充里長的時間爲『萬曆柒年』（1580），而此前的隆慶陸年（1572）爲黃冊的攢造年份，據此可知，此件當係該年攢造的賦役黃册。

10. 人口：正除男、婦貳拾陸口。
11. 男子貳拾壹口：
12. 　　本身，於嘉靖肆拾壹年病故。
13. 　　弟許謨，於嘉靖肆拾叁年病故。
14. 　　姪許荻，於嘉靖肆拾叁年病故。
15. 　　姪許蓉，於隆慶元年病故。
16. 　　姪許蕎，於隆慶貳年病故。
17. 　　姪許敖，於嘉靖肆拾貳年病故。
18. 　　姪許葉，於隆慶元年病故。
19. 　　姪許愷，於嘉靖肆拾肆年病故。
20. 　　姪許慶，於嘉靖肆拾叁年病故。

（後缺）

【錄文】

（前缺）

1. □許盤係直隸揚州府泰州如皋縣縣市西廂第壹里軍戶，有祖許寧貳、有兄許保保
2. 於吳元年徐承相歸附，充前天策衛軍，洪
3. 武拾肆年調彭城衛軍，不缺。又查得本
4. 軍於正德貳年解許蕚補役，充萬曆柒
5. 年里長。
6. 舊管：
7. 人丁：計家男、婦壹百叁拾口。
8. 男子柒拾口。
9. 婦女叁拾叁口。
10. 事產：
11. 官民田地柒頃玖拾伍畝捌分壹釐貳毫。
12. 夏稅：
13. 小麥正耗壹拾柒石肆斗陸升壹合肆勺。
14. 絲貳兩。 桑貳株。
15. 秋糧：
16. 米正耗叁拾肆石陸斗叁升陸合陸勺。
17. 黃豆正耗貳拾玖石壹斗伍升壹合陸勺。
18. 官田地貳頃捌拾叁畝貳分柒毫。
19. 夏稅：小麥正耗壹拾石肆斗叁升陸合叁勺。
20. 秋糧：

五九 明嘉靖叁拾壹年（1552）直隸揚州府江都縣青草沙第肆圖賦役黃冊

【題解】

此件爲《韻學集成》第七冊卷七第五九葉背，編號爲HV·YXJC[]7·Y59]，其上下完整，前後均缺，共存文字十九行，與正面古籍文字成經緯狀。此件爲明代某戶的賦役黃冊。另，此件的文字字形、筆跡等與該批紙背文獻中嘉靖叁拾壹年（1552）攢造的直隸揚州府江都縣青草沙第肆圖賦役黃冊相似，故推斷，此件亦當屬於該圖的黃冊。

【錄文】

（前缺）

　　　升陸合伍勺。

1. 秋粮：米每畝科正米壹斗肆升，每斗帶
2. 　　耗柒合，共該肆石貳斗肆
3. 　　合。
4. 正米叁石玖斗玖升玖合
5. 耗米貳斗柒升伍合。
6. 地壹拾玖畝壹分柒釐。
7. 夏税：小麥正耗貳石柒斗伍升柒合伍勺。
8. 秋粮：黃荳正耗叁石叁斗貳合陸勺。
9. 一則懷遠侯没官地壹拾畝柒釐。
10. 夏税：小麥每畝科正麥壹斗陸升，每斗

（後缺）

六〇 明隆慶陸年（1572）直隸揚州府泰興縣順得鄉貳拾壹都第拾伍里（圖）賦役黃冊

【題解】

此件爲《韻學集成》第七册卷七第六十葉背，編號爲 HV·YXJCj7·Y60］，其上殘下完，前後均缺，共存文字二二行，與正面古籍文字成經緯狀。此件爲明代某户的賦役黄册。另，此件的文字字形、筆跡等與該批紙背文獻中隆慶陸年（1572）攢造的直隸揚州府泰興縣順得鄉貳拾壹都第拾伍里（圖）賦役黄册相似，故推斷，此件亦當屬於該里（圖）的黄册。

【錄文】

（前缺）

1. 夏税：小麥正耗陸斗壹升壹合壹勺。
2. 秋粮：
3. 　　米正耗柒斗陸升捌合叁勺。

（後缺）

12. 　　　　帶耗帶耗柒合，共該壹石柒斗
13. 　　　貳升叁合玖勺。
14. 　　正麥壹石陸斗壹升壹合貳勺。
15. 　　耗麥壹斗壹升貳合柒勺。
16. 秋糧：黃荳每畝科正荳壹斗捌升，每斗
17. 　　帶耗柒合，共該壹石玖斗
18. 　　叁升玖合伍勺。
19. 　　正荳石捌斗壹升貳合陸勺。

4. 黃豆正耗貳斗捌升柒合叁勺。
5. 官田壹畝叁釐。
6. 　夏稅：小麥正耗貳斗貳合捌勺。
7. 　秋粮：米正耗叁斗柒升陸合壹勺。
8. 民田地壹拾貳畝柒分貳釐。
9. 　夏稅：小麥正耗肆斗捌合捌勺。
10. 　秋粮：
11. 　　米正耗叁斗玖升叁合貳勺。
12. 　　黃豆正耗貳斗捌升柒合叁勺。
13. 田柒畝叁分伍釐。
14. 　夏稅：小麥正耗貳斗叁升伍合玖勺。
15. 　秋粮：米正耗叁斗玖升叁合貳勺。
16. 地伍畝叁分柒釐。
17. 　夏稅：小麥正耗壹斗柒升叁合肆勺。
18. 　秋粮：黃豆正耗貳斗肆升柒合叁勺。
19. 民草房叁間。
20. 民黃牛壹隻。
21. □人口：正除貳口。
22. 　　男子壹口。

（後缺）

六一 明隆慶陸年（1572）直隸揚州府泰州如皋縣縣市西廂第壹里（圖）賦役黃冊（軍戶某）

【題解】

此件爲《韻學集成》第七冊卷七第六一葉背，編號爲 HV·YXJCJ7·Y61，其上下完整，前後均缺，共存文字二十行，與正面古籍文字成經緯狀。此件爲明代某戶的賦役黃冊，據第 1 行所載人戶曾任衛所百戶推知，此黃冊的戶頭當係某軍戶。另，明代賦役黃冊在攢造之時需對下一輪十年內各戶充任里長、甲首情況等做出預先安排，第 1、2 行所載軍戶某充甲首的時間爲『萬曆拾年』（1582），而此前的係隆慶陸年（1572）是黃冊的攢造年份，據此推斷，此件當係該年攢造的黃冊。此件的文字字形、筆跡等與已知該批黃冊中攢造機構爲直隸揚州府泰州如皋縣縣市西廂第壹里（圖）的賦役黃冊相似，故推斷，此件亦當屬於該里（圖）的黃冊。

【錄文】

（前缺）

1. 調騰驤右衛中所百戶，見武不缺，充萬
2. 曆拾年甲首。
3. 右嘉靖拾☐☐☐☐不
4. 同，依駁查明改正，今冊舊管照依登
5. 答開造。
6. 舊管：
7. 人丁：計家男、婦柒口。
8. 男子肆口。
9. 婦女叁口。
10. 事產：

11. 官民田地貳拾貳畝貳分肆釐叁毫。
12. 夏稅：
13. 　　小麥正耗肆斗陸升陸合捌勺。
14. 秋糧：
15. 　　米正耗玖斗陸升肆合柒勺。
16. 　　黃豆正耗捌斗壹升捌合捌勺。
17. 官田地柒畝玖分壹釐。
18. 夏稅：
19. 　　小麥正耗貳斗玖升叁合壹勺。
20. 秋糧：
　　米正耗陸斗玖升。
　　黃豆正耗叁斗貳升□合□勺。

（後缺）

六二　明隆慶陸年（1572）直隸揚州府泰州如皋縣縣市西廂第壹里（圖）賦役黃册（吉某）

【題解】

此件爲《韻學集成》第七册卷七第六二葉背，編號爲 HV·YXJC|7·Y62，其上下完整，前後均缺，共存文字二十行，與正面古籍文字成經緯狀。此件爲明代某户的賦役黃册，據其中所載男子姓名知，此黃册的户頭當係吉某。另，明代賦役黃册往往會登載攢造之前十年内的人口變化等情况，文中所載『本身』等人的亡故時間從『嘉靖肆拾貳年』（1563）至『隆慶叁年』（1569），而此後的隆慶陸年（1572）爲黃册的攢造年份，據此可知，此件當係該年攢造的賦役黃册。此件的文字字形、筆跡等與已知該批黃册中攢造機構爲直隸揚州府泰州如皋縣縣市西廂第壹里（圖）的黃册相似，故推斷，此件亦當屬於該里（圖）的黃册。

哈佛藏《韻學集成》《直音篇》紙背明代文獻釋錄 卷二

（前缺）

【錄文】

1. □除：
2. 人口：正除男、婦陸口。
3. 　　男子肆口：
4. 　　　　本身，於隆慶貳年病故。
5. 　　　　吉聰，於嘉靖肆拾貳年病故。
6. 　　　　吉鎾，於嘉靖肆拾伍年病故。
7. 　　　　吉朋，於嘉靖肆拾伍年病故。
8. 　　婦女貳口：
9. 　　　　環氏，於隆慶叁年病故。
10. 　　　　吳氏，於隆慶叁年病故。
11. 事產：
12. 　　官民田地轉除田地捌畝伍分捌釐叁毫。
13. 　　夏稅：小麥正耗壹斗捌升柒合玖勺。
14. 　　秋糧：
15. 　　　　米正耗叁斗柒升貳合叁勺。
16. 　　　　黃豆正耗叁斗壹升肆合貳勺。
17. 　　官田地叁畝肆釐貳毫。
18. 　　夏稅：小麥正耗壹斗壹升壹合玖勺。
19. 　　秋糧：
20. 　　　　米正耗貳斗陸升陸合叁勺。

六三 明隆慶陸年（1572）直隸揚州府泰州如皋縣縣市西廂第壹里（圖）賦役黃冊

【題解】

此件爲《韻學集成》第七冊卷七第六三葉背，編號爲 HV·YXJCJ7·Y63，其上下完整，前後均缺，共存文字二十行，與正面古籍文字成經緯狀。此件爲明代某戶的賦役黃冊。另，此件的文字字形、筆跡等與該批紙背文獻中隆慶陸年（1572）攢造的直隸揚州府泰州如皋縣縣市西廂第壹里（圖）賦役黃冊相似，故推斷，此件亦當屬於該里（圖）的黃冊。另，此件與 HV·YXJCJ7·Y64 格式相同，內容相關、筆跡一致，疑此兩件屬於同一戶的黃冊。

【錄文】

（前缺）

1. 一本圖一則沒官陸地口畝捌釐，係兌到南廂漳梧
2. 　　戶下地。
3. 　　夏稅：小麥每畝科正麥壹斗捌合，每斗帶
4. 　　　　耗柒合，共該貳斗肆升肆勺。
5. 　　秋糧：黄豆每畝科正豆壹斗貳升，每斗帶
6. 　　　　耗柒合，共該貳斗陸升柒合壹
7. 　　　　勺。
8. 一本圖一則沒官陸地叁畝伍分玖釐肆毫，係兌佃
9. 　　到貳拾壹都壹圖史諷戶下地。
10. 　　夏稅：小麥每畝科正麥壹斗捌合，每斗帶

（後缺）

六四 明隆慶陸年（1572）直隸揚州府泰州如皋縣縣市西廂第壹里（圖）賦役黃冊

【題解】

此件爲《韻學集成》第七冊卷七第六四葉背，編號爲HV·YXJCJ7·Y64，其上下完整，前後均缺，共存文字二十行，與正面古籍文字成經緯狀。此件爲明代某戶的賦役黃冊。另，此件的文字字形、筆跡等與該批紙背文獻中隆慶陸年（1572）攢造的直隸揚州府泰州如皋縣縣市西廂第壹里（圖）賦役黃冊相似，故推斷，此件亦當屬於該里（圖）的黃冊。另，此件與HV·YXJCJ7·Y63格式相同、內容相關，筆跡一致，疑此兩件屬於同一戶的黃冊。

【錄文】

（前缺）

11. 耗柒合，共該肆斗壹升伍合肆勺。

12. 秋糧：黃豆每畝科正豆壹斗貳升，每斗帶

13. 耗柒合，共該肆斗陸升壹合伍勺。

14. 一本圖一則沒官陸地捌分肆釐，係兑佃到拾貳都

15. 叁圖張潤户下地。

16. 夏稅：小麥每畝科正麥壹斗捌合，每斗帶

17. 耗柒合，共該玖升柒合壹勺。

18. 秋糧：黃豆每畝科正豆壹斗貳升，每斗帶

19. 耗柒合，共該壹斗柒合玖勺。

20. 民田地壹頃伍拾陸畝伍釐。

（後缺）

1. 夏稅：小麥每畝科正麥壹斗捌合，每斗帶耗柒合，共該肆斗玖升玖合壹勺。
2. 秋糧：黃豆每畝科正豆壹斗貳升，每斗帶耗柒合，共該貳斗柒升肆合捌勺。
3. 一本圖一則沒官陸地貳畝肆分陸毫，都壹圖朱從週戶下地。
4. 夏稅：小麥每畝科正麥壹斗捌合，每斗帶耗柒合，共該伍斗伍升肆合陸勺。
5. 秋糧：黃豆每畝科正豆壹斗貳升，每斗帶耗柒合，共該貳斗柒升捌合。
6. 一本圖一則沒官陸地叁分肆釐壹毫，係兌佃到耗柒合，共該叁斗捌合貳勺。
7. 本圖陳□戶下地。
8. 夏稅：小麥每畝科正麥壹斗捌合，每斗帶耗柒合，共該壹斗伍升伍合。
9. 秋糧：黃豆每畝科正豆壹斗貳升，每斗帶耗柒合，共該壹斗柒升貳合貳勺。
10. 一本圖一則沒官陸地壹畝壹釐玖毫，都陸圖楊承摯戶下地。
11. 夏稅：小麥每畝科正麥壹斗捌合，每斗帶耗柒合，共該叁斗肆升捌合捌勺。

（後缺）

六五 明隆慶陸年（1572）直隸揚州府泰州如皋縣縣市西廂第壹里（圖）賦役黃冊

【題解】

此件為《韻學集成》第七冊卷七第六五葉背，編號為HV·YXJCJ7·Y65，其上下完整，前後均缺，共存文字二一行，與正面古籍文字成經緯狀。此件為明代某戶的賦役黃冊。另，此件的文字字形、筆跡等與該批紙背文獻中隆慶陸年（1572）攢造的直隸揚州府泰州如皋縣縣市西廂第壹里（圖）賦役黃冊相似，故推斷，此件亦當屬於該里（圖）的黃冊。另，此件與HV·YXJCJ7·Y66格式相同、內容相關、筆跡一致，疑此兩件屬於同一戶的黃冊。

【錄文】

（前缺）

1. 秋糧：黃豆每畝科正豆伍升，每斗帶耗柒合，共該
2. 叁升壹合肆勺。
3. 一本圖一則陸地叁畝肆分捌釐貳毫，買到拾玖都壹
4. 圖李積戶下地。
5. 夏稅：小麥每畝科正麥貳升，每斗帶耗柒合，共
6. 該柒升肆合伍勺。
7. 秋糧：黃豆每畝科正豆伍升，每斗帶耗柒合，共
8. 該壹斗捌升陸合叁勺。
9. 一本圖一則陸地陸分貳釐捌毫，係買到柒都叁圖
10. 花檀戶下地。
11. 夏稅：小麥每畝科正麥貳升，每斗帶耗柒合，共
12. 該壹升叁合肆勺。

六六 明隆慶陸年（1572）直隸揚州府泰州如皋縣縣市西廂第壹里（圖）賦役黃冊

【題解】

此件爲《韻學集成》第七冊卷七第六六葉背，編號爲 HV·YXJCJ7·Y66，其上下完整，前後均缺，共存文字十八行，攢造的直隸揚州府泰州如皋縣縣市西廂第壹里（圖）賦役黃冊相似，故推斷，此件亦當屬於該里（圖）的黃冊。另，此件與 HV·YXJCJ7·Y65 格式相同、內容相關、筆跡一致，疑此兩件屬於同一户的黃冊。

文字成經緯狀。此件爲明代某户的賦役黃冊。另，此件的文字字形、筆跡等與該批紙背文獻中隆慶陸年（1572）

【錄文】

（前缺）

1. 秋糧：黃豆每畝科正豆伍升，每斗帶耗柒合，共

（後缺）

13. 秋糧：黃豆每畝科正豆伍升，每斗帶耗柒合，共
14. 該叁升叁合陸勺。
15. 一本圖一則陸地壹分玖釐柒毫，係買拾柒都貳圖
16. 陳計□户下地。
17. 夏稅：小麥每畝科正麥貳升，每斗帶耗柒合，共
18. 該肆合貳勺。
19. 秋糧：黃豆每畝科正豆伍升，每斗帶耗柒合，共
20. 該壹升。
21. 一本圖一則陸地叁分□釐伍毫，

哈佛藏《韻學集成》《直音篇》紙背明代文獻釋錄　卷二

2. 該貳升柒合柒勺。
3. 一本圖一則陸地伍畝肆分捌釐柒毫，買到本圖劉大
4. 䏢戶下地。
5. 夏稅：小麥每畝科正麥貳升，每斗帶耗柒合，
6. 共該壹斗升柒合肆勺。
7. 秋糧：黃豆每畝科正豆伍升，每斗帶耗柒合，共
8. 該貳斗玖升叁合陸勺。
9. 一本圖一則陸地貳分壹釐伍毫，買到貳拾都貳
10. 圖張口戶下地。
11. 夏稅：小麥每畝科正麥貳升，每斗帶耗柒合，共
12. 該肆合陸勺。
13. 秋糧：黃豆每畝科正豆伍升，每斗帶耗柒合，
14. 共該壹升合伍勺。
15. 夏稅：絲每株絲壹兩，共該伍錢，買到貳拾壹都
16. 貳圖范鉞戶下地。[1]
17. 夏稅：絲每株絲壹兩，共該伍錢，買到貳拾都叁
18. 圖皮繼賢戶下地。[2]

（後缺）

① 【地】，據文義當係【桑】之誤。
② 【地】，據文義當係【桑】之誤。

六七 明隆慶陸年（1572）直隸揚州府泰州如皋縣縣市西廂第壹里（圖）賦役黃冊

【題解】

此件爲《韻學集成》第七冊卷七第六七葉背，編號爲"HV·YXJCU7·Y67"，其上下完整，前後均缺，共存文字十九行，與正面古籍文字成經緯狀。此件爲明代某戶的賦役黃冊。另，此件的文字字形、筆跡等與該批紙背文獻中隆慶陸年（1572）攢造的直隸揚州府泰州如皋縣縣市西廂第壹里（圖）賦役黃冊相似，故推斷，此件亦當屬於該里（圖）的黃冊。

【錄文】

（前缺）

1. 夏稅：小麥正耗叁升肆合玖勺。
2. 秋粮：
3. 米正耗肆升捌合捌勺。
4. 黃豆正耗捌升柒合貳勺。
5. 一本圖一則蕩田玖分壹釐。秋粮：米每畝科正米伍升，每斗
6. 帶耗柒合，共該肆升捌合捌勺。
7. 正米叁升伍合伍勺。
8. 耗米叁合叁勺。
9. 地本圖一則陸地壹畝陸分叁釐貳毫。
10. 夏稅：小麥每畝科正麥貳升，每斗帶耗柒合，共該
11. 叁升肆合玖勺。
12. 正麥叁升貳合肆勺。
13. 耗麥貳合伍勺。

14. 秋粮：黄豆每畝科正豆伍升，每斗帶耗柒合，共該
15. 　　捌升柒合貳勺。
16. 　　正豆捌升壹合陸勺。
17. 　　耗豆伍合陸勺。
18. 頭匹：水牛壹隻。
19. 房屋：民草房貳間。

（後缺）

六八 明隆慶陸年（1572）直隸揚州府泰州如皋縣縣市西廂第壹里（圖）賦役黃冊

【題解】

此件爲《韻學集成》第七册卷七第六八葉背，編號爲 HV·YXJCJ7·Y68，其上下完整，前後均缺，共存文字二十行，與正面古籍文字成經緯狀。此件爲明代某戶的賦役黃冊。另，此件的文字字形、筆跡等與該批紙背文獻中隆慶陸年（1572）攢造的直隸揚州府泰州如皋縣縣市西廂第壹里（圖）賦役黃冊相似，故推斷，此件亦當屬於該里（圖）的黃冊。

【録文】

（前缺）

1. 　　每斗帶耗柒合，共該壹升叁勺，係佃
2. 　　與北廂錢金承種。
3. 　　科正米壹斗貳升，每斗帶耗柒合，
4. 一本圖一則没官蕩田壹畝玖分壹釐玖毫。秋糧：米每畝
5. 　　共該貳斗肆升陸合肆勺，係佃與

六九 明隆慶陸年（1572）直隸揚州府泰州如皋縣縣市西廂第壹里（圖）賦役黃冊

【題解】

此件爲《韻學集成》第七冊卷七第六九葉背，編號爲 HV·YXJCJ7·Y69，其上下完整，前後均缺，共存文字二十行，與正面古籍

6. 拾伍都壹圖張鎮承種。
7. 一本圖一則沒官蕩田壹分捌釐肆毫。秋糧：米每畝科正米壹斗貳升，每斗帶耗柒合，共該貳升叁合陸勺，係佃與東廂郭紅承種。
8. 一本圖一則沒官蕩田壹畝玖分叁毫。秋糧：米每畝科正米壹斗貳升，每斗帶耗柒合，共該貳斗肆升肆合叁勺，係佃與貳拾都壹圖劉宗虎承種。
9. 一本圖肆分玖釐伍毫。秋糧：米每畝科正米壹斗貳升，每斗帶耗柒合，共該陸升叁合陸勺，係佃與本圖錢惠承種。
10. 一本圖一則沒官蕩田伍分伍毫。秋糧：米每畝科正米壹斗貳升，每斗帶耗柒合，共該陸升肆合捌勺，係佃與貳拾壹都壹圖李價承種。

（後缺）

哈佛藏《韻學集成》《直音篇》紙背明代文獻釋錄 卷二

文字成經緯狀。此件為明代某户的賦役黃冊。另，此件的文字字形、筆跡等與該批紙背文獻中隆慶陸年（1572）攢造的直隸揚州府泰州如皋縣縣市西廂第壹里（圖）賦役黃冊相似，故推斷，此件亦當屬於該里（圖）的黃冊。

【錄文】

（前缺）

1. 地本圖一則陸地肆分柒釐貳毫，出賣與陸都壹圖 郭紅 承
2. 種。
3. 夏稅：小麥每畝科正麥貳升，每斗帶耗柒合，
4. 　　共該壹升壹勺。
5. 秋糧：黃豆每畝科正豆伍升，每斗帶耗柒合，共
6. 　　該貳升伍合叁勺。
7. □收：
8. 事產：
9. 　　官民田地轉收田地柒分伍釐玖毫。
10. 　　夏稅：小麥正耗壹升陸合陸勺。
11. 　　秋糧：
12. 　　米正耗叁升叁合。
13. 　　黃豆正耗貳升柒合捌勺。
14. 　　官田地貳分柒釐。
15. 　　夏稅：小麥正耗玖合玖勺。
16. 　　秋糧：
17. 　　米正耗貳升叁合陸勺。
18. 　　黃豆正耗壹升壹合。

七〇 明隆慶陸年（1572）直隸揚州府泰州如皋縣縣市西廂第壹里（圖）賦役黃冊

【題解】

此件爲《韻學集成》第七册卷七第七十葉背，編號爲 HV·YXJC[]7·Y70]，其上下完整，前後均缺，共存文字十八行，與正面古籍文字成經緯狀。此件爲明代某户的賦役黃册。另，此件的文字字形、筆跡等與該批紙背文獻中隆慶陸年（1572）攢造的直隸揚州府泰州如皋縣縣市西廂第壹里（圖）賦役黃册相似，故推斷，此件亦當屬於該里（圖）的黃册。

【錄文】

（前缺）

1. 圖蔣佑户下田。
2. 地本圖一則沒官陸地捌釐陸毫，係兑佃到肆都貳圖蔣□
3. 户下地。
4. 夏税：小麥每畝科正麥壹斗捌合，每斗帶耗柒
5. 合，共該玖合玖勺。
6. 秋糧：黃豆每畝科正豆壹斗貳升，每斗帶耗柒
7. 合，共該壹升壹合。
8. 民田地肆分捌釐玖毫。
9. 夏税：小麥正耗陸合柒勺。

19.
20.

田本圖一則沒官蕩田壹分捌釐肆毫。秋糧：米每畝科正
米壹斗貳升，每斗帶耗柒合，共該

（後缺）

哈佛藏《韻學集成》《直音篇》紙背明代文獻釋錄 卷二

10. 　　秋糧：
11. 　　　　米正耗玖合肆勺。
12. 　　　　黃豆正耗壹升陸合捌勺。
13. 田本圖一則蕩田壹分柒釐伍毫。秋糧：米每畝科正米伍
14. 　　升，每斗帶耗柒合，共該玖合肆勺，
15. 　　係兌佃到肆都貳圖蔣佑戶下田。
16. 地本圖一則陸地叁分壹釐肆毫，係買到肆都貳圖蔣佑
17. 　　戶下地。
18. 夏稅：小麥每畝科正麥貳升，每斗帶耗柒合，

（後缺）

七一　明隆慶陸年（1572）直隸揚州府泰州如皋縣縣市西廂第壹里（圖）賦役黃冊

【題解】

此件爲《韻學集成》第七冊卷七第七一葉背，編號爲HV·YXJCJ7·Y71］，其上下完整，前後均缺，共存文字二十行，與正面古籍文字成經緯狀，第一行被古籍墨跡覆蓋，無法識讀。此件爲明代某戶的賦役黃冊。另，此件的文字字形、筆跡等與該批紙背文獻中隆慶陸年（1572）攢造的直隸揚州府泰州如皋縣縣市西廂第壹里（圖）賦役黃冊相似，故推斷，此件亦當屬於該里（圖）的黃冊。

【錄文】

（前缺）

1. 　　　　　　□
2. 夏稅：小麥每畝科正麥貳升，每斗帶耗柒合，共

二一八

3. 該貳升貳合壹勺。
4. 秋糧：黃豆每畝科正豆伍升，每斗帶耗柒合，共該伍升伍合叁勺。
5.
6. 一本圖一則陸地壹釐柒毫，
7. 夏稅：小麥每畝科正麥貳升，係買到本圖吳嵩戶下地。
8. 秋糧：黃豆每畝科正豆貳升伍合，每斗帶耗柒合，共該叁勺。
9.
10. 一本圖一則陸地肆畝玖分壹釐陸毫，係買本圖陳壯戶下地。
11.
12. 夏稅：小麥每畝科正麥貳升，每斗帶耗柒合，共該壹斗伍升貳勺。
13. 秋糧：黃豆每畝科正豆伍升，每斗帶耗柒合，共該貳斗陸升叁合。
14.
15. 一本圖一則陸地柒畝伍分玖釐貳毫，係買到柒都肆圖邵繼祖戶下地。
16.
17. 夏稅：小麥每畝科正麥貳升，每斗帶耗柒合，共該壹斗陸升貳合伍勺。

（後缺）

七二 明隆慶陸年（1572）直隸揚州府泰州如皋縣縣市西廂第壹里（圖）賦役黃冊

【題解】

此件爲《韻學集成》第七册卷七第七二葉背，編號爲 HV·YXJCIJ7·Y72"，其上下完整，前後均缺，共存文字二十行，與正面古籍文字成經緯狀。此件爲明代某户的賦役黄册。另，此件的文字字形、筆跡等與該批紙背文獻中隆慶陸年（1572）攢造的直隸揚州府泰州如皋縣縣市西廂第壹里（圖）賦役黄册相似，故推斷，此件亦當屬於該里（圖）的黄册。

【錄文】

（前缺）

1. 一本圖一則蕩田壹畝柒分壹釐捌毫。
2. 正米伍升，每斗帶耗柒合，共該玖
3. 升壹合玖勺，係買到拾貳都叁圖
4. 張潤户下地。
5. 一本圖一則蕩田壹畝肆分玖釐。秋糧：米每畝科正米
6. 伍升，每斗帶耗柒合，共該柒升玖
7. 合柒勺，係買到本圖韓恩户下田。
8. 地壹頃壹分伍釐捌毫。
9. 夏税：小麥正耗貳石壹斗肆升叁合叁勺。
10. 秋糧：黄豆正耗伍石叁斗伍升捌合貳勺。
11. 一本圖一則陸地玖分肆釐，係買到本圖陳守常户下
地
12. 夏税：小麥每畝科正麥貳升，每斗帶耗柒合，共
13.

七三 明隆慶陸年（1572）直隸揚州府泰州如皋縣縣市西廂第壹里（圖）賦役黃冊

【題解】

此件爲《韻學集成》第七冊卷七第七三葉背，編號爲 HV·YXJC[J7·Y73]，其上下完整，前後均缺，共存文字十八行，與正面古籍文字成經緯狀。此件爲明代某戶的賦役黃冊。另，明代賦役黃冊往往會登載攢造之前十年內的人口變化等情況，文中載有『本身』的病故時間『嘉靖肆拾肆年』（1565），而此後的隆慶陸年（1572）爲黃冊的攢造年份，據此可知，此件當係該年攢造的賦役黃冊。此件的文字字形、筆跡等與已知該批黃冊中攢造機構爲直隸揚州府泰州如皋縣縣市西廂第壹里（圖）的賦役黃冊相似，故推斷，此件亦當屬於該里（圖）的黃冊。

【錄文】

（前缺）

1. 秋糧：黃豆正耗壹斗伍升玖合伍勺。
2. 房屋：民草房貳間。

14.

15. 秋糧：黃豆每畝科正豆伍升，每斗帶耗柒合，共

16. 該伍升。

17. 一本圖一則陸地肆畝肆分貳釐玖毫，係買到本圖張稼

18. 戶下地。

19. 夏稅：小麥每畝科正麥貳升，每斗帶耗柒合，共

20. 該玖升肆合捌勺。

（後缺）

該貳升。

3. 開除：
4. 人口：正除男子壹口。
5. 　　本身，於嘉靖肆拾肆年病故。
6. 事產：
7. 官民田地轉除田地壹畝壹分肆釐貳毫。
8. 　　夏稅：小麥正耗貳升伍合。
9. 　　秋糧：
10. 　　米正耗肆升玖合陸勺。
11. 　　黃豆正耗肆升貳合。
12. 官田地肆分陸毫。
13. 　　夏稅：小麥正耗壹升肆合玖勺。
14. 　　秋糧：
15. 　　米正耗叄升伍合肆勺。
16. 　　黃豆正耗壹升陸合柒勺。
17. 田本圖一則沒官蕩田貳分柒釐陸毫。秋糧：米
18. 壹斗貳升，每斗帶耗柒合，共該叄

（後缺）

七四 明隆慶陸年（1572）直隸揚州府泰州如皋縣縣市西廂第壹里（圖）賦役黃冊

【題解】

此件爲《韻學集成》第七册卷七第七四葉背，編號爲HV·YXJC][7·Y74]，其上下完整，前後均缺，共存文字二十行，與正面古籍文字成經緯狀。此件爲明代某户的賦役黄册。另，此件的文字字形、筆跡等與該批紙背文獻中隆慶陸年（1572）攢造的直隸揚州府泰州如皋縣縣市西廂第壹里（圖）賦役黄册相似，故推斷，此件亦當屬於該里（圖）的黄册。

【錄文】

（前缺）

1. 夏税：小麥正耗壹斗伍升捌合。
2. 秋糧：
3. 　　米正耗叁斗壹升貳合肆勺。
4. 　　黄豆正耗貳斗陸升肆合柒勺。
5. 官田地貳畝伍分伍釐陸毫。
6. 夏税：小麥正耗玖升肆合貳勺。
7. 秋糧：
8. 　　米正耗貳斗肆升叁合伍勺。
9. 　　黄豆正耗壹斗肆升陸勺。
10. 田壹畝柒分肆釐壹毫。秋糧：米正耗貳斗貳升叁合伍勺。
11. 地捌分壹釐伍毫。
12. 夏税：小麥正耗玖升肆合貳勺。
13. 秋糧：黄豆正耗壹斗肆合陸勺。

七五 明隆慶陸年（1572）直隸揚州府泰州如皋縣縣市西廂第壹里（圖）賦役黃冊

【題解】

此件爲《韻學集成》第七册卷七第七五葉背，編號爲 HV·YXJC[]7·Y75]，其上下完整，前後均缺，共存文字二十行，與正面古籍文字成經緯狀。此件爲明代某户的賦役黃册。另，明代賦役黃册往往會登載攢造之前十年内的田畝變化等情况，文中載有土地的出『賣』時間『隆慶貳年』（1568）、『隆慶叁年』（1569），而此後的隆慶陸年（1572）爲黃册的攢造年份，據此可知，此件係該年攢造的賦役黃册。此件的文字字形、筆跡等與已知該批黃册中攢造機構爲直隸揚州府泰州如皋縣縣市西廂第壹里（圖）的賦役黃册相似，故推斷，此件亦當屬於該里（圖）的黃册。

【錄文】

（前缺）

1. 勺。
2. 秋糧：黃豆每畝科正豆伍升，每斗帶耗柒合，共該柒

14. 民田肆畝陸分肆釐叁毫。

夏稅：小麥正耗陸升貳合捌勺。

15. 秋糧：

16. 米正耗捌升捌合玖勺。

17. 黃豆正耗壹斗伍升玖合伍勺。

18. 田壹畝陸分陸釐貳毫。秋糧：米正耗捌升捌合玖勺。

19. 地貳畝玖分捌釐壹毫。

20.

（後缺）

3. 一本圖一則陸地壹畝肆分玖釐伍毫，於隆慶貳年叁月內
4. 賣與東廂張□邦承種。
5. 夏稅：小麥每畝科正麥貳升，每斗帶耗柒合，共該叁
6. 升貳合。
7. 秋糧：黃豆每畝科正豆伍升，每斗帶耗柒合，共該捌
8. 升貳勺。
9. 一本圖一則陸地玖釐肆毫，於隆慶叁年柒月內賣與本圖
10. 劉紳承種。
11. 夏稅：小麥每畝科正麥貳升，每斗帶耗柒合，共該貳
12. 合。
13. 秋糧：黃豆每畝科正豆伍升，每斗帶耗柒合，共該伍
14. 合。
15. 一本圖一則陸地叁分捌釐陸毫，於隆慶叁年捌月內賣與
16. 拾貳都貳圖王江承種。
17. 夏稅：小麥每畝科正麥貳升，每斗帶耗柒合，共該
18. 捌合叁勺。
19. 秋糧：黃豆每畝科正豆伍升，每斗帶耗柒合，共該貳
20. （後缺）

七六 明隆慶陸年（1572）直隸揚州府泰州如皋縣縣市西廂第壹里（圖）賦役黃冊

【題解】

此件爲《韻學集成》第七冊卷七第七六葉背，編號爲 HV·YXJCJ7·Y76]，其上下完整，前後均缺，共存文字十九行，與正面古籍文字成經緯狀。此件爲明代某户的賦役黃冊。另，明代賦役黃冊往往會登載攢造之前十年内的田畝變化等情況，據此可知，此件當係該年攢造的賦役黃冊。此件的文字時間『嘉靖肆拾伍年』(1566)，而此後的隆慶陸年 (1572) 爲黃冊攢造年份，故推斷，此件亦當屬於該里字形、筆跡等與已知該批黃冊中攢造機構爲直隸揚州府泰州如皋縣市西廂第壹里（圖）的賦役黃冊相同，（圖）的黃冊。另，此件第 10 至 19 行與 HV·YXJCJ7·Y77]、HV·YXJCJ7·Y7/8]格式相同，内容相關，故此三件疑屬於同一户的黃冊。

【錄文】

（前缺）

1. 合柒勺，係賣與貳拾壹都壹圖李
2. 價承種。
3. 一本圖一則蕩田玖毫。秋糧：米每畝科正米伍升，每斗
4. 帶耗其合，共該伍勺，係賣與本
5. 圖陳穆承種。
6. 地叁拾叁畝肆分壹釐。
7. 夏税：小麥正耗柒斗壹升伍合。
8. 秋糧：黃豆正耗壹石柒斗捌升柒合肆勺。
9. 一本圖一則陸地陸分捌釐伍毫，於嘉靖肆拾伍年柒月内賣
10. 與壹拾叁都壹圖錢惠承種。
11. 夏税：小麥每畝科正麥貳升，每斗帶耗柒合，共該

七七 明隆慶陸年（1572）直隸揚州府泰州如皋縣縣市西廂第壹里（圖）賦役黃冊

【題解】

此件爲《韻學集成》第七册卷七第七七葉背，編號爲 HV·YXJCJ7·Y77，其上下完整，前後均缺，共存文字十九行，與正面古籍文字成經緯狀。此件爲明代某户的賦役黃冊。另，明代賦役黃冊的攢造年份，據此可知，此件當係該年攢造的賦役黃冊。文中載有土地的出『賣』時間『隆慶肆年』（1570），而此後的隆慶陸年（1572）爲黃冊的攢造年份，據此可知，此件當係該年攢造的賦役黃冊。此件的文字字形、筆跡等與已知該批黃冊中攢造機構爲直隸揚州府泰州如皋縣市西廂第壹里（圖）的賦役黃冊相似，故推斷，此件亦當屬於該里（圖）的黃冊。另，此件與 HV·YXJCJ7·Y76]第 10 至 19 行及 HV·YXJCJ7·Y78]格式相同、内容相關，故此三件疑屬於同一户的黃冊。

【録文】

（前缺）

1. 一本圖一則陸地⬜畝伍分玖釐玖毫，於隆慶肆年玖月

12.

13.

14.

15. 一本圖一則陸地壹畝柒分陸毫，於嘉靖肆拾伍年柒月内賣與

16. 北廂陳鶴承種。

17. 夏稅：小麥每畝科正麥貳升，每斗帶耗柒合，共該叁

18. 升陸合伍勺。

19. 秋糧：黃豆每畝科正豆伍升，每斗帶耗柒合，共該

（後缺）

壹升肆合陸勺。

秋糧：黃豆每畝科正豆伍升，每斗帶耗柒合，共該叁

升陸合勺。

2. 內賣與陸都肆圖李敖承種。
3. 夏稅：小麥每畝科正麥貳升，每斗帶耗柒合，共該□
4. 升肆合貳勺。
5. 秋糧：黃豆每畝科正豆伍升，每斗帶耗柒合，共該捌
6. 升伍合伍勺。
7. 一本圖一則陸地壹畝貳分柒釐捌毫，於隆慶肆年拾月內
8. 賣與貳拾壹都貳圖陳統承種。
9. 夏稅：小麥每畝科正麥貳升，每斗帶耗柒合，共
10. 該貳升柒合肆勺。
11. 秋糧：黃豆每畝科正豆伍升，每斗帶耗柒合，共該陸
12. 升捌合肆勺。
13. 一本圖一則陸地肆分柒釐柒毫，於隆慶肆年拾月內賣
14. 與貳拾叁都壹圖周蘊承種。
15. 夏稅：小麥每畝科正麥貳升，每斗帶耗柒合，共該壹
16. 升貳勺。
17. 秋糧：黃豆每畝科正豆伍升，每斗帶耗柒合，共該貳
18. 升伍合伍勺。
19. 一本圖一則陸地

（後缺）

七八 明隆慶陸年（1572）直隸揚州府泰州如皋縣縣市西廂第壹里（圖）賦役黃冊

【題解】

此件爲《韻學集成》第七冊卷七第七八葉背，編號爲 HV·YXJC|7·Y78」，其上下完整，前後均缺，共存文字二十行，與正面古籍文字成經緯狀。此件爲明代某户的賦役黃冊。另，明代賦役黃冊往往會登載攢造之前十年内的田畝變化等情况，文中載有土地的出「賣」時間「隆慶叁年」(1569)、「隆慶肆年」(1570)，而此後的隆慶陸年 (1572) 爲黄冊的攢造年份，據此可知，此件的文字字形、筆跡等與已知該批黃冊中攢造機構爲直隸揚州府泰州如皋縣縣市西廂第壹里（圖）的賦役黃冊。此件亦當屬於該里（圖）的黃冊。另，此件與 HV·YXJC|7·Y76]第 10 至 19 行及 HV·YXJC|7·Y77]格式相同、内容相關，故推斷，此三件疑屬於同一户的黃冊。

【錄文】

（前缺）

1. 斗玖合貳勺。
2. 一本圖一則陸地捌畝叁分叁釐陸毫，於隆慶肆年拾月内賣與貳拾壹都貳圖張謨承種。
3. 夏稅：小麥每畝科正麥貳升，每斗帶耗柒合，共該
4. 壹斗柒升捌合肆勺。
5. 秋糧：黃豆每畝科正豆伍升，每斗帶耗柒合，共該肆斗肆升陸合。
6. 一本圖一則陸地壹分肆釐玖毫，於隆慶肆年玖月内賣北廂何訓承種。
7.
8.
9. 夏稅：小麥每畝科正麥貳升，每斗帶耗柒合，共該叁
10.

11. 秋糧：黃豆每畝科正豆伍升，每斗帶耗柒合，共該柒
　　合。
12.
13.
14. 一本圖一則陸地叁分叁釐陸毫，於隆慶叁年捌月內賣
　　與貳拾都伍圖孫才承種。
15. 夏稅：小麥每畝科正麥貳升，每斗帶耗柒合，共該
　　柒合貳勺。
16. 秋糧：黃豆每畝科正豆伍升，每斗帶耗柒合，共該
　　壹升捌合。
17.
18.
19.
20. 一本圖一則陸地壹分叁釐柒毫，於隆慶叁年拾月內賣與

（後缺）

七九 明隆慶陸年（1572）直隸揚州府泰州如皋縣縣市西廂第壹里（圖）賦役黃冊（許某）

【題解】

此件爲《韻學集成》第七冊卷七第七九葉背，編號爲 HV・YXJCJ7・Y79]，其上下完整，前後均缺，共存文字十九行，與正面古籍文字成經緯狀。此件爲明代某户的賦役黃冊，據其中所載男子姓名知，此黃冊的户頭當係許某。另，此件的文字字形、筆跡等與該批紙背文獻中隆慶陸年（1572）攢造的直隸揚州府泰州如皋縣縣市西廂第壹里（圖）賦役黃冊相似，故推斷，此件亦當屬於該里（圖）的黃冊。

【錄文】

（前缺）

1. 許倚，係本戶原先漏報。
2. 許衙，係本戶原先漏報。
3. 許什，係本戶原先漏報。
4. 許嵩，係本戶原先漏報。
5. 許華，係本戶原先漏報。
6. 許僥，係本戶原先漏報。
7. 許縝，係本戶原先漏報。
8. 許候兒，係本戶原先漏報。
9. 許鈄，係本戶原先漏報。
10. 許谷，係本戶原先漏報。
11. 許鍛，係本戶原先漏報。
12. 許重學，係本戶原先漏報。
13. 許作，係本戶原先漏報。
14. 許鹽漢，係本戶原先漏報。
15. 許來，係本戶原先漏報。
16. 許路，係本戶原先漏報。

婦女玖口：

17. 張氏，係娶到通州張武女。
18. 楊氏，係娶到本縣楊清女。

（後缺）

八〇 明隆慶陸年（1572）直隸揚州府泰州如皋縣縣市西廂第壹里（圖）賦役黃冊

【題解】

此件爲《韻學集成》第七册卷七第八十葉背，編號爲 HV·YXJCJ7·Y80]，其上下完整，前後均缺，共存文字二十行，與正面古籍文字成經緯狀。此件爲明代某户的賦役黃册。另，此件的文字字形、筆跡等與該批紙背文獻中隆慶陸年（1572）攢造的直隸揚州府泰州如皋縣縣市西廂第壹里（圖）賦役黃册相似，故推斷，此件亦當屬於該里（圖）的黃册。

【録文】

（前缺）

1. 勺。
2. 米正耗貳石捌斗叁升貳合捌勺。
3. 黃豆正耗壹石叁斗貳升叁合。
4. 田貳拾貳畝陸釐貳毫。秋糧：米正耗貳石捌斗叁升貳合捌
5. 一本圖一則沒官蕩田壹畝伍分伍毫。秋糧：米每畝科
6. 正米壹斗貳升，每斗帶耗柒合，共
7. 該壹斗玖升叁合貳勺，係兑到南
8. 廂章樓户下田。
9. 一本圖一則沒官蕩田壹畝肆釐貳毫。秋糧：米每畝科
10. 正米壹斗貳升，每斗帶耗柒合，共該
11. 壹斗叁升叁合捌勺，係兑到東廂
12. 郭統口户下田。
13. 一本圖一則沒官蕩田伍釐伍毫。秋糧：米每畝科正米壹

14. 斗貳升，每斗帶耗柒合，共該柒合壹
15. 勺，係兌到南廂周崇侃户下田。
16. 一本圖一則蕩田壹釐捌毫。秋糧：米每畝科正米壹
17. 斗貳升，每斗帶耗柒合，共該貳合叁勺，
18. 係兌到壹拾貳圖陶金户下田。
19. 一本圖一則蕩田壹畝叁分叁釐玖毫。秋糧：米每畝
20. 科正米壹斗貳升，每斗帶耗柒合，共

（後缺）

八一 明嘉靖叁拾壹年（1552）直隸揚州府江都縣青草沙第肆圖賦役黃冊

【題解】

此件爲《韻學集成》第七册卷七第八一葉背，編號爲"HV·YXJC[]7·Y81"，其上下完整，前後均缺，共存文字十六行，與正面古籍文字成經緯狀。此件爲明代某户的賦役黃冊。另，此件的文字字形、筆跡等與該批紙背文獻中嘉靖叁拾壹年（1552）攢造的直隸揚州府江都縣青草沙第肆圖賦役黃册相似，故推斷，此件亦當屬於該圖的黃册。

【錄文】

（前缺）
1. 柒合貳勺。
2. 正麥壹升陸合。
3. 耗麥壹合貳勺。
4. 秋糧：黃荳每畝科正荳壹斗捌升，每斗

5. 帶耗柒合，共該正耗荳壹
6. 升玖合叁勺。
7. 正荳壹升捌合。
8. 耗荳壹合叁勺。
9. 民田地肆畝陸分伍釐。
10. 夏稅：小麥正耗貳斗貳升貳合。
11. 秋糧：
12. 米正耗玖升柒合叁勺。
13. 黃荳正耗壹斗伍升貳合伍勺。
14. 田壹畝捌分。
15. 夏稅：小麥正耗陸升玖合伍勺。
16. 秋糧：米正耗玖升柒合叁勺。

（後缺）

八二 明嘉靖叁拾壹年（1552）直隸揚州府江都縣青草沙第肆圖賦役黃冊（張某）

【題解】

此件為《韻學集成》第七冊卷七第八二葉背，編號為HV·YXJCJ7·Y82，其上殘下完，前後均缺，中有缺行，共存文字十六行，與正面古籍文字成經緯狀。此件為明代某戶的賦役黃冊，據其中所載男子姓名知，此黃冊的戶頭當係張某。另，明代賦役黃冊往往會登載攢造之前十年內的人口變化等情況，文中所載「姪張本」的亡故時間為「嘉靖貳拾捌年」（1549），而此後的嘉靖叁拾壹年（1552）為黃冊的攢造年份，據此可知，此件當係該年攢造的賦役黃冊，已知該批黃冊的攢造機構為直隸揚州府江都縣青草沙第肆圖，故此件亦當

屬於該圖之黃冊。

【錄文】

（前缺）
1. 　　秋糧：米正耗玖升柒合叁勺。
2. 地貳畝捌分伍釐。
3. 　　夏稅：小麥正耗壹斗伍升貳合伍勺。
4. 　　秋糧：黃荳正耗壹斗伍升貳合伍勺。
5. 民草房叁間。
6. 民水牛壹隻。
7. 正收男子成丁壹口。　　張弼，係前冊失報。
8. □□：正除男子成丁壹口。　　姪張本，於嘉靖貳拾捌年故。
9. 人口：正除男子成丁壹口。
10. 事產：
11. 正②
　　　　　　（中缺3行）
12. 人口：男、婦陸口。
13. 　　男子成丁肆口：
14. 　　　本身年伍拾歲。
15. 　　　弟張全年伍拾歲。
16. 　　　弟張錦年貳拾捌歲。
（後缺）

① 「□」，據文義該字當作「人」，以下該類情況同此，不另說明。
② 「正」，此處疑未寫完，或有筆誤。

第七册　　二三五

八三　明隆慶陸年（1572）直隸揚州府泰州如皋縣縣市西廂第壹里（圖）賦役黃冊

【題解】

此件爲《韻學集成》第七冊卷七第八三葉背，編號爲"HY·YXJCj7·Y83"，其上下完整，前後均缺，共存文字十九行，與正面古籍文字成經緯狀。此件爲明代某户的賦役黃册。另，此件的文字字形、筆跡等與該批紙背文獻中隆慶陸年（1572）攢造的直隸揚州府泰州如皋縣縣市西廂第壹里（圖）賦役黃册相似，故推斷，此件亦當屬於該里（圖）的黃册。

【錄文】

（前缺）

1. 合，共該壹斗肆升柒合。
2. 正豆壹斗叁升柒合叁勺。
3. 耗豆玖合柒勺。
4. 民田地陸畝伍分貳釐玖毫。
5. 夏稅：小麥正耗捌升玖合陸勺。
6. 秋糧：
7. 米正耗壹斗貳升伍合壹勺。
8. 黃豆正耗貳斗貳升肆合貳勺。
9. 田本圖一則蕩田貳畝叁分叁釐捌毫。秋糧：米每畝科□
10. 米伍升，每斗帶耗柒合，共該壹□
11. 貳升伍合壹勺。
12. 正米壹斗壹升陸合玖勺。
13. 耗米捌合貳勺。

八四 明隆慶陸年（1572）直隸揚州府泰州如皋縣縣市西廂第壹里（圖）賦役黃冊（朱某）

【題解】

此件爲《韻學集成》第七冊卷七第八四葉背，編號爲HV·YX]C]7·Y84，其上下完整，前後均缺，共存文字十九行，據其中所載男子姓名知，此黃冊的戶頭當係朱某。另，此件的文字字形、筆跡等與該批紙背文獻中隆慶陸年（1572）攢造的直隸揚州府泰州如皋縣縣市西廂第壹里（圖）賦役黃冊相似，故推斷，此件亦當屬於該里（圖）的黃冊。此件爲明代某戶的賦役黃冊。文獻中隆慶陸年文字成經緯狀。

【錄文】

（前缺）

1. 人口：男子壹口。
2. 　　朱佛保，係本戶原先漏報。
3. 事產：
4. 　　官民田地轉收田地壹分捌釐玖毫。
5. 　　夏稅：小麥正耗肆合壹勺。

（後缺）

14. 地本圖一則陸地肆畝壹分玖釐壹毫。
15. 　　夏稅：小麥每畝科正麥貳升，每斗帶耗柒合，
16. 　　　　　共該捌升玖合陸勺。
17. 　　　　　正麥捌升肆合。
18. 　　　　　耗麥伍合陸勺。
19. 　　秋糧：黃豆每畝科正豆伍升，每斗帶耗柒合，

6. 秋糧：
7. 　　米正耗捌合叁勺。
8. 　　黄豆正耗陸合玖勺。
9. 官田地陸釐柒毫。
10. 夏稅：小麥正耗貳合肆勺。
11. 秋糧：
12. 　　米正耗伍合玖勺。
13. 　　黄豆正耗貳合柒勺。
14. 田本圖一則沒官蕩田肆釐陸毫。秋糧：米每畝科正米壹
15. 斗貳升，每斗帶耗柒合，共該伍合玖
16. 勺，係兌佃到柒都壹圖夏鑾戶下
17. 田。
18. 地本圖一則沒官陸地貳釐壹毫，係佃到柒都壹圖夏
19. 鑾戶下地。

（後缺）

八五　明嘉靖叁拾壹年（1552）直隸揚州府江都縣青草沙第肆圖賦役黄冊（夏某）

【題解】

此件爲《韻學集成》第七册卷七第八五葉背，編號爲"HV·YXJCJ7·Y85"，其上下完整，前後均缺，中有缺行，共存文字17行，與正面古籍文字成經緯狀。此件爲明代某户的賦役黄册，據其中所載男子姓名知，此黄册的户頭當係夏某。另，此件的文字字形、筆跡等

與該批紙背文獻中嘉靖叁拾壹年（1552）攢造的直隸揚州府江都縣青草沙第肆圖賦役黃冊相似，故推斷，此件亦當屬於該圖的黃冊。另，HV·YXJC[]9·Y47]亦載有「弟夏貴」一人，該人在該件中亦爲「成丁」，且該件的攢造時間與此件一致，故由此推斷，此兩件或爲同一戶的黃冊。

【錄文】

（前缺）

1. 夏稅：小麥正耗壹石貳斗壹升
2. 　　　　　　　　　　　　玖合叁勺。
3. 秋糧：
4. 　　絲貳錢。
5. 　　米正耗壹石肆升柒合陸勺。
6. 　　黃豆正耗壹斗柒升壹合柒勺。
7. 田壹拾玖畝伍分捌釐。
8. 　　夏稅：小麥正耗壹石肆升柒合陸勺。
9. 　　秋糧：米正耗壹石肆升柒合陸勺。
10. 地叁畝貳分壹釐。
11. 　　夏稅：小麥正耗壹斗柒升壹合柒勺。
12. 　　秋糧：黃豆正耗壹斗柒升壹合柒
13. 　　　　　　　　　　　　　　勺。

（中缺1行）

14. 桑壹株，絲貳錢。
15. 民草房壹間。
16. 人口：正收男子成丁貳口。

17. 弟夏貴，係前册失報。

（後缺）

八六 明嘉靖叁拾壹年（1552）直隸揚州府江都縣青草沙第肆圖賦役黃册

【題解】

此件爲《韻學集成》第七册卷七第 86 葉背，編號爲 HV·YX]CI]7·Y86"，其上下完整，前後均缺，共存文字十六行，與正面古籍文字成經緯狀。此件爲明代某户的賦役黃册。另，此件的文字字形、筆跡等與該批紙背文獻中嘉靖叁拾壹年（1552）攢造的直隸揚州府江都縣青草沙第肆圖賦役黃册相似，故推斷，此件亦當屬於該圖的黃册。

【錄文】

（前缺）

1. 正麥陸升伍合。
2. 耗麥合伍勺。
3. 秋糧：米每畝科正米伍升，每斗帶耗柒合，
4. 共該正耗米陸升玖合伍勺。
5. 正米陸升伍合。
6. 耗米肆合伍勺。
7. 一則沒宜^①伍分。
8. 秋粮：米每畝科正米伍升，每斗帶耗柒合，
9. 共該正耗米貳升柒合捌勺。

① 此字後面應缺〖田〗或〖蕩田〗等字。

八七 明嘉靖叁拾壹年（1552）直隸揚州府江都縣青草沙第肆圖賦役黃册

【題解】

此件爲《韻學集成》第七册卷七第八七葉背，編號爲HV·YXJCJ7·Y87，其上下完整，前後均缺，共存文字十六行，與正面古籍文字成經緯狀。此件爲明代某户的賦役黃册。另，此件的文字字形、筆跡等與該批紙背文獻中嘉靖叁拾壹年（1552）攢造的直隸揚州府江都縣青草沙第肆圖賦役黃册相似，故推斷，此件亦當屬於該批黃册。

【錄文】

（前缺）

1. 秋粮：米每畝科正米伍升，每斗帶耗柒合，
2. 共該正耗米捌斗貳升壹
3. 合壹勺捌抄①。

（後缺）

10. 正米貳升伍合。
11. 耗米貳合捌勺。
12. 地貳畝捌分伍釐。
13. 夏税：小麥每畝科正麥伍升，每斗帶耗柒
14. 合，共該正耗麥壹斗伍升貳
15. 合伍勺。
16. 正麥壹斗肆升貳合伍勺。

① 此米之數與下文正米、耗米數不合。

4. 正米柒斗陸升柒合伍勺。
5. 耗米伍升叁合陸勺。
6. 地原科地貳拾貳畝貳分叁厘壹毫。
7. 夏稅：小麥每畝科正麥伍升，每斗帶耗柒
8. 　　合，共該正耗麥壹石壹斗
9. 　　捌升玖合叁勺。
10. 　　正麥壹石壹斗壹升壹合陸勺。
11. 　　耗麥柒升柒合柒勺。
12. 秋粮：黃荳每畝科正荳伍升，每斗帶耗
13. 　　柒合，共該正耗荳壹石壹
14. 　　斗捌升玖合叁勺。
15. 　　正荳壹石壹斗壹升壹合陸勺。
16. 　　耗荳柒升柒合柒勺。

（後缺）

八八　明嘉靖叄拾壹年（1552）直隸揚州府江都縣青草沙第肆圖賦役黃冊

【題解】

此件為《韻學集成》第七冊卷七第八八葉背，編號為［HV·YXJCJ7·Y88］，其上下完整，前後均缺，共存文字十五行，與正面古籍文字成經緯狀。此件為明代某戶的賦役黃冊。另，此件的文字字形、筆跡等與該批紙背文獻中嘉靖叄拾壹年（1552）攢造的直隸揚州府江都縣青草沙第肆圖賦役黃冊相似，故推斷，此件亦當屬於該批黃冊。

【錄文】

（前缺）
1. 正荳叄石柒升玖合捌勺。
2. 耗荳貳斗壹升伍合陸勺。
3. 民田地肆拾壹畝伍分捌釐壹毫。
4. 夏稅：小麥正耗貳石貳斗貳升肆合陸勺。
5. 秋粮：
6. 米正耗壹石貳斗肆升玖合壹勺
7. 捌抄。
8. 黃荳正耗壹石壹斗捌升玖合叄勺。
9. 田壹拾玖畝叄分伍釐。
10. 夏稅：小麥正耗壹石叄升伍合壹勺捌抄。
11. 秋粮：米正耗壹石貳斗肆升玖合壹勺捌
12. 抄。
13. 一則重租田肆畝。
14. 夏稅：小麥每畝科正麥伍升，每斗帶耗
15. 柒合，共該正耗麥貳斗壹
（後缺）

八九 明隆慶陸年（1572）直隸揚州府泰州如皋縣縣市西廂第壹里（圖）賦役黃冊

【題解】

此件爲《韻學集成》第七冊卷七第八九葉背，編號爲HV·YXJCJ7·Y89，其上下完整，前後均缺，共存文字十九行，與正面古籍文字成經緯狀。此件爲明代某户的賦役黄册。另，此件的文字字形、筆跡等與該批紙背文獻中隆慶陸年（1572）攢造的直隸揚州府泰州如皋縣縣市西廂第壹里（圖）賦役黄册相似，故推斷，此件亦當屬於該里（圖）的黄册。

【錄文】

（前缺）

1. 合，共該壹斗叁合叁勺。
2. 秋糧：黄豆每畝科正豆壹斗貳升，每斗帶耗 柒
3. 合，共該壹斗壹升肆合捌勺。
4. 一本圖一則沒官陸地捌釐陸毫，係佃與東廂郭 紅 □種。
5. 夏稅：小麥每畝科正麥壹斗捌合，每斗帶 耗 柒合，共該玖合玖勺。
6. 秋糧：黄豆每畝科正豆壹斗貳升，每斗帶耗 □ 合，共該壹升壹合。
7. 一本圖一則沒官陸地捌分捌釐玖毫，係佃與貳拾 壹圖劉宗虎承種。
8. 夏稅：小麥每畝科正麥壹斗捌合，每斗帶 □ 柒合，共該壹斗貳合柒勺。

九〇 明隆慶陸年（1572）直隸揚州府泰州如皋縣縣市西廂第壹里（圖）賦役黃冊

【題解】

此件爲《韻學集成》第七冊卷七第九十葉背，編號爲HV·YXJCJ7·Y90］，其上下完整，前後均缺，共存文字二十行，與正面古籍文字成經緯狀。此件爲明代某户的賦役黃冊。另，此件的文字字形、筆跡等與該批紙背文獻中隆慶陸年（1572）攢造的直隸揚州府泰州如皋縣縣市西廂第壹里（圖）賦役黃冊相似，故推斷，此件亦當屬於該里（圖）的黃冊。

【錄文】

（前缺）

☐玖斗玖☐☐合陸勺。

1. 黃豆正耗壹石柒斗捌升柒合肆勺。
2. 田拾捌畝陸分肆釐陸毫。秋糧：米正耗壹斗捌升柒合陸勺。
3. 一本圖一則蕩田叁分捌釐貳毫。秋糧：米每畝科正米伍升，每斗帶耗柒合，共該貳升肆勺，係賣與貳
4.
5.

（後缺）

14. 秋糧：黃豆每畝科正豆壹斗貳升，每斗帶耗☐
15. 合，共該壹斗壹升肆合壹勺。
16. 一本圖一則沒官陸地貳分叁釐壹毫，係佃與本圖☐
17. 惠承種。
18. 夏税：小麥每畝科正麥壹斗捌合，每斗帶耗柒☐，
19. 共該貳升陸合柒勺。

6. 　　　　　拾叁都壹圖錢文承種。
7. 一本圖一則蕩田玖分伍釐貳毫。秋糧：米每畝科正米伍升，每
8. 　斗帶耗柒合，共該伍升玖勺，係賣與北
9. 　廂陳鷄承種。
10. 一本圖一則蕩田壹畝伍分貳毫。秋糧：米每畝科正米伍升，每
11. 　斗帶耗柒合，共該捌升肆勺，係賣與貳
12. 　拾叁都壹圖徐栢承種。
13. 一本圖一則蕩田壹分貳毫。秋糧：米每畝科正米伍升，每斗帶
14. 　耗柒合，共該伍合伍勺，係賣與東廂夏
15. 　燦承種。
16. 一本圖一則蕩田柒毫。秋糧：米每畝科正米伍升，每斗帶耗柒合，
17. 　共該肆勺，係賣與壹都叁圖戴銀承
18. 　種。
19. 一本圖一則蕩田捌分叁釐肆毫。秋糧：米每畝科正米伍升，每
20. 　斗帶耗柒合，共該肆升肆合陸勺，係賣

（後缺）

九一　明隆慶陸年（1572）直隸揚州府泰州如皋縣縣市西廂第壹里（圖）賦役黃冊

【題解】

此件爲《韻學集成》第七冊卷七第九一葉背，編號爲 HV·YXJC[]7·Y91]，其上下完整，前後均缺，共存文字二十行，與正面古籍

文字成經緯狀。此件爲明代某户的賦役黃册。另，明代賦役黃册往往會登載攢造之前十年內的田畝變化等情況，文中載有土地的『過割』等時間『嘉靖肆拾伍年』（1566），而此後的隆慶陸年（1572）爲黃册的攢造年份，據此可知，此件當係該年攢造的賦役黃册。此件的文字字形、筆跡等與已知該批黃册中攢造機構爲直隸揚州府泰州如皋縣市西廂第壹里（圖）的賦役黃册相似，故推斷，此件亦當屬於該里（圖）的黃册。

【錄文】

（前缺）

1. 壹斗貳升，每斗帶耗柒合，共該貳斗
2. 陸升陸合叁勺，於嘉靖肆拾伍年叁
3. 月內過割與本圖陳墰等承種。
4. 地本圖一則沒官陸地玖分陸釐捌毫，兑佃與本圖陳墰
5. 　　　　　　等承種。
6. 夏税：小麥每畝科正麥壹斗捌合，每斗帶耗
7. 　　　柒合，共該壹斗壹升壹合玖勺。
8. 秋糧：黃豆每畝科正豆壹斗貳升，每斗帶耗柒
9. 　　　合，共該□斗貳升肆合叁勺。
10. 民田地伍畝伍分肆釐壹毫。
11. 　夏税：小麥正耗柒升陸勺。
12. 　秋糧：
13. 　　米正耗壹斗陸合。
14. 　　黃豆正耗壹斗捌升玖合玖勺。
15. 田本圖一則蕩田壹畝玖分捌釐壹毫，秋糧：米每畝科正米
16. 　　伍升，每斗帶耗柒合，共該壹斗□

17. 合，於嘉靖肆拾伍年叁月內出賣
18. 與本圖陳墀爲業。
19. 地本圖一則陸地叁畝伍分陸釐，出賣與本圖陳墀爲業。
20. 夏稅：小麥每畝科正麥貳升，每斗帶耗柒

（後缺）

九二 明隆慶陸年（1572）直隸揚州府泰州如皋縣縣市西廂第壹里（圖）賦役黃冊

【題解】

此件爲《韻學集成》第七冊卷七第九二葉背，編號爲HV·YXJCJ7·Y92'，其上下完整，前後均缺，共存文字十九行，與正面古籍文字成經緯狀。此件爲明代某户的賦役黃冊。另，此件的文字字形、筆跡等與該批紙背文獻中隆慶陸年（1572）攢造的直隸揚州府泰州如皋縣縣市西廂第壹里（圖）賦役黃冊相似，故推斷，此件亦當屬於該里（圖）的黃冊。

【錄文】

（前缺）

1. 米正耗貳升陸合叁勺。
2. 黃豆正耗貳升叁合壹勺。
3. 官田地貳分貳釐叁毫。
4. 夏稅：小麥正耗捌合貳勺。
5. 秋糧：
6. 米正耗壹升玖合伍勺。
7. 黃豆正耗玖合壹勺。

8. 田本圖一則沒官蕩田壹分伍釐貳毫。秋糧：米每畝科正
9. 米壹斗貳升，每斗帶耗柒合，共該
10. 壹升玖合伍勺，係兌佃到本圖劉官
11. 戶下田。
12. 地本圖一則沒官陸地柒釐壹毫，係兌佃到本圖劉官戶下
13. 地。
14. 夏稅：小麥每畝科正麥壹斗捌合，每斗帶耗
15. 柒合，共該捌合貳勺。
16. 秋糧：黃豆每畝科正豆壹斗貳升，每斗帶
17. 耗柒合，共該玖合壹勺。
18. 民田地肆分陸毫。
19. 夏稅：小麥正耗伍合陸勺。

（後缺）

九三 明隆慶陸年（1572）直隸揚州府泰州如皋縣縣市西廂第壹里（圖）賦役黃冊（陳某）

【題解】

此件爲《韻學集成》第七冊卷七第九三葉背，編號爲HV·YXJC[7·Y93]，其上下完整，前後均缺，共存文字二十行，與正面古籍文字成經緯狀。此件爲明代某戶的賦役黃冊，據其中所載男子姓名知，此黃冊的戶頭當係陳某。另，明代賦役黃冊往往會登載攢造之前十年內的人口變化等情況，文中所載『陳實』等人的病故時間從『嘉靖肆拾貳年』（1563）至『隆慶肆年』（1570），而此後的隆慶陸年（1572）爲黃冊的攢造年份，據此可知，此件當係該年攢造的賦役黃冊。此件的文字字形、筆跡等與已知該批黃冊中攢造機構爲直隸揚州府泰州

如皋縣縣市西廂第壹里（圖）的賦役黃冊相似，故推斷，此件亦當屬於該里（圖）的黃冊。另，[HV・YXJCJ7・Y94]亦載有陳姓男子數名，疑此件與之同屬於一戶的黃冊。

【錄文】

（前缺）

1. 瓦房伍間。
2. 草房壹拾壹間。
3. 開除：
4. 人口：正除男、婦貳拾叁口。
5. 男子壹拾柒口：
6. 陳實，於嘉靖肆拾貳年病故。
7. 陳杙，於嘉靖肆拾貳年病故。
8. 陳珠，於嘉靖肆拾叁年病故。
9. 陳杭，於嘉靖肆拾叁年病故。
10. 陳繼受，於嘉靖肆拾肆年病故。
11. 陳化，於嘉靖肆拾肆年病故。
12. 陳轍，於嘉靖肆拾伍年病故。
13. 陳簡，於嘉靖肆拾伍年病故。
14. 陳柱，於隆慶元年病故。
15. 陳訓，於隆慶貳年病故。
16. 陳穆，於隆慶貳年病故。
17. 陳佐，於隆慶叁年病故。
18. 陳轓，於隆慶叁年病故。

19. 陳叁郎，於隆慶肆年病故。
20. 陳笈，於隆慶肆年病故。

（後缺）

九四 明隆慶陸年（1572）直隸揚州府泰州如皋縣縣市西廂第壹里（圖）賦役黃冊（陳某）

【題解】

此件為《韻學集成》第七冊卷七第九四葉背，編號為 HV·YXJCJ7·Y94，其上下完整，前後均缺，共存文字二十行，與正面古籍文字成經緯狀。此件為明代某戶的賦役黃冊，據其中所載男子姓名知，此黃冊的戶頭當係陳某。另，此件的文字字形、筆跡等與該批紙背文獻中隆慶陸年（1572）攢造的直隸揚州府泰州如皋縣縣市西廂第壹里（圖）賦役黃冊相似，故推斷，此件亦當屬於該里（圖）的黃冊。另，HV·YXJCJ7·Y93 亦載有陳姓男子數名，疑此件與之同屬於一戶的黃冊。

【錄文】

（前缺）

1. 陳詿。
2. 陳憛。
3. 陳譽。
4. 陳憍。
5. 陳天積。
6. 陳咏。
7. 陳樓。

8. 陳慎。
9. 陳筆。
10. 陳□。
11. 陳堦。
12. 陳蕐。
13. 陳證。
14. 陳惟登。
15. 陳範。
16. 陳翹。
17. 陳笛。
18. 陳竹。
19. 陳笠。
20. 陳惟禛。

（後缺）

九五 明隆慶陸年（1572）直隸揚州府泰州如皋縣縣市西廂第壹里（圖）賦役黄冊

【題解】

此件爲《韻學集成》第七册卷七第九五葉背，編號爲 HV·YXJC[]7·Y95"，其上下完整，前後均缺，共存文字二十行，與正面古籍文字成經緯狀。此件爲明代某户的賦役黄册。另，此件的文字字形、筆跡等與該批紙背文獻中隆慶陸年（1572）攢造的直隸揚州府泰州如皋縣縣市西廂第壹里（圖）賦役黄册相似，故推斷，此件亦當屬於該里（圖）的黄册。

【錄文】

（前缺）

1. 夏稅：小麥正耗□升柒合捌勺。
2. 秋糧：
3. 米正耗壹斗捌升伍合貳勺。
4. 黃豆正耗捌升陸合肆勺。
5. 田本圖一則沒官蕩田壹畝肆分肆釐貳毫。秋糧：米每畝科正米壹斗貳升，每斗帶耗柒合，共該壹斗捌升伍合貳勺，係兌佃到叁都叁圖仲錢等户下田。
6. 地本圖一則沒官陸地陸分柒釐叁毫。
7. 夏稅：小麥每畝科正麥壹斗捌合，每斗帶耗柒合，共該柒升柒合捌勺。
8. 秋糧：黃豆每畝科正豆壹斗貳升，每斗帶耗柒合，共該捌升陸合肆勺。
9. 民田貳畝捌分肆釐肆毫。
10. 夏稅：小麥正耗壹合肆勺。
11. 秋糧：
12. 米正耗柒升叁合柒勺。
13. 黃豆正耗捌合伍勺。
14. 田本圖一則蕩田壹畝叁分柒釐柒毫。秋糧：米每畝科正米伍升，每斗帶耗柒合，共該柒升叁合柒勺，係買到叁都叁圖仲錢等户下田。

九六 明隆慶陸年（1572）直隸揚州府泰州如皋縣縣市西廂第壹里（圖）賦役黃冊

【題解】

此件爲《韻學集成》第七冊卷七第九六葉背，編號爲HV・YXJCJ7・Y96］，其上下完整，前後均缺，共存文字二一行，與正面古籍文字成經緯狀。此件爲明代某户的賦役黃册。另，此件的文字字形、筆跡等與該批紙背文獻中隆慶陸年（1572）攢造的直隸揚州府泰州如皋縣縣市西廂第壹里（圖）賦役黃册相似，故推斷，此件亦當屬於該里（圖）的黃册。

【錄文】

（前缺）

1. ▢伍畝壹分伍釐捌毫。
2. 夏税：小麥正耗貳石叁斗伍合伍勺。
3. 秋糧：
4. 米正耗肆石陸斗伍升叁合。
5. 黃豆正耗叁石捌斗貳升壹合貳勺。
6. 官田地叁拾捌畝貳釐柒毫。
7. 夏税：小麥正耗壹石叁斗玖升捌合玖勺。
8. 秋糧：
9. 米正耗叁石貳升捌合貳勺。
10. 黃豆正耗壹石伍斗伍升肆合肆勺。
11. 田貳拾伍畝玖分貳釐壹毫。秋糧：米正耗叁石叁斗貳升捌合貳勺。

（後缺）

九七 明隆慶陸年（1572）直隸揚州府泰州如皋縣縣市西廂第壹里（圖）賦役黃冊之一

【題解】

此件爲《韻學集成》第七冊卷七第九七葉背，編號爲 HV·YXJC[]7·Y97]，其上下完整，前後均缺，共存文字二十行，與正面古籍文字成經緯狀。此件爲明代某戶的賦役黃冊。另，此件的文字字形、筆跡等與該批紙背文獻中隆慶陸年（1572）攢造的直隸揚州府泰州如皋縣縣市西廂第壹里（圖）賦役黃冊相似，故推斷，此件亦當屬於該里（圖）的黃冊。另，按 HV·YXJC[]7·Y98]之民田地數與此件之官田地數之和等於此件之官民田地數，據之推斷，此件與 HV·YXJC[]7·Y98]當屬於同一户的黃冊，可以綴合，綴合後此件在前。

【錄文】

（前缺）

12. 地壹拾貳畝壹分陸毫。
夏稅：小麥正耗壹石叁斗玖升捌合玖勺。
13.
14. 秋糧：黃豆正耗壹石伍斗伍升肆合玖勺。
15. 民田地陸拾柒畝壹分叁釐壹毫。
夏稅：小麥玖斗陸合陸勺。
16.
17. 秋糧：
米正耗壹石叁斗貳升肆合捌勺。
18.
19. 黃豆正耗貳石貳斗陸升陸合捌勺。
20. 田貳拾肆畝柒分陸釐貳毫。秋糧：米正耗壹石叁斗貳升肆合捌勺。
21. 地肆拾貳畝叁分□釐

（後缺）

1. 實在：
2. 　一則民桑壹株。夏稅：絲每株科絲壹兩，共該壹兩，兌佃到叁都叁圖仲錢等戶下桑。
3. 　　秋糧：黃豆每畝科正豆伍升，每斗帶耗柒合，共該柒升捌合伍勺。
4. 人口：貳口。
5. 　男子成丁壹口：
6. 　　本身年陸拾伍歲。
7. 　婦女大壹口：
8. 　　妻徐氏年陸拾壹歲。
9. 事產：
10. 　官民田地壹頃壹拾畝壹分壹釐柒毫。　桑壹株。
11. 　夏稅：
12. 　　小麥正耗貳石肆斗壹合柒勺。
13. 　　絲壹兩。
14. 　秋糧：
15. 　　米正耗肆石玖斗壹升壹合玖勺。
16. 　　黃豆正耗叁石玖斗捌升陸合壹勺。
17. 　官田地肆拾畝壹分肆釐貳毫。
18. 　夏稅：小麥正耗壹石肆斗柒升陸合柒勺。
19. 　秋糧：
20. 　　米正耗叁石伍斗壹升叁合肆勺。

（後缺）

九八 明隆慶陸年（1572）直隸揚州府泰州如皋縣縣市西廂第壹里（圖）賦役黃冊之二

【題解】

此件爲《韻學集成》第七冊卷七第九八葉背，編號爲HV·YXJCJ7·Y98]，其上下完整，前後均缺，共存文字二十行，與正面古籍文字成經緯狀。此件爲明代某戶的賦役黃冊。另，按HV·YXJCJ7·Y97]之官田地數與此件之民田地數之和等於HV·YXJCJ7·Y97]之官民田地數，據之推斷，此件與HV·YXJCJ7·Y97]當屬於同一戶的黃冊，可以綴合，綴合後此件在後。今據HV·YXJCJ7·Y97]擬現題。

【錄文】

（前缺）

1. 民田地陸拾玖畝玖分柒釐伍毫。
2. 夏稅：小麥正耗玖斗叁升捌合。
3. 秋糧：
4. 米正耗壹石叁斗玖升捌合伍勺。
5. 黃豆正耗貳石叁斗肆升伍合叁勺。
6. 田本圖一則蕩田貳拾陸畝壹分叁釐玖毫。秋糧：米每畝科正
7. 米壹斗貳升，每斗帶耗柒合，共該壹
8. 石叁斗玖升捌合伍勺。
9. 正米壹石叁斗柒合。
10. 耗米玖升壹合伍勺。
11. 地本圖一則陸地肆拾叁畝捌分叁釐陸毫。
12. 夏稅：小麥每畝科正麥貳升，每斗帶耗柒合，共該玖

13. 斗叁升捌合。
14. 正麥捌斗柒升陸合柒勺。
15. 耗麥陸升壹合叁勺。
16. 秋糧：黃豆每畝科正豆伍升，每斗帶耗柒合，叁斗肆升伍合叁勺。
17. 正豆貳石壹斗玖升壹合捌勺。
18. 耗豆壹斗伍升叁合伍勺。
19.
20. 桑本圖一則民桑壹株。夏稅：絲每株科絲壹兩，共該壹兩。

（後缺）

本冊爲總第八冊，共八四葉，其中八三葉爲公文紙本文獻，第七十葉爲後補，紙張不同，背面無文字。

第八冊

一 明隆慶陸年（1572）直隸揚州府泰興縣順得鄉貳拾壹都第拾伍里（圖）賦役黃冊

【題解】

此件爲《韻學集成》第八冊卷八第一葉背，編號爲 HV·YXJC[8·Y1]，其上下完整，前後均缺，共存文字二二行，與正面古籍文字成經緯狀。此件爲明代某户的賦役黃册。另，此件的文字字形、筆跡等與該批紙背文獻中隆慶陸年（1572）攢造的直隸揚州府泰興縣順得鄉貳拾壹都第拾伍里（圖）賦役黃冊相似，故推斷，此件亦當屬於該里（圖）的黃冊。

【錄文】

（前缺）

1. 田貳畝伍分。
2. 　　夏税：小麥正耗捌升叁勺。
3. 　　秋粮：米正耗壹斗叁升叁合柒勺。
4. 地叁畝貳分肆釐。
5. 　　夏税：小麥正耗壹斗貳合叁勺。
6. 　　秋粮：黃豆正耗壹斗柒升叁合貳勺。
7. 民草房叁間。

哈佛藏《韻學集成》《直音篇》紙背明代文獻釋錄　卷二

8.　　　民黃牛壹隻。
9. 口在：
10.　　　人口：捌口。
11.　　　　　男子不成丁伍口：
12.　　　　　　本身年玖拾叁歲。
13.　　　　　　姪兔兒年捌拾伍歲。
14.　　　　　　觀音保年陸拾柒歲。
15.　　　　　婦女大叁口：
16.　　　　　　嫂楊氏年壹百壹拾伍歲。
17.　　　　　　姪婦李氏年捌拾伍歲。
18.　　　　　　姪室関年柒拾玖歲。
19.　　　　　　男朵子年捌拾玖歲①
20.　　　　　　妻徐氏年壹百伍歲。
21.　　　　　已上人口俱於先年間迯走去訖，
　　　　　　　前冊失於聲說，今冊亦據該圖
　　　　　　　里老遞年景新等官結稱，本
　　　　　　　戶委係迯移在外，亡故不知，人
　　　　　　　亡難以開除，又無新收人口接補，
22.　　　　　從實依前填寫遺下官民田地。

（後缺）

① 此人為戶主之子，其年歲與「本身」僅差四歲，故知其不確。

二 明隆慶陸年（1572）直隸揚州府泰州如皋縣縣市西廂第壹圖賦役黃冊（竈戶某等）

【題解】

此件爲《韻學集成》第八册卷八第二葉背，編號爲 HV·YXJC[]8·Y2]，其上殘下完，前後均缺，共存文字二十行，與正面古籍文字成經緯狀。此件爲明代兩户的賦役黃冊，其中第一至八行係一户，第九至二十行係直隸揚州府泰州如皋縣縣市西廂第壹圖竈户某的黃冊。另，明代賦役黃冊在攢造之時需對下一輪十年内各户充任里長、甲首情況等做出預先安排，第九行所載竈户某充甲首的時間爲「萬曆玖年」（1581），而此前的係隆慶陸年（1572）是黃冊的攢造年份，據此推斷，此件當係該年攢造的黃冊。今據第二户黃冊擬現題。

【録文】

（前缺）

1. 正麥肆斗叁升柒合柒勺。
2. 耗麥叁升陸勺。
3. 秋糧：黃豆每畝科正豆伍升，每斗帶耗柒合，共
4. 該壹石壹斗玖升肆合貳勺。
5. 正豆壹石玖升肆合貳勺。
6. 耗豆柒升陸合陸勺。
7. 房屋：民草房叁間。
8. 頭匹：黃牛壹隻。
9. ▯係直隸揚州府泰州如皋縣縣市西廂第壹圖竈户，充萬曆玖年甲首。
10. 舊管：
11. 人丁：計家男、婦貳口。
12. 男子壹口。

三 明隆慶陸年（1572）直隸揚州府泰州如皋縣縣市西廂第壹里（圖）賦役黃冊

【題解】

此件爲《韻學集成》第八冊卷八第三葉背，編號爲 HV·YXJC[]8·Y3]，其上下完整，前後均缺，共存文字二十行，與正面古籍文字成經緯狀。此件爲明代某户的賦役黃冊。另，此件的文字字形、筆跡等與該批紙背文獻中隆慶陸年（1572）攢造的直隸揚州府泰州如皋縣縣市西廂第壹里（圖）賦役黃冊相似，故推斷，此件亦當屬於該里（圖）的黃冊。

【錄文】

（前缺）

1. 柒合，共該貳升壹合捌勺，係兑佃到
2. 陸都陸圖時信户下田。
3. 一本圖一則沒官蕩田貳畝玖分玖釐捌毫。秋糧：米

13.　婦女壹口。

14.　事產：

15.　官民田地貳頃壹拾伍畝玖分□釐貳毫。

16.　夏稅：小麥正耗肆石柒斗叁升叁合陸勺。

17.　秋糧：

18.　米正耗玖石叁斗柒升陸合貳勺。

19.　黃豆正耗柒石玖斗壹升捌合肆勺。

20.　官田地柒拾壹畝陸分叁釐柒毫。

（後缺）

4. 每畝科正米壹斗貳升，每斗帶耗柒合，共該叁斗捌升肆合玖勺，係
5. 兌佃拾伍都肆圖任積戶下田。
6. 一本圖一則沒官蕩田柒分叁釐肆毫。
7. 科正米壹斗貳升，每斗帶耗柒合，
8. 共該玖升肆合貳勺，係兌佃到
9. 到①拾柒都貳圖顧寵戶下田。
10. 一本圖一則沒官蕩田柒分柒釐捌毫。秋糧：米每
11. 畝科正米壹斗貳升，每斗帶耗柒
12. 合，共該玖升玖合玖勺，係兌佃到
13. 本圖吉朋戶下田。
14. 一本圖一則沒官蕩田壹畝壹分貳釐柒毫。秋糧：
15. 米每畝科正米壹斗貳升，每斗
16. 帶耗柒合，共該壹斗肆升肆合
17. 柒勺，係兌佃到貳拾壹都貳圖
18. 張□戶下田。
19. 一本圖一則沒官蕩田壹分玖釐叁毫。秋糧：米
20. （後缺）

① 「到」據文義係衍文，當刪。

四　明隆慶陸年（1572）直隸揚州府泰州如皋縣縣市西廂第壹里（圖）賦役黃冊

【題解】

此件爲《韻學集成》第八册卷八第四葉背，編號爲HY·YX[C]8·Y4]，其上下完整，前後均缺，共存文字十九行，文中載有土地的「兌佃」時成經緯狀。此件爲明代某户的賦役黃册。另，明代賦役黃册往往會登載攢造之前十年內的田畝變化等情況，與正面古籍文字間「隆慶貳年」（1568）「嘉靖肆拾肆年」（1565）「隆慶叁年」（1569）等，而此後的隆慶陸年（1572）爲黃册的攢造年份，據此可知，此件當係該年攢造的賦役黃册。此件的文字字形、筆跡等與已知該批黃册中攢造機構爲直隸揚州府泰州如皋縣縣市西廂第壹里（圖）的賦役黃册相似，故推斷，此件亦當屬於該里（圖）的黃册。

【錄文】

（前缺）

1. 釐囗毫。秋糧：米每畝科正米
2. 壹斗貳升，每斗帶耗柒合，共該伍升玖合
3. 伍勺，於隆慶貳年係兌佃與貳拾壹都
4. 壹圖曹景承種。
5. 一本圖一則沒官蕩田貳畝壹分柒釐貳毫。秋糧：米每畝
6. 科正米壹斗貳升，每斗帶耗柒合，共該
7. 貳斗柒升伍合捌勺，於隆慶貳年係兌
8. 佃與拾柒都貳圖虞俊承種。
9. 一本圖一則沒官蕩田貳分柒釐伍毫。秋糧：米每畝科正
10. 米壹斗貳升，每斗帶耗柒合，共該叁升
11. 伍合貳勺，於嘉靖肆拾肆年係兌佃與

五 明隆慶陸年（1572）直隸揚州府泰州如皋縣縣市西廂第壹里（圖）賦役黃冊（陳南子）

【題解】

此件爲《韻學集成》第八冊卷八第五葉背，編號爲HV·YX]C[]8·Y5]，其上下完整，前後均缺，共存文字二一行，與正面古籍文字成經緯狀。此件爲明代某户的賦役黃冊，據第18行所載男子姓名知，陳南子係該户唯一實在男子，故推斷陳南子有可能爲此黃冊的户頭，今暫據之擬現題。另，明代賦役黃冊往往會登載攢造之前十年內的田畝變化等情況，文中載有土地的「出賣」時間『嘉靖肆拾肆年』(1565)，而此後的隆慶陸年（1572）爲黃冊的攢造年份，據此可知，此件當係該年攢造的賦役黃冊。此件的文字字形、筆跡等與已知該批黃冊中攢造機構爲直隸揚州府泰州如皋縣縣市西廂第壹里（圖）的賦役黃冊相似，故推斷，此件亦當屬於該里（圖）的黃冊。

【錄文】

（前缺）

1. 割與拾柒都叁圖孫葛承種。

12. 貳拾壹都壹圖蔣留保承種。

13.

14. 一本圖一則沒官蕩田貳分叁釐叁毫。秋糧：米每畝科

15. 正米壹斗貳升，每斗帶耗柒合，共該

16. 貳升玖合玖勺，於隆慶叁年係兌佃

17. 與貳拾都叁圖蔡成承種。

18.

19. 一本圖一則沒官蕩田捌分叁釐捌毫。秋粮：米每畝科正

米壹斗貳升，每斗帶耗柒合，共該壹斗

柒合陸勺，於嘉靖肆拾伍年係兌佃與

（後缺）

第八冊　二六五

2. 地本圖一則沒官陸地叁畝肆分肆釐柒毫，兌佃過割與拾柒都叁圖孫葛承種。
3. 　　夏稅：小麥每畝科正麥壹斗捌合，每斗帶耗柒合，共該叁斗玖升捌合叁勺。
4. 　　秋糧：黃豆每畝科正豆壹斗貳升，每斗帶耗柒合，共該肆斗肆升貳合陸勺。
5. 民田壹拾畝陸分捌釐叁毫。
6. 　　夏稅：小麥正耗貳斗柒升叁勺。
7. 　　秋糧：
8. 　　　　米正耗玖斗柒升柒合貳勺。
9. 　　　　黃豆正耗陸斗柒升伍合捌勺。
10. 田本圖一則蕩田柒畝伍釐壹毫。秋粮：米每畝科正米伍升，每斗帶耗柒合，共該叁斗柒升柒合貳勺，於嘉靖肆拾肆年肆月內出賣與拾柒都叁圖孫葛為業。
11.
12. 地本圖一則陸地壹拾貳畝陸分叁釐貳毫，出賣與拾柒都叁圖
13. 　　夏稅：小麥每畝科正麥貳升，每斗帶耗柒合，共該貳斗柒升叁勺。
14. 　　秋糧：黃豆每畝科正豆伍升，每斗帶耗柒合，共該陸斗柒升伍合捌勺。
15.
16. 實在⋯
17. 　人口：男、婦貳口。
18. 　　男子成丁壹丁：　陳南子年肆拾歲。
19. 　　婦女大壹口：　程氏年叁拾捌歲。
20. 　事產⋯
21. 　　官民田地貳拾

（後缺）

六 明隆慶陸年（1572）直隸揚州府泰州如皋縣縣市西廂第壹里（圖）賦役黃冊（郜某）

【題解】

此件爲《韻學集成》第八冊卷八第六葉背，編號爲 HV·YX]C[]8·Y6]，其上下完整，前後均缺，共存文字二十行，與正面古籍文字成經緯狀。此件爲明代某戶的賦役黃冊，據其中所載男子姓名知，此黃冊的戶頭當係郜某。另，明代賦役黃冊往往會登載攢造之前十年內的人口變化等情況，文中所載『本身』等人的病故時間從『嘉靖肆拾叁年』（1564）至『隆慶叁年』（1569），而此後的隆慶陸年（1572）爲黃冊的攢造年份，據此可知，此件當係該年攢造的賦役黃冊。此件的文字字形、筆跡等與已知該批黃冊中攢造機構爲直隸揚州府泰州如皋縣縣市西廂第壹里（圖）的賦役黃冊相似，故推斷，此件亦當屬於該里（圖）的黃冊。

【錄文】

（前缺）

1. 開除：
2. 人口：正除男、婦肆口。
3. 　　　男子叁口：
4. 　　　　本身，於嘉靖肆拾叁年病故。
5. 　　　　郜賀，於隆慶叁年病故。
6. 　　　　郜寵，於隆慶貳年病故。
7. 　　　婦女壹口：
8. 　　　　韓氏，於嘉靖肆拾伍年病故。
9. 事產：
10. 　　官民田地轉除田地玖拾貳畝貳分捌釐貳毫。
11. 　　夏稅：小麥正耗柒斗柒合伍勺。

12. 秋糧：
13. 　　米正耗壹石肆斗壹合柒勺。
14. 　　黃豆正耗壹石壹斗捌升叁合肆勺。
15. 官田地壹拾壹畝肆分伍釐陸毫。
16. 夏稅：小麥正耗肆斗貳升壹合伍勺。
17. 秋糧：
18. 　　米正耗壹石貳合陸勺。
19. 　　黃豆正耗肆斗陸升捌合叁勺。
20. □畝捌分玖毫。秋糧：米正每畝科正米壹

（後缺）

七 明隆慶陸年（1572）直隸揚州府泰州如皋縣縣市西廂第壹里（圖）賦役黃冊

【題解】

此件爲《韻學集成》第八冊卷八第7葉背，編號爲HV·YXJC[]8·Y7]，其上下完整，前後均缺，共存文字二一行，與正面古籍文字成經緯狀。此件爲明代某戶的賦役黃冊。另，此件的文字字形、筆跡等與該批紙背文獻中隆慶陸年（1572）攢造的直隸揚州府泰州如皋縣縣市西廂第壹里（圖）賦役黃冊相似，故推斷，此件亦當屬於該里（圖）的黃冊。

【錄文】

（前缺）

1. 　　　　　　　共該陸升壹合壹勺。①

① 此黃豆之數與下文正豆、耗豆數不合。

2. 正豆伍升柒合壹勺。
3. 耗豆肆合壹勺。
4. 民田地貳畝柒分壹釐肆毫。
5. 夏稅：小麥正耗叁升壹合叁勺。
6. 秋糧：
7. 米正耗伍升貳合。
8. 黃豆正耗玖升叁合貳勺。
9. 田本圖一則蕩田玖分柒釐貳毫。秋糧：米每畝科正米伍升，
10. 每斗帶耗柒合，
11. 正米肆升捌合陸勺。
12. 耗米叁合肆勺。
13. 地本圖一則陸地壹畝柒分肆釐貳毫。
14. 夏稅：小麥每畝科正麥貳升，每斗帶耗柒合，共□
15. 叁升壹合叁勺。
16. 正麥叁升肆合捌勺。
17. 耗麥貳合叁勺。
18. 秋糧：黃豆每畝科正豆伍升，每斗帶耗柒合，共該□
19. 升叁合貳勺。
20. 正豆捌升柒合壹勺。
21. 耗豆陸合壹勺。

（後缺）

八 明隆慶陸年（1572）直隸揚州府泰州如皋縣縣市西廂第壹里（圖）賦役黃冊

【題解】

此件爲《韻學集成》第八冊卷八第八葉背，編號爲 HV·YX]C[]8·Y8]，其上下完整，前後均缺，共存文字二十行，與正面古籍文字成經緯狀。此件爲明代某戶的賦役黃冊。另，此件的文字字形、筆跡等與該批紙背文獻中隆慶陸年（1572）攢造的直隸揚州府泰州如皋縣縣市西廂第壹里（圖）賦役黃冊相似，故推斷，此件亦當屬於該里（圖）的黃冊。

【錄文】

（前缺）

1. 人丁：計家男、婦壹①口。
2. 　　　男子貳口。
3. 　　　婦女壹口。
4. 事產：
5. 　　　官民田地柒釐陸毫。
6. 　　　夏稅：小麥正耗壹合柒勺。
7. 　　　秋粮：
8. 　　　　　米正耗叁合叁勺。
9. 　　　　　黃豆正耗叁合肆勺。
10. 　　　官田地貳釐柒毫。
11. 　　　夏稅：小麥正耗壹合。
12. 　　　秋粮：

① 「壹」據下文當係「叁」之誤。

九 明隆慶陸年（1572）直隸揚州府泰州如皋縣縣市西廂第壹里（圖）賦役黃冊

【題解】

此件爲《韻學集成》第八冊卷八第九葉背，編號爲［HV·YX］C［］8·Y9］，其上下完整，前後均缺，共存文字二十行，與正面古籍文字成經緯狀。此件爲明代某户的賦役黃冊。另，明代賦役黃冊往往會登載攢造之前十年内的田畝變化等情况，文中載有土地的「兑佃」时間「隆慶貳年」（1568）、「嘉靖肆拾肆年」（1565），而此後的隆慶陸年（1572）爲黃冊的攢造年份，據此可知，此件當係該年攢造的賦役黃冊。此件的文字字形、筆跡等與已知該批黃冊中攢造機構爲直隸揚州府泰州如皋縣縣市西廂第壹里（圖）的賦役黃冊相似，故推斷，此件亦當屬於該里（圖）的黃冊。

【錄文】

1. （前缺）

米正耗陸石肆斗貳升玖合肆勺。

13. 米正耗貳合肆勺。

14. 黃豆正耗壹合肆勺。

15. 田壹釐捌毫。秋粮：米正耗貳合肆勺。

16. 地玖毫。

17. 夏稅：小麥正耗壹合。

18. 秋粮：黃豆正耗壹合壹勺。

19. 民田地肆釐玖毫。

20. 夏稅：小麥正耗柒勺。

（後缺）

2. 黃豆正耗伍石叁斗柒升叁合叁勺。

3. 官田地伍拾貳畝伍分肆釐柒毫。

4. 夏稅：小麥正耗壹石玖斗叁升貳合玖勺。

5. 秋糧：

6. 米正耗肆石伍斗玖升捌合玖勺。

7. 黃豆正耗貳石壹斗肆升柒合叁勺。

8. 田叁拾伍畝捌分壹釐柒毫。秋糧：米正耗肆石伍斗玖升捌合玖

9. 勺。

10. 一本圖一則沒官蕩田叁畝陸分叁釐伍毫。秋糧：米每畝

11. 科正米壹斗貳升，每斗帶耗柒合，共該

12. 肆斗陸升陸合柒勺，於隆慶貳年拾月

13. 係兌佃與捌都壹圖沈喜保承種。

14. 一本圖一則沒官蕩田伍分叁釐伍毫。秋糧：米每畝科正

15. 米壹斗貳升，每斗帶耗柒合，共該陸升

16. 捌合柒勺，於隆慶貳年係兌佃與貳拾

17. 壹都貳圖張愷承種。

18. 一本圖一則沒官蕩田叁釐柒毫。秋糧：米每畝科正米

19. 貳升，每斗帶耗柒合，共該肆合柒勺，於嘉

20. 靖肆拾肆年係兌佃與拾貳都貳圖蘇恩承

（後缺）

一〇 明隆慶陸年（1572）直隸揚州府泰州如皋縣縣市西廂第壹里（圖）賦役黃冊

【題解】

此件爲《韻學集成》第八冊卷八第十葉背，編號爲 HV·YX|CJ8·Y10］，其上下完整，前後均缺，共存文字十九行，與正面古籍文字成經緯狀。此件爲明代某戶的賦役黃冊。另，此件的文字字形、筆跡等與該批紙背文獻中隆慶陸年（1572）攢造的直隸揚州府泰州如皋縣縣市西廂第壹里（圖）賦役黃冊相似，故推斷，此件亦當屬於該里（圖）的黃冊。

【錄文】

（前缺）

1. 廂邵鎮戶下田。
2. 一本圖一則沒官蕩田貳釐肆毫。秋糧：米每畝
3. 　科正米壹斗貳升，每斗帶耗
4. 　柒合，共該叁合壹勺，係兌佃到
5. 　貳拾壹都貳圖韓冒戶下田。
6. 一本圖一則沒官蕩田貳畝陸分壹釐伍毫。秋糧：
7. 　米每畝科正米壹斗貳升，每斗
8. 　帶耗柒合，共該叁斗叁升伍合
9. 　捌勺，係兌拾肆都壹圖葛顏戶下
10. 田。
11. 一本圖一則沒官蕩田壹畝柒分肆釐貳毫。秋糧：
12. 　米每畝科正米壹斗貳升，每斗
13. 　帶耗柒合，共該貳斗肆升伍合

一一 明隆慶陸年（1572）直隸揚州府泰州如皋縣縣市西廂第壹里（圖）賦役黃冊（王某）

【題解】

此件爲《韻學集成》第八冊卷八第十一葉背，編號爲 HV·YXJCJ8·Y11］，其上下完整，前後均缺，共存文字十八行，與正面古籍文字成經緯狀。此件爲明代某戶的賦役黃冊，據其中所載男子姓名知，此黃冊的戶頭當係王某。另，明代賦役黃冊往往會登載攢造之前十年內的田畝變化等情況，文中載有土地的「出賣」時間「嘉靖肆拾伍年」（1566），而此後的隆慶陸年（1572）爲黃冊的攢造年份，據此可知，此件當係該年攢造的賦役黃冊。此件的文字字形、筆跡等與已知該批黃冊中攢造機構爲直隸揚州府泰州如皋縣縣市西廂第壹里（圖）的賦役黃冊相似，故推斷，此件亦當屬於該里（圖）的黃冊。另，據第十四、十五行可知，此件後缺者當係「新收」的「事產」部分，而與此件相連的 HV·YXJCJ8·Y12］起首所載者正係「事產」，且明確載明爲「轉收田地」，故據之推斷，此兩件很可能屬於同一戶的黃冊。

【錄文】

（前缺）

1. 秋糧：

（後缺）

14. 壹勺，係兌佃貳拾都叁圖鮑週

15. 戶下田。

16. 一本圖一則沒官蕩田貳分肆釐肆毫。秋糧：米每

17. 畝科正米壹斗貳升，每斗帶耗

18. 柒合，共該叁升壹合叁勺，係兌

19. 拾貳都貳圖張閏戶下田。

2. 米正耗伍斗貳升伍合壹勺。
3. 黃豆正耗玖斗叁升捌合。
4. 田本圖一則蕩田玖畝柒分捌釐伍毫。秋糧：米每畝科正米伍升，每斗帶耗柒合，共該伍斗貳升伍合壹勺，於嘉靖肆拾伍年拾月內出賣與貳拾壹都貳圖陳鳶承種。
5.
6.
7.
8. 地本圖一則陸地壹拾柒畝伍分叁釐貳毫，出賣與貳拾壹都貳圖陳鳶承種。
9.
10. 夏稅：小麥每畝科正麥貳升，每斗帶耗柒合，共該叁斗柒升伍合貳勺。
11.
12. 秋糧：黃豆每畝科正豆伍升，每斗帶耗柒合，共該玖斗叁升捌合。
13.
14. □收：
15. 人口：男子肆口。
16. 王尿兒，係本戶原先漏報。
17. 王浙，係本戶原先漏報。
18. 王留兒，係本戶原先漏報。

（後缺）

一二 明隆慶陸年（1572）直隸揚州府泰州如皋縣縣市西廂第壹里（圖）賦役黃冊

【題解】

此件爲《韻學集成》第八冊卷八第十二葉背，編號爲HV·YXJC[]8·Y12]，其上下完整，前後均缺，共存文字二十行，與正面古籍文字成經緯狀。此件爲明代某户的賦役黃冊。另，此件的文字字形、筆跡等與該批紙背文獻中隆慶陸年（1572）攢造的直隸揚州府泰州如皋縣縣市西廂第壹里（圖）賦役黃冊相似，故推斷，此件亦當屬於該里（圖）的黃冊。此件與HV·YXJC[]8·Y11]前後相連，內容相關，疑屬於同一户的黃册。

【錄文】

（前缺）

1. 事產：
2. 　　官民田地轉收田地陸拾畝貳分陸釐陸毫。
3. 　　夏稅：小麥正耗壹石叁斗貳升柒勺。
4. 　　秋糧：
5. 　　　　米正耗貳石陸斗壹升陸合玖勺。
6. 　　　　黃豆正耗貳石貳斗玖合壹勺。
7. 　　官田地貳拾壹畝叁分捌釐陸毫。
8. 　　夏稅：小麥正耗柒斗捌升陸合柒勺。
9. 　　秋糧：
10. 　　　　米正耗壹石捌斗柒升壹合捌勺。
11. 　　　　黃豆正耗捌斗柒升肆合壹勺。

12. 田壹拾肆畝伍分柒釐捌毫。秋糧：米①壹石捌斗柒升壹合捌
13. 勺。
14. 一本圖一則沒官蕩田捌分伍釐
15. 壹斗貳升，每斗帶耗科柒合，共該壹
16. 斗玖合壹勺，係兌到本圖劉秩戶下
17. 田。
18. 一本圖一則沒官蕩田壹畝陸分貳毫。秋糧：米每畝科
19. 正米壹斗貳升，每斗帶耗柒合，共該
20. 貳斗伍合柒勺，係兌到北廂戴金弟

（後缺）

一三 明隆慶陸年（1572）直隸揚州府泰州如皋縣縣市西廂第壹里賦役黃冊（竈戶某等）

【題解】

此件爲《韻學集成》第八冊卷八第十三葉背，編號爲HV·YXJCJ8·Y13」，其上殘下完，前後均缺，共存文字二一行，與正面古籍文字成經緯狀。此件爲明代兩戶的賦役黃冊，其中第一至十八行係一戶，第十九至二一行係直隸揚州府泰州如皋縣縣市西廂第壹里龜戶某之黃冊。另，該批紙背文獻中已知攢造時間的直隸揚州府泰州如皋縣縣市西廂第壹圖賦役黃冊攢造於隆慶陸年（1572），故可知此件亦當係該年攢造的黃冊。今據第二戶黃冊擬現題。

① 「米」，按文例，該字後漏「正耗」二字。

第八冊　二七七

哈佛藏《韻學集成》《直音篇》紙背明代文獻釋錄 卷二

【錄文】

（前缺）

1. 秋粮：
2. 　　米正耗陸斗玖升貳合柒勺。
3. 　　黃豆正耗壹石貳斗肆升肆合伍勺。
4. 田本圖一則蕩田壹拾貳畝玖分肆釐伍毫。秋粮：米每畝科
5. 　　正米伍升，每斗帶耗柒合，共該
6. 　　升貳合柒勺。
7. 　　正米陸斗肆升柒合伍勺。
8. 　　耗米肆升伍合貳勺。
9. 地本圖一則陸地貳拾叁畝貳分壹毫。
10. 夏稅：小麥每畝科正麥貳升，每斗帶耗柒合，共該
11. 　　麥肆斗玖升陸合伍勺。
12. 　　正麥肆斗陸升肆合。
13. 　　耗麥叁升貳合伍勺。
14. 　　秋粮：黃豆每畝科正豆伍升，每斗帶耗柒合，共該壹
15. 　　石貳斗肆升肆合伍勺。
16. 　　正豆壹石壹斗陸升。
17. 　　耗豆捌升肆合伍勺。
18. 　　房屋：民草房貳間。
19. ▢係直隸揚州府泰州如皋縣市西廂第壹里竈户，原係 安貴 塲竈籍，告投附籍，

① 「麥」據文例，該字係衍文。

一四 明隆慶陸年（1572）直隸揚州府泰州如皋縣縣市西廂第壹里（圖）賦役黃冊（許合）

【題解】

此件爲《韻學集成》第八冊卷八第十四葉背，編號爲 HV·YXJC[J8·Y14]，其上下完整，前後均缺，共存文字二一行，與正面古籍文字成經緯狀。此件爲明代某户的賦役黃冊，據其中『實在』男子姓名推知，此件僅有男子『許合』，故推斷該男子有可能爲此黃冊的户頭，今暫據之擬現題。另，此件的文字字形、筆跡等與該批紙背文獻中隆慶陸年（1572）攢造的直隸揚州府泰州如皋縣縣市西廂第壹里（圖）賦役黃冊相似，故推斷，此件亦當屬於該里（圖）的黃冊。

【錄文】

（前缺）

1. 人口：正收男子壹口。
2. ▢▢▢▢▢▢▢▢許合，係▢▢▢
3. ▢在：
4. 人口：男子成丁壹口。
    許合年貳拾壹歲。
5. 事產：
6. 官民田地肆釐捌毫。
7. 夏稅：小麥正耗壹合壹勺。
8.

20.
21. 籍。

（後缺）

置買田地，納粮不便，今蒙造冊告投附

9. 秋糧：
10. 米正耗貳合壹勺。
11. 黃豆正耗壹合玖勺。
12. 官田地壹釐柒毫。
13. 夏稅：小麥正耗壹合柒勺。
14. 秋糧：
15. 米正耗壹合伍勺。
16. 黃豆正耗柒勺。
17. 田本圖一則沒官蕩田壹釐壹毫。秋糧：米每畝科正米
18. 壹斗貳升，每斗帶耗柒合，共該
19. 壹合伍勺。
20. 正米壹合叁勺。
21. 耗米貳勺。

（後缺）

一五 明隆慶陸年（1572）直隸揚州府泰州如皋縣縣市西廂第壹里（圖）賦役黃冊（軍戶郜某）

【題解】

此件爲《韻學集成》第八冊卷八第十五葉背，編號爲HV·YXJC[]8·Y15]，其上下完整，前後均缺，共存文字十八行，與正面古籍文字成經緯狀。此件爲明代某戶的賦役黃冊，據其中所載男子姓名知，此黃冊的户頭當係郜某，又，據其中『郜毛子』的身世知，該户

當係軍戶。另,明代賦役黃冊在攢造之時需對下一輪十年內各戶充任里長、甲首情況等做出預先安排,第4行所載軍戶郜某充甲首的時間爲『萬曆玖年』(1581),而此前的係隆慶陸年(1572)是黃冊的攢造年份,據此推斷,此件當係該年攢造的黃冊。此件的文字字形、筆跡等與已知該批黃冊中攢造機構爲直隸揚州府泰州如皋縣市西廂第壹里(圖)的賦役黃冊相似,故推斷,此件亦當屬於該里(圖)的黃冊。

【錄文】

（前缺）

1. 叁户丁郜毛子□例解發附近□□
2. 州□□通州守禦千户所百户胡英
3. 總旗發□□收□,於正德拾年鮮部□
4. 補役,充萬曆玖年甲首。
5. 舊管:
6. 人丁:計家男、婦捌口。
7. 男子伍口。
8. 婦女叁口。
9. 事產:
10. 官民田地伍拾肆畝肆分伍釐陸毫。
11. 夏稅:小麥正耗壹石壹斗玖升叁合柒勺。
12. 秋糧:
13. 米正耗貳石叁斗陸升伍合壹勺。
14. 黃豆正耗壹石玖斗玖升陸合陸勺。
15. 官田地壹拾玖畝叁分貳釐捌毫。
16. 夏稅:小麥正耗柒斗壹升壹合壹勺。
17. 秋糧:

18.　米正耗壹石陸斗玖升壹合柒勺。

（後缺）

一六　明隆慶陸年（1572）直隸揚州府泰州如皋縣縣市西廂第壹里（圖）賦役黃冊

【題解】

此件爲《韻學集成》第八冊卷八第十六葉背，編號爲 HV·YXJC[8·Y16]，其上下完整，前後均缺，共存文字十九行，與正面古籍文字成經緯狀。另，此件的文字字形、筆跡等與該批紙背文獻中隆慶陸年（1572）攢造的直隸揚州府泰州如皋縣縣市西廂第壹里（圖）賦役黃冊相似，故推斷，此件亦當屬於該里（圖）的黃冊。

【錄文】

（前缺）

1. 秋糧：黃豆每畝科正豆壹斗貳升，每斗帶耗柒合，共該叁斗玖升肆合貳勺。
2. 正豆叁斗陸升捌合肆勺。
3. 耗豆貳升伍合捌勺。
4. 夏稅：小麥正耗貳斗肆升玖勺。
5. 秋糧：
6. 民田地壹拾柒畝伍分叁釐叁毫。
7. 米正耗叁斗叁升陸合。
8. 黃豆正耗陸斗口合壹勺。
9. 田本圖一則蕩田陸畝貳分捌釐。秋糧：米每畝科正米伍升，每斗帶耗柒合，共該叁斗叁升
10. 陸合。

一七 明隆慶陸年（1572）直隸揚州府泰州如皋縣縣市西廂第壹里（圖）賦役黃冊

【題解】

此件爲《韻學集成》第八冊卷八第十七葉背，編號爲 HV·YXJC[]8·Y17］，其上下完整，前後均缺，共存文字二十行，文中載有土地的『兌佃』文字成經緯狀。此件爲明代某戶的賦役黃冊。另，明代賦役黃冊往往會登載攢造之前十年內的田畝變化等情況，文中載有土地的『兌佃』時間『嘉靖肆拾伍年』（1566），而此後的隆慶陸年（1572）爲黃冊的攢造年份，據此可知，此件當係該年攢造的賦役黃冊。此件的文字字形、筆跡等與已知該批黃冊中攢造機構爲直隸揚州府泰州如皋縣市西廂第壹里（圖）的賦役黃冊相似，故推斷，此件亦當屬於該里（圖）的黃冊。

【錄文】

（前缺）

11. 正米叁斗壹升肆合。
12. 耗米貳升貳合。
13. 地本圖一則陸地壹拾壹畝貳分伍釐叁毫。
14. 夏稅：小麥每畝科正麥貳升，每斗帶耗柒合，共該貳斗肆升玖勺。
15. 正麥貳斗貳升伍合壹勺。
16. 耗麥壹升伍合捌勺。
17. 秋糧：黃豆每畝科正豆伍升，每斗帶耗柒合，共該陸斗貳合壹勺。
18. 正豆伍斗陸升貳合柒勺。
19. 耗豆叁升玖合肆勺。

（後缺）

1. 黃豆正耗叁升伍勺。
2. 官田地貳分玖釐陸毫。
3. 夏稅：小麥正耗壹升玖勺。
4. 秋糧：
5. 米正耗貳升伍合玖勺。
6. 黃豆正耗壹升貳合壹勺。
7. 田本圖一則沒官蕩田貳分貳毫。秋糧：米每畝科正米壹斗貳升，每斗帶耗柒合，於嘉靖肆拾伍年捌月內兌佃過割與拾柒都貳圖劉鸞承種。
8. 地本圖一則沒官陸地玖釐肆毫，兌佃過割與拾柒都貳圖劉鸞承種。
9. 夏稅：小麥每畝科正麥壹斗捌合，每斗帶耗柒合，共該壹升玖勺。
10. 秋糧：黃豆每畝科正豆壹斗貳升，每斗帶耗柒合，共該壹升貳合壹勺。
11. 民田地伍分叁釐柒毫。
12. 夏稅：小麥正耗柒合肆勺。
13. 秋糧：
14. 米正耗壹升叁勺。

（後缺）

一八　明隆慶陸年（1572）直隸揚州府泰州如皋縣縣市西廂第壹里（圖）賦役黃冊

【題解】

此件爲《韻學集成》第八冊卷八第十八葉背，編號爲"HV·YXJC[]8·Y18"，其上下完整，前後均缺，共存文字二十行，與正面古籍文字成經緯狀。此件爲明代某戶的賦役黃冊。另，此件的文字字形、筆跡等與該批紙背文獻中隆慶陸年（1572）攢造的直隸揚州府泰州如皋縣縣市西廂第壹里（圖）賦役黃冊相似，故推斷，此件亦當屬於該里（圖）的黃冊。

【錄文】

（前缺）

1. 耗麥壹合叁勺。
2. 秋糧：黃豆每畝科正豆壹斗貳升，每斗帶耗柒
3. 　　合，共該貳升壹合柒勺。
4. 正豆壹升玖合柒勺。
5. 耗豆壹合玖勺。
6. 民田地叁分玖釐伍毫。
7. 夏稅：小麥正耗壹升貳合捌勺。
8. 秋糧：
9. 　　黃豆正耗叁升貳合壹勺。
10. 　　米正耗壹升柒合玖勺。
11. 田本圖一則蕩田叁分叁釐伍毫。秋糧：米每畝科正米伍升，每斗帶耗柒合，共該壹升柒合玖勺。
12. 　　正米壹升陸合柒勺。

一九 明隆慶陸年（1572）直隸揚州府泰州如皋縣縣市西廂第壹里（圖）賦役黃冊

【題解】

此件爲《韻學集成》第八冊卷八第十九葉背，編號爲 HV·YXJC[]8·Y19]，其上下完整，前後均缺，共存文字二十行，與正面古籍文字成經緯狀。此件爲明代某户的賦役黄冊。另，此件的文字字形、筆跡等與該批紙背文獻中隆慶陸年（1572）攢造的直隸揚州府泰州如皋縣縣市西廂第壹里（圖）賦役黄冊相似，故推斷，此件亦當屬於該里（圖）的黄冊。

【錄文】

（前缺）

1. 地本圖一則陸地伍畝柒分壹釐柒毫，買到叁都壹圖吳文
2. 户下地。
3. 夏稅：小麥每畝科正麥貳升，每斗帶耗柒合，共該
4. 壹斗貳升貳合貳勺。

（後缺）

20. 秋糧：黄豆每畝科正豆伍升，每斗帶耗柒合，共該
19. 耗麥捌勺。
18. 正麥壹升貳合。
17. 壹升貳合捌勺。
16. 夏稅：小麥每畝科正麥貳升，每斗帶耗柒合，共該
15. 地本圖一則陸地陸釐。
14. 耗米壹合貳勺。

5. 秋糧：黃豆每畝科正豆伍升，每斗帶耗柒合，共該叁斗伍合捌勺。
6.
7. 房屋：正收草房壹間，係新起盖。
8. 實在：
9. 人口：男、婦貳口。
10. 　　　男子成丁壹口：
11. 　　　　　本身年叁拾貳歲。
12. 　　　婦女大壹口：
13. 　　　　　妻張氏年貳拾歲。
14. 事產：
15. 　　　官民田地壹拾叁畝捌分柒毫。
16. 　　　夏稅：小麥正耗叁斗貳合陸勺。
17. 　　　秋糧：
18. 　　　　　米正耗伍斗玖升玖合伍勺。
19. 　　　　　黃豆正耗伍斗陸合壹勺。
20. 　　　官田地肆畝玖分。

（後缺）

二〇 明隆慶陸年（1572）直隸揚州府泰州如皋縣縣市西廂第壹里（圖）賦役黃冊

【題解】

此件爲《韻學集成》第八冊卷八第二十葉背，編號爲HV·YXJCJ8·Y20］，其上下完整，前後均缺，共存文字二一行，與正面古籍文字成經緯狀。此件爲明代某戶的賦役黃冊。另，此件的文字字形、筆跡等與該批紙背文獻中隆慶陸年（1572）攢造的直隸揚州府泰州如皋縣縣市西廂第壹里（圖）賦役黃冊相似，故推斷，此件亦當屬於該里（圖）的黃冊。

【錄文】

（前缺）

1. ▯叁勺。
2. 田本圖一則沒官蕩田叄畝叄分肆釐。秋粮：米每畝科正米
3. 　壹斗貳升，每斗帶耗柒合，共該肆斗
4. 　貳升捌合捌勺。
5. 　正米肆斗捌勺。
6. 　耗米貳升捌合。
7. 地本圖一則沒官陸地壹畝伍分陸釐。
8. 夏稅：小麥每畝科正麥壹斗捌合，每斗帶耗柒合，
9. 　共該壹斗捌升叁勺。
10. 　正麥壹斗伍升柒合柒勺。
11. 　耗麥貳升貳合陸勺。
12. 秋粮：黃豆每畝科正豆壹斗貳升，每斗帶耗柒合，
13. 　共該貳斗叁勺。

二一 明隆慶陸年（1572）直隸揚州府泰州如皋縣縣市西廂第壹里圖賦役黃冊之一（許全等）

【題解】

此件爲《韻學集成》第八冊卷八第二一葉背，編號爲 HV·YXJC[J8·Y21]，其上下完整，前後均缺，共存文字二一行，與正面古籍文字成經緯狀。此件爲明代某戶的賦役黃冊。另，HV·YXJC[J8·Y22]之民田地數與此件之官田地數之和等於此件之官民田地數，據此可知，此件與 HV·YXJC[J8·Y22]當係同一户的黃冊，可以綴合，綴合後此件在前。今據 HV·YXJC[J8·Y22]擬現題。

【錄文】

（前缺）

1. 官民田地柒鼇陸毫。
2. 夏稅：小麥正耗

......

14. 正豆壹斗捌升柒合貳勺。
15. 耗豆壹升叁合壹勺。
16. 民田地捌畝玖分柒毫。
   夏稅：小麥正耗壹斗貳升貳合叁勺。
   秋糧：
17. 米正耗壹斗柒升柒勺。
18. 黃豆正耗叁斗伍合捌勺。
19. 田本圖一則蕩田叁畝壹分玖鼇。秋糧：米每畝科正米伍升，
20. 黃豆正耗壹分玖鼇。
21.

（後缺）

3. 　　　秋糧：
4. 　　　　　米正耗叁合貳勺。
5. 　　　　　黃豆正耗貳合捌勺。
6. 官田地貳釐柒毫。
7. 　　　夏稅：小麥正耗壹合貳勺。
8. 　　　秋糧：
9. 　　　　　米正耗貳合貳勺。
10. 　　　　　黃豆正耗壹合貳勺。
11. 田本圖一則沒官蕩田壹釐捌毫。秋糧：米每畝科正米壹斗貳升，每斗帶耗柒合，共該貳合貳勺。
12. 　　　　　　　　　　　　　　　　勺。
13. 　　　　　正米貳合壹勺。
14. 　　　　　耗米壹勺。
15. 地本圖一則沒官陸地玖毫。
16. 　　　夏稅：小麥每畝科正麥壹斗捌合，每斗帶耗柒合，共該壹合貳
17. 　　　　　　　　　　　　　　　　合，共該壹合貳勺。
18. 　　　　　正麥壹合壹勺。
19. 　　　　　耗麥壹勺。
20. 　　　秋糧：黃豆每畝科正豆壹斗貳升，每斗帶耗
21. 　　　　　　　　　　　　　　　（後缺）

二二 明隆慶陸年（1572）直隸揚州府泰州如皋縣縣市西廂第某里賦役黃冊之二（許全等）

【題解】

此件爲《韻學集成》第八冊卷八第二二葉背，編號爲 HV·YXJCJ8·Y22，其上下俱殘，前後均缺，共存文字 20 行，與正面古籍文字成經緯狀。此件爲明代兩戶的賦役黃冊，其中第一至十九行係一戶，第二十行係直隸揚州府泰州如皋縣縣市西廂第某里圖黃冊，即第壹里圖黃冊，因之此件亦當屬於該里圖的黃山。同時知，該里圖黃冊攢造於隆慶陸年（1572），故可知此件亦當係該年攢造的。另，此件之民田地數與 HV·YXJCJ8·Y21 之官田地數等於 HV·YXJCJ8·Y21 之官民田地數，據之可知，此件與 HV·YXJCJ8·Y22 當屬於同一戶的黃冊，可以綴合，綴合後此件在後。另，今據第二戶黃冊擬現題。

【錄文】

（前缺）

1. 民田地肆釐玖毫。
2. 夏税：小麥正耗陸勺。
3. 秋糧：
4. 米正耗壹合。
5. 黃豆正耗壹合陸勺。
6. 田本圖一則蕩田壹釐捌毫。秋糧：米每畝科正米伍升，每
7. 斗帶耗柒合，共該壹合。
8. 正米玖勺。

9. ▢耗米壹勺。
10. 地本圖一則陸地叁釐壹毫。
11. 夏稅：小麥每畝科正麥貳升，每斗帶耗柒合，共
12. 　　　該陸勺。
13. 　　正麥伍勺。
14. 　　耗麥壹勺。
15. 秋糧：黃豆每畝科正豆伍升，每斗帶耗柒合，共
16. 　　　該壹合陸勺。
17. 　　正豆壹合伍勺。
18. 　　耗豆壹勺。
19. 房屋：民草房壹間。
20. ▢▢▢▢▢今弟許全係直隸揚州府泰州如皋縣縣市西廂第

（後缺）

一二三　明隆慶陸年（1572）直隸揚州府泰州如皋縣縣市西廂第壹里（圖）賦役黃冊

【題解】

此件為《韻學集成》第八冊卷八第二三葉背，編號為HV・YXJC[]8・Y23]，其上下完整，前後均缺，共存文字二十行，與正面古籍文字成經緯狀。此件為明代某戶的賦役黃冊。另，此件的文字字形、筆跡等與該批紙背文獻中隆慶陸年（1572）攢造的直隸揚州府泰州如皋縣縣市西廂第壹里（圖）賦役黃冊相似，故推斷，此件亦當屬於該里（圖）的黃冊。另，此件與HV・YXJC[]8・Y24]格式相同、內容相關，疑此兩件屬於同一戶的黃冊。

錄文

（前缺）

1. 壹斗貳升，每斗帶耗柒合，共該貳斗捌升玖合壹勺，兌佃過割與拾貳都貳圖蘇林爲業。
2. 本圖一則沒官蕩田柒分貳釐陸毫。秋糧：米每畝科正米壹斗貳升，每斗帶耗柒合，共該玖升叄合貳勺，兌佃過割與拾貳都貳圖朱奚繆爲業。
3. 本圖一則沒官蕩田捌畝柒分柒釐捌毫。秋糧：米每畝科正米壹斗貳升，每斗帶耗柒合，共該壹石壹斗叄升叄合壹勺，兌佃過割與叄都叄圖石城爲業。
4. 本圖一則沒官蕩田貳分叄釐。秋糧：米每畝科正米壹斗貳升，每斗帶耗柒合，共該貳升玖合陸勺，兌佃過割與柒都肆圖夏鳳侃爲業。
5. 本圖一則沒官蕩田壹畝玖分肆釐陸毫。秋糧：米每畝科正米壹斗貳升，每斗帶耗柒合，共該貳斗肆升捌合伍勺，兌佃過割與拾肆都壹圖王練爲業。
6. 本圖一則沒官蕩田玖釐叄毫。秋糧：米每畝科正米壹斗貳升，每斗帶耗柒合，共該壹升壹合

（後缺）

二四 明隆慶陸年（1572）直隸揚州府泰州如皋縣縣市西廂第壹里（圖）賦役黃冊

【題解】

此件爲《韻學集成》第八册卷八第二四葉背，編號爲 HV·YXJCJ8·Y24，其上下完整，前後均缺，共存文字二十行，與正面古籍文字成經緯狀。此件爲明代某户的賦役黃冊。另，此件的文字字形、筆跡等與該批紙背文獻中隆慶陸年（1572）攢造的直隸揚州府泰州如皋縣縣市西廂第壹里（圖）賦役黃冊相似，故推斷，此件亦當屬於該里（圖）的黃冊。另，此件與 HV·YXJCJ8·Y23 格式相同、内容相關，疑此兩件屬於同一户的黃冊。

【録文】

（前缺）

1. 斗貳升，每斗帶耗柒升柒合捌勺，兑佃過割與貳拾都馬湯爲業。
2. 一本圖一則沒官蕩田伍分玖釐肆毫。秋糧：米每畝科正米壹斗貳升，每斗帶耗柒升陸合貳勺，兑佃過割與南廂蔣祖爲業。
3. 一本圖一則沒官蕩田貳畝肆分陸釐伍毫。秋糧：米每畝科正米壹斗貳升，每斗帶耗柒合，共該叁斗壹升柒合捌勺，兑佃過割與拾陸都壹圖王推爲業。
4. 一本圖一則沒官蕩田壹分伍釐。秋糧：米每畝科正米壹斗貳升，每斗帶耗柒合，共該壹升玖合肆勺，兑佃

二五 明隆慶陸年（1572）直隸揚州府泰州如皋縣縣市西廂第壹里（圖）賦役黃冊

【題解】

此件爲《韻學集成》第八册卷八第二五葉背，編號爲HV·YXJC[]8·Y25]，其上下完整，前後均缺，共存文字二一行，與正面古籍文字成經緯狀。此件爲明代某户的賦役黃册。另，此件的文字字形、筆跡等與該批紙背文獻中隆慶陸年（1572）攢造的直隸揚州府泰州如皋縣縣市西廂第壹里（圖）賦役黃册相似，故推斷，此件亦當屬於該里（圖）的黃册。

【録文】

（前缺）

1. □在：
2. 人口：男子成丁壹口。

⋯⋯

13. 過割與陸都肆圖閭庫爲業。
14. 一本圖一則沒官蕩田柒分口鳌肆毫。秋糧：米每畝科正米壹斗貳升，每斗帶耗柒合，共該玖①陸合捌勺，兑佃過割與貳拾壹都壹圖李桐爲業。
15.
16. 一本圖一則沒官蕩田叁分貳毫。秋糧：米每畝科正米壹斗貳升，每斗帶耗柒合，共該叁升捌合陸勺，兑佃過割與本圖吳郝爲業。
17.
18.
19. 一本圖一則沒官蕩田壹畝伍分陸鳌柒毫。秋糧：米每畝科正米
20.

（後缺）

① 「玖」據文義該字後漏一「升」字。

哈佛藏《韻學集成》《直音篇》紙背明代文獻釋錄　卷二

3. 　　本身年伍拾伍歲。
4. 事產：
5. 　　官民田地玖分玖毫。
6. 　　夏稅：小麥正耗叁升壹合捌勺。
7. 　　秋糧：
8. 　　　米正耗陸升貳合捌勺。
9. 　　　黃豆正耗伍升叁合柒勺。
10. 　　官田地伍分壹釐肆毫。
11. 　　夏稅：小麥正耗壹升玖合。
12. 　　秋糧：
13. 　　　黃豆正耗貳升壹合陸勺。
14. 　　　米正耗肆升肆合玖勺。
15. 　　田本圖一則沒官蕩田叁分伍釐。秋糧：米每畝科正米壹斗貳升，每斗帶耗柒合，共該肆升肆合玖勺。
16. 　　　正米肆升貳合。
17. 　　　耗米貳合玖勺。
18. 　　地本圖一則沒官陸地壹分陸釐肆毫。
19. 　　夏稅：小麥每畝科正麥壹斗捌合，每斗帶耗柒

（後缺）

二六 明隆慶陸年（1572）直隸揚州府泰州如皋縣縣市西廂第壹里（圖）賦役黃冊

【題解】

此件爲《韻學集成》第八冊卷八第二六葉背，編號爲HV·YXJCJ8·Y26］，其上下完整，前後均缺，共存文字二十行，與正面古籍文字成經緯狀。此件爲明代某戶的賦役黃册。另，此件的文字字形、筆跡等與該批紙背文獻中隆慶陸年（1572）攢造的直隸揚州府泰州如皋縣縣市西廂第壹里（圖）賦役黃冊相似，故推斷，此件亦當屬於該里（圖）的黃冊。

【錄文】

（前缺）

1. 婦女大壹口：
2. 　　妻陳氏年肆拾歲。
3. 事產：
4. 　　官民田柒釐陸毫。
5. 　　夏稅：小麥正耗壹合柒勺。
6. 　　秋粮：
7. 　　　米正耗叁合叁勺。
8. 　　　黃豆正耗叁合肆勺。
9. 　　官田地貳釐柒毫。
10. 　　夏稅：小麥正耗壹合。
11. 　　秋粮：
12. 　　　米正耗貳合肆勺。
13. 　　　黃豆正耗壹合壹勺。

哈佛藏《韻學集成》《直音篇》紙背明代文獻釋錄 卷二

14. 田本圖一則沒官蕩田壹釐捌毫。秋粮：米每畝科正米壹斗
15. 貳升，每斗帶耗柒合，共該貳合肆勺。
16. 正米壹合肆勺。
17. 耗米壹合。
18. 地本圖一則沒官陸地玖毫。
19. 夏稅：小麥每畝科正麥壹斗捌合，每斗帶耗柒合，
20. 共該壹合。

（後缺）

二七 明隆慶陸年（1572）直隸揚州府泰州如皋縣縣市西廂第壹里（圖）賦役黃冊

【題解】

此件爲《韻學集成》第八冊卷八第二七葉背，編號爲 HV·YXJCJ8·Y27'，其上下完整，前後均缺，共存文字二十行，與正面古籍文字成經緯狀。此件爲明代某戶的賦役黃冊。另，此件的文字字形、筆跡等與該批紙背文獻中隆慶陸年（1572）攢造的直隸揚州府泰州如皋縣縣市西廂第壹里（圖）賦役黃冊相似，故推斷，此件亦當屬於該里（圖）的黃冊。

【錄文】

（前缺）

1. 夏稅：小麥每畝科正麥壹斗捌合，每斗帶耗柒合，共
2. 該肆斗柒升柒合肆勺。
3. 秋糧：黃豆每畝科正豆壹斗貳升，每斗帶耗柒合，共
4. 該伍斗叁升肆勺。

二九八

5. 民田地貳拾叁畝伍分玖釐伍毫。
6. 夏稅：小麥正耗叁斗貳升肆合壹勺。
7. 秋糧：
8. 米正耗肆斗伍升貳合捌勺。
9. 黃豆正耗捌斗壹升貳合捌勺。
10. 田本圖一則蕩田捌畝肆分伍釐壹毫。秋糧：米每畝科正米伍升貳合捌勺，每斗帶耗柒合，共該肆斗伍升貳合捌勺，係賣到肆都叁圖花名戶下田。
11.
12.
13. 地本圖一則陸地壹拾伍畝壹分肆釐肆毫，係買到肆都叁圖花名戶下地。
14.
15. 夏稅：小麥每畝科正麥貳升，每斗帶耗柒合，共該叁斗貳升肆合壹勺。
16.
17. 秋糧：黃豆每畝科正豆伍升，每斗帶耗柒合，共該捌斗壹升貳勺。
18.
19. 實在⋯
20. 人口：男、婦☐口。

（後缺）

二八 明隆慶陸年（1572）直隸揚州府泰州如皋縣縣市西廂第壹里（圖）賦役黃冊

【題解】

此件爲《韻學集成》第八册卷八第二八葉背，編號爲HV·YXJC[]8·Y28]，其上下完整，前後均缺，共存文字十九行，與正面古籍文字成經緯狀。此件爲明代某户的賦役黃册。另，此件的文字字形、筆跡等與該批紙背文獻中隆慶陸年（1572）攢造的直隸揚州府泰州如皋縣縣市西廂第壹里（圖）賦役黃册相似，故推斷，此件亦當屬於該里（圖）的黃册。

【錄文】

（前缺）

1. 田本圖一則沒官蕩田陸拾壹畝捌釐柒毫。秋糧：米每畝科正米壹
2. 斗貳升，每斗帶耗柒合，共該柒石捌斗肆升
3. 叁合伍勺。
4. 正米柒石叁斗叁升肆勺。
5. 耗米伍斗壹升叁合壹勺。
6. 地本圖一則沒官陸地貳拾捌畝伍分貳釐柒毫。
7. 夏稅：小麥每畝科正麥壹斗捌合，每斗帶耗柒合，共該
8. 叁石貳斗玖升陸合陸勺。
9. 正麥叁石捌升玖勺。
10. 耗麥貳斗壹升伍合柒勺。
11. 秋糧：黃豆每畝科正豆壹斗貳升，每斗帶耗柒合，共該叁
12. 石陸斗陸升貳合捌勺。
13. 正豆叁石肆斗貳升叁合貳勺。

14. 耗豆貳斗叁升玖合陸勺。
15. 民田地壹頃陸拾貳畝玖分叁釐
16. 夏稅：小麥正耗貳石貳斗叁升捌合玖勺。
17. 秋糧：
18. 米正耗叁石壹斗貳升叁勺。
19. 黃豆正耗伍石伍斗玖升柒合貳勺。

（後缺）

二九 明嘉靖叁拾壹年（1552）直隸揚州府江都縣青草沙第肆圖賦役黃冊

【題解】

此件爲《韻學集成》第八册卷八第二九葉背，編號爲"HV·YXJC []8·Y29"，其上下完整，前後均缺，共存文字十五行，與正面古籍文字成經緯狀。此件爲明代某户的賦役黃册。另，此件的文字字形、筆跡等與該批紙背文獻中嘉靖叁拾壹年（1552）攢造的直隸揚州府江都縣青草沙第肆圖賦役黃册相似，故推斷，此件亦當屬於該圖的黃册。

【錄文】

（前缺）

1. 秋粮：米每畝科正米壹斗，每斗帶耗柒合，
2. 共該正耗米叁斗貳①
3. 壹合。
4. 正米叁斗。

① "貳"：據文義該字後漏 [升] 字。

第八册

三〇一

三〇 明隆慶陸年（1572）直隸揚州府泰州如皋縣縣市西廂第壹里（圖）賦役黃冊

【題解】

此件爲《韻學集成》第八冊卷八第三十葉背，編號爲HV·YXJC[8·Y30]，其上下完整，前後均缺，共存文字十九行，與正面古籍文字成經緯狀。此件爲明代某户的賦役黃冊。另，此件的文字字形、筆跡等與該批紙背文獻中隆慶陸年（1572）攢造的直隸揚州府泰州如皋縣縣市西廂第壹里（圖）賦役黃冊相似，故推斷，此件亦當屬於該里（圖）的黃冊。

【錄文】

（前缺）

5. 地本圖地捌分。
6. 夏稅：小麥每畝科正麥伍升，每斗帶耗
7. 柒合，共該正耗麥肆升貳
8. 合捌勺。
9. 正麥肆升。
10. 耗麥貳合捌勺。
11. 秋粮：黃荳每畝科正荳伍升，每斗帶耗
12. 柒合，共該正耗荳肆升貳
13. 合捌勺。
14. 正荳肆升。
15. 耗米貳升壹合。

（後缺）

1. □管⋯
1. 人丁：計家男、婦陸口。
2. 　　男子肆口。
3. 　　婦女貳口。
4. 事產：
5. 　　官民田地叁畝伍分玖釐玖毫。
6. 　　　　夏稅：小麥正耗柒升捌合柒勺。
7. 　　　　秋粮：
8. 　　　　　　米正耗壹斗伍升陸合伍勺。
9. 　　　　　　黃豆正耗壹斗叁升壹合捌勺。
10. 　　官田地壹畝貳分柒釐柒毫。
11. 　　　　夏稅：小麥①肆升陸合捌勺。
12. 　　　　秋粮：
13. 　　　　　　米正耗伍升貳合。
14. 　　　　　　黃豆正耗伍升貳合。
15. 　　田捌分柒釐貳毫。秋粮：米正耗壹斗壹升貳合。
16. 　　地肆分伍毫。
17. 　　　　夏稅：小麥正耗肆升陸合捌勺。
18. 　　　　秋粮：黃豆正耗伍升貳合。
19. 　　民田地貳畝叁分貳釐貳毫。

（後缺）

① 按文例，此處漏【正耗】二字。

第八册

三〇三

三一 明隆慶陸年（1572）直隸揚州府泰州如皋縣縣市西廂第壹圖賦役黃冊（民戶某等）

【題解】

此件爲《韻學集成》第八冊卷八第三一葉背，編號爲 HV·YXJC[]8·Y31]，其上殘下完，前後均缺，共存文字二十行，與正面古籍文字成經緯狀。此件爲明代兩戶的賦役黃冊，其中第一至十五行係一戶，第十六至二十行係直隸揚州府泰州如皋縣縣市西廂第壹圖民某戶的黃冊。另，明代賦役黃冊在攢造之時需對下一輪十年內各戶充任里長、甲首情況等做出預先安排，第十六行所載民戶某充甲首的時間爲「萬曆陸年」（1578），而此前的係隆慶陸年（1572）是黃冊的攢造年份，據此推斷，此件當係該年攢造的黃冊。今據第二戶黃冊擬題。

【錄文】

（前缺）

1. 黃豆正耗壹合壹勺。
2. 田本圖一則蕩田壹釐叁毫。秋糧：米每畝科正米伍升，每斗帶耗柒合，共該柒勺。
3. 正米陸勺。
4. 耗米壹勺。
5. 地本圖一則陸地貳釐肆毫。
6. 夏稅：小麥每畝科正麥貳升，每斗帶耗柒合，共該伍勺。
7. 正麥肆勺。
8. 耗麥壹勺。
9. 秋糧：黃豆每畝科正豆伍升，每斗帶耗柒合，共
10.
11.

三二 明隆慶陸年（1572）直隸揚州府泰州如皋縣縣市西廂第壹里（圖）賦役黃冊

【題解】

此件爲《韻學集成》第八冊卷八第三二葉背，編號爲 HV·YXJCJ8·Y32"，其上下完整，前後均缺，共存文字十九行，與正面古籍文字成經緯狀。此件爲明代某户的賦役黄册。另，此件的文字字形、筆跡等與該批紙背文獻中隆慶陸年（1572）攢造的直隸揚州府泰州如皋縣縣市西廂第壹里（圖）賦役黄册相似，故推斷，此件亦當屬於該里（圖）的黄册。

【録文】

（前缺）

1. 官田地貳釐壹毫。
2. 夏稅：小麥正耗柒勺。

12. 　　　　　該壹合壹勺。
13. 　　正豆壹合。
14. 　　耗豆壹勺。
15. 房屋：民草房壹間。
16. 係直隸揚州府泰州如皋縣縣市西廂第壹圖民户，充萬曆陸年甲首。
17. □管：
18. 人丁：計家男、婦貳口。
19. 　　男子壹口。
20. 　　婦女壹口。

（後缺）

3. 秋糧：
4. 　　米正耗壹合捌勺。
5. 　　黃豆正耗捌勺。
6. 田本圖一則沒官蕩田壹鰲肆毫。秋糧：米每畝科正米壹
7. 　　斗貳升，每斗帶耗柒合，共該壹合捌
8. 　　勺。
9. 　　正米壹合柒勺。
10. 　　耗米壹勺。
11. 地本圖一則沒官陸地柒毫。
12. 夏稅：小麥每畝科正麥壹斗捌合，每斗帶耗柒
13. 　　合，共該柒勺。
14. 　　正麥陸勺。
15. 　　耗麥壹勺。
16. 秋糧：黃豆每畝科正豆壹斗貳升，每斗帶耗柒合，
17. 　　共該捌勺。
18. 　　正豆柒勺。
19. 　　耗豆壹勺。

（後缺）

三三 明隆慶陸年（1572）直隸揚州府泰州如皋縣縣市西廂第壹里（圖）賦役黃冊（郜某）

【題解】

此件爲《韻學集成》第八冊卷八第三三葉背，編號爲 HV·YXJCJ8·Y33]，其上下完整，前後均缺，共存文字二十行，與正面古籍文字成經緯狀。此件爲明代某戶的賦役黃冊，據其中所載男子姓名知，此黃冊的戶頭當係郜某。另，此件的文字字形、筆跡等與該批紙背文獻中隆慶陸年（1572）攢造的直隸揚州府泰州如皋縣縣市西廂第壹里（圖）賦役黃冊相似，故推斷，此件亦當屬於該里（圖）的黃冊。

【錄文】

（前缺）

1. 柒合，共該叁斗□升玖合貳勺，係買
2. 東廂王惟蕃戶下田。
3. 地本圖一則陸地壹拾貳畝陸分玖釐柒毫，係買到東廂王惟蕃
4. 等戶下地。
5. 夏稅：小麥每畝科正麥貳升，每斗帶耗柒合，共該
6. 貳斗柒升壹合柒勺。
7. 秋糧：黃豆每畝科正豆伍升，每斗帶耗柒合，共
8. 該陸斗柒升玖合叁勺。
9. □在：
10. 人口：男、婦捌口。
11. 男子成丁伍口：
12. 郜□年伍拾伍歲。　　　姪郜言年肆拾歲。

13. 姪郜奇年貳拾貳歲。　姪郜章年貳拾歲。
14. 孫郜福兒年拾伍歲。
15. 婦女大叁口：
16. 妻薛氏年肆拾伍歲。　弟婦王氏年肆拾歲。
17. 姪婦余氏年貳拾歲。
18. 事產：
19. 官民田地伍拾貳畝捌分伍釐。
20. 夏稅：小麥正耗壹石壹斗伍升捌合貳勺。

（後缺）

三四　明隆慶陸年（1572）直隸揚州府泰州如皋縣縣市西廂第壹里（圖）賦役黃冊

【題解】

此件爲《韻學集成》第八冊卷八第三四葉背，編號爲"HV・YXJC[]8・Y34"，其上下完整，前後均缺，共存文字二十行，與正面古籍文字成經緯狀。此件爲明代某戶的賦役黃冊。另，此件的文字字形、筆跡等與該批紙背文獻中隆慶陸年（1572）攢造的直隸揚州府泰州如皋縣縣市西廂第壹里（圖）賦役黃冊相似，故推斷，此件亦當屬於該里（圖）的黃冊。

【錄文】

（前缺）

1. 地本圖一則沒官陸地□畝□分□釐。
2. 夏稅：小麥每畝科正麥壹斗捌合，每斗帶耗柒合，共該陸斗捌升玖合玖勺。
3.

4. 正麥陸斗肆升肆合捌勺。
5. 耗麥肆升伍合壹勺。
6. 秋糧：黃豆每畝科正豆壹斗貳升，每斗帶耗柒合，共該柒斗陸升陸合伍勺。
7. 正豆柒斗壹升陸合肆勺。
8. 耗豆伍升壹勺。
9.
10. 民田地叄拾肆畝玖釐陸毫。
11. 夏稅：小麥正耗肆斗陸升捌合叄勺。
12. 秋糧：
13. 米正耗陸斗伍升叄勺。
14. 黃豆正耗壹石壹斗柒升捌勺。
15. 田本圖一則蕩田壹拾貳畝貳分壹釐叄毫。秋糧：米每畝科正米伍升，每斗帶耗柒合，共該陸斗伍升叄合肆勺。
16.
17. 正米陸斗壹升柒勺。
18. 耗米肆升貳合柒勺。
19.
20. ▇畝捌分捌釐叄毫。

（後缺）

三五 明隆慶陸年（1572）直隸揚州府泰州如皋縣縣市西廂第壹里（圖）賦役黃冊

【題解】

此件爲《韻學集成》第八冊卷八第三五葉背，編號爲HV·YXJC[8·Y35]，其上下完整，前後均缺，共存文字二十行，與正面古籍文字成經緯狀。此件爲明代某户的賦役黃冊。另，明代賦役黃冊往往會登載攢造之前十年內的人口變化等情況，文中所載"本身"的病故時間爲"隆慶貳年"（1568），而此後的隆慶陸年（1572）爲黃冊的攢造年份，據此可知，此件當係該年攢造的賦役黃冊。此件的文字字形、筆跡等與已知該批黃冊中攢造機構爲直隸揚州府泰州如皋縣市西廂第壹里（圖）的賦役黃冊相似，故推斷，此件亦當屬於該里（圖）的黃冊。

【錄文】

（前缺）

米正耗

1. 黃豆正耗壹升貳合捌勺。
2. 田貳分壹釐叁毫。秋糧：米正耗貳升柒合肆勺。
3. 地壹分。
4. 夏稅：小麥正耗壹升壹合陸勺。
5. 秋糧：黃豆正耗壹升貳合捌勺。
6. 民田地伍分陸釐玖毫。
7. 夏稅：小麥正耗柒合捌勺。
8. 秋糧：
9. 米正耗壹升玖勺。
10. 黃豆正耗壹升玖合陸勺。

12. 田貳分肆毫。秋糧：米正耗壹升玖勺。
13. 地叁分陸釐伍毫。
14. 夏稅：小麥正耗柒合捌勺。
15. 秋糧：黃豆正耗壹升玖合陸勺。
16. 房屋：民草房貳間。
17. □除：
18. 人口：正除男子壹口。
19. 本身，於隆慶貳年病故。
20. 事產：

（後缺）

三六 明隆慶陸年（1572）直隸揚州府泰州如皋縣縣市西廂第壹圖賦役黃冊（軍戶陳南山等）

【題解】

此件爲《韻學集成》第八冊卷八第三六葉背，編號爲 HV·YXJCJ8·Y36］，其上殘下完，前後均缺，共存文字二十行，與正面古籍文字成經緯狀。此件爲明代兩戶的賦役黃冊，其中第一至十行係一戶，第十一至二十行係直隸揚州府泰州如皋縣縣市西廂第壹圖軍戶陳南山的黃冊。另，明代賦役黃冊在攢造之時需對下一輪十年內各戶充任里長、甲首情況等做出預先安排，第 13 行所載陳南山充甲首的時間爲『萬曆玖年』（1581），而此前的係隆慶陸年（1572）是黃冊的攢造年份，據此推斷，此件當係該年攢造的黃冊。今據第二戶黃冊擬現題。

【錄文】

哈佛藏《韻學集成》《直音篇》紙背明代文獻釋錄　卷二

（前缺）

1. 正米貳石玖斗壹升陸合肆勺。
2. 耗米貳斗肆合柒勺。
3. 地本圖一則陸地壹頃肆畝陸分貳毫。
4. 夏稅：小麥每畝科正麥貳升，每斗帶耗柒合，共該貳石貳斗叁升捌合玖勺。
5. 正麥貳石玖升貳合肆勺。
6. 耗麥壹斗肆升陸合伍勺。
7. 秋糧：黃豆每畝科正豆伍升，每斗帶耗柒合，共該伍石肆斗玖升柒合貳勺。
8. 正豆伍石壹斗叁升壹合。
9. 耗豆叁斗陸升陸合貳勺。①
10. 房屋：民草房貳間。
11. 男 陳南山係直隸揚州府泰州如皋縣縣市西廂第壹圖軍戶，原係本圖陳實戶內告官分出，撥補本甲立戶當差，其軍所衛、接補來歷俱在戶頭陳實戶下冊內開造，充萬曆玖年甲首。
12.
13.
14. □管：
15. 人丁：計家男、婦叁口。
16. 　　男子貳口。
17. 　　婦女壹口。
18. 事產：
19. 　　官民田地伍拾柒畝陸分捌釐柒毫。
20. 　　夏稅：小麥正耗壹石貳斗伍升壹合玖勺。

① 按此處之正耗麥之和小於上文正耗麥總數，總目與細目之間必有一誤。

三七 明隆慶陸年（1572）直隸揚州府泰州如皋縣縣市西廂第壹里（圖）賦役黃冊

【題解】

此件爲《韻學集成》第八冊卷八第三七葉背，編號爲"HV·YXJC[]8·Y37"，其上下完整，前後均缺，共存文字二十行，文中所載"本身"的病故時間爲"嘉靖肆拾叁年"（1566），而此後的隆慶陸年（1572）爲黃冊的攢造年份，據此可知，此件當係該年攢造的賦役黃冊。此件的文字字形、筆跡等與已知該批黃冊中攢造機構爲直隸揚州府泰州如皋縣縣市西廂第壹里（圖）的賦役黃冊相似，故推斷，此件亦當屬於該里（圖）的黃冊。

此件爲明代某戶的賦役黃冊。另，明代賦役黃冊往往會登載攢造之前十年內的人口變化等情況，故時間爲"嘉靖肆拾叁年"（1566），文字成經緯狀。

【錄文】

（前缺）

1. 田壹拾叁畝叁分陸釐陸毫。秋糧：米正耗柒斗壹升壹合。
2. 地貳拾叁畝玖分肆釐陸毫。
夏稅：小麥正耗伍斗壹升貳合肆勺。
秋糧：黃豆正耗壹石貳斗捌升壹合壹勺。
3. 黃豆正耗壹石貳斗捌升壹合壹勺。
4.
5.
6. 房屋：民草房貳間。
7. 頭匹：水牛壹隻。
8. □除：
9. 人口：正除男子壹口。本身，於嘉靖肆拾叁年病故。
10. 事產：

（後缺）

三八 明隆慶陸年（1572）直隸揚州府泰州如皋縣縣市西廂第壹里（圖）賦役黃冊

【題解】

此件爲《韻學集成》第八冊卷八第三八葉背，編號爲HV·YXJC]8·Y38]，其上下完整，前後均缺，共存文字二一行，與正面古籍文字成經緯狀。此件爲明代某戶的賦役黃冊。另，此件的文字字形、筆跡等與該批紙背文獻中隆慶陸年（1572）攢造的直隸揚州府泰州如皋縣縣市西廂第壹里（圖）賦役黃冊相似，故推斷，此件亦當屬於該里（圖）的黃冊。另，此件與HV·YXJC]8·Y39]格式相同、內容相關，疑屬於同一戶的黃冊。

【錄文】

（前缺）

11. 官民田地轉除田地叁拾畝伍分壹釐。
12. 夏稅：小麥正耗陸斗捌升捌合陸勺。
13. 秋糧：
14. 米正耗壹石叁斗貳升肆合捌勺。
15. 黃豆正耗壹石貳斗壹升捌合肆勺。
16. 官田地壹拾畝捌分貳釐柒毫。
17. 夏稅：小麥正耗叁斗玖升捌合叁勺。
18. 秋糧：
19. 米正耗玖斗肆升柒合陸勺。
20. 黃豆正耗肆斗肆升貳合陸勺。

（後缺）

1. 帶耗柒合，共該伍升
2. 柒合陸勺，係買到貳拾貳都貳圖
3. 張憲戶下田。
4. 一本圖一則蕩田壹分捌釐肆毫。秋糧：米每畝科
5. 正米伍升，每斗帶耗柒合，共該
6. 壹升伍合貳勺，係買到貳都
7. 叁圖鄭相戶下田。
8. 一本圖一則蕩田□分伍毫。秋糧：米每畝科正米
9. 伍升，每斗帶耗柒合，共該□合
10. 陸勺，係買到北廂孫世豪戶下
11. 田。
12. 一本圖一則蕩田貳畝肆釐叁毫。秋糧：米每畝科
13. 正米伍升，每斗帶耗柒合，共該
14. 壹升玖合壹勺，係買到本圖張
15. □□戶下田。
16. 一本圖一則蕩田貳分肆釐玖毫。秋糧：米每畝
17. 科正米伍升，每斗帶耗柒合，
18. 共該壹升叁合叁勺，係買到
19. 南廂邵鎮戶下田。
20. 一本圖一則蕩田叁釐叁毫。秋糧：米每畝
21. 科正米伍升，每斗帶耗柒合，

（後缺）

三九 明隆慶陸年（1572）直隸揚州府泰州如皋縣縣市西廂第壹里（圖）賦役黃冊

【題解】

此件爲《韻學集成》第八冊卷八第三九葉背，編號爲HV·YXJC[]8·Y39]，其上下完整，前後均缺，共存文字二十行，與正面古籍文字成經緯狀。此件爲明代某户的賦役黃冊。另，此件的文字字形、筆跡等與該批紙背文獻中隆慶陸年（1572）攢造的直隸揚州府泰州如皋縣縣市西廂第壹里（圖）賦役黃冊相似，故推斷，此件亦當屬於該里（圖）的黃冊。另，此件與HV·YXJC[]8·Y38]格式相同、內容相關，疑屬於同一户的黃冊。

【錄文】

（前缺）

1. 一本圖一則蕩田伍分柒釐捌毫。秋粮：米每畝科
2. 正米伍升，每斗帶耗柒合，共該
3. 叁升玖勺，係買到南廂闞松户下
4. 田。
5. 一本圖一則蕩田伍分捌釐玖毫。秋糧：米每畝科
6. 正米伍升，每斗帶耗柒合，共該
7. 叁升玖勺，係買到拾柒都貳圖
8. 盧連户下田。
9. 一本圖一則蕩田叁釐伍毫。秋糧：米每畝科正
10. 米伍升，每斗帶耗柒合，共該壹
11. 合玖勺，係買到本圖王深户下田。

四〇 明隆慶陸年（1572）直隸揚州府泰州如皋縣縣市西廂第壹里（圖）賦役黃冊

【題解】

此件爲《韻學集成》第八冊卷八第四十葉背，編號爲HV·YXJC[]8·Y40]，其上下完整，前後均缺，共存文字二十行，文中所載『本身』的病文字成經緯狀。此件爲明代某戶的賦役黃冊。另，明代賦役黃冊往往會登載攢造之前十年內的人口變化等情況，故時間爲『隆慶貳年』（1568），而此後的隆慶陸年（1572）爲黃冊的攢造年份，據此可知，此件當係該年攢造的賦役黃冊。此件的文字字形、筆跡等與已知該批黃冊中攢造機構爲直隸揚州府泰州如皋縣縣市西廂第壹里（圖）的賦役黃冊相似，故推斷，此件亦當屬於該里（圖）的黃冊。

【錄文】

（前缺）

12. 一本圖一則蕩田叁釐伍毫。秋糧：米每畝科正米
13. 伍升，每斗帶耗柒合，共該壹合玖
14. 勺，係買到本圖陳偉戶下田。
15. 一本圖叁畝貳分捌釐玖毫。秋糧：米每畝
16. 科正米伍升，每斗帶耗柒合，共該
17. 壹斗柒升伍合玖勺，係買拾伍
18. 都肆圖周佈陽戶下田。
19. 一本圖一則蕩田貳畝壹分肆毫。秋粮：米每畝科
20. 正米伍升，每斗帶耗柒合，共該

（後缺）

哈佛藏《韻學集成》《直音篇》紙背明代文獻釋錄 卷二

1. 秋糧：
2. 米正耗肆升陸合貳勺。
3. 黃豆正耗捌合柒勺。
4. 田叁分陸釐。 秋糧：米正耗肆升陸合貳勺。
5. 地陸釐捌毫。
6. 夏稅：小麥正耗柒合捌勺。
7. 秋糧：黃豆正耗捌合柒勺。
8. 民田地玖分陸釐壹毫。
9. 夏稅：小麥正耗壹升叁合貳勺。
10. 秋糧：
11. 米正耗壹升捌合伍勺。
12. 黃豆正耗叁升貳合玖勺。
13. 田叁分肆釐陸毫。 秋糧：米正耗壹升捌合伍勺。
14. 地陸分壹釐伍毫。
15. 夏稅：小麥正耗壹升叁合貳勺。
16. 秋糧：黃豆正耗叁升貳合玖勺。
17. 房屋：民草房壹間。
18. □除：
19. 人口：男子壹口。
20. 　　本身，於隆慶貳年病故。

（後缺）

四一 明嘉靖叄拾壹年（1552）直隸揚州府江都縣青草沙第肆圖賦役黃冊

【題解】

此件爲《韻學集成》第八冊卷八第四一葉背，編號爲"HV·YXJCJ8·Y41"，其上下完整，前後均缺，共存文字十九行，與正面古籍文字成經緯狀。此件爲明代某戶的賦役黃冊。另，此件的文字字形、筆跡等與該批紙背文獻中嘉靖叄拾壹年（1552）攢造的直隸揚州府江都縣青草沙第肆圖賦役黃冊相似，故推斷，此件亦當屬於該圖的黃冊。

【錄文】

（前缺）

1. □□共該正耗麥貳斗玖
2. 升肆合叄勺。
3. 正麥貳斗柒升伍合。
4. 耗麥壹升玖合貳勺。
5. 秋糧：米每畝科正米壹斗，每斗帶耗柒合，
6. 共該正耗米伍斗捌升捌合
7. 伍勺。
8. 正米伍斗伍升。
9. 耗米叄升捌合伍勺。
10. 夏稅：小麥每畝科正麥伍升，每斗帶耗柒合，共該正耗麥壹斗捌升捌合壹勺。
11. 地叄畝伍分壹釐。
12.
13.

四二 明隆慶陸年（1572）直隸揚州府泰州如皋縣縣市西廂第壹圖賦役黃冊（軍戶郜受等）

【題解】

此件爲《韻學集成》第八冊卷八第四二葉背，編號爲"HV·YXJCJ8·Y42"，其上殘下完，前後均缺，共存文字十九行，與正面古籍文字成經緯狀。此件爲明代兩戶的賦役黃冊，其中第一至十五行係一戶，第十六至十九行係直隸揚州府泰州如皋縣縣市西廂第壹圖軍戶郜受一戶的黃冊。另，該批紙背文獻中已知攢造時間的直隸揚州府泰州如皋縣縣市西廂第壹圖賦役黃冊攢造於隆慶陸年（1572），故可知此件亦當係該年攢造的黃冊。今據第二戶黃冊擬現題。

【錄文】

（前缺）

1. 黃豆正耗柒合。
2. 田本圖一則蕩田柒釐壹毫。秋糧：米每畝科正米伍升，每斗帶耗柒合，共該玖合玖勺。
3. 正米叁合陸勺。
4.

14. 正麥壹斗柒升伍合伍勺。
15. 耗麥壹升貳合陸勺。
16. 秋糧：黃荳每畝科正荳伍升，每斗帶耗柒合，共該正耗荳壹斗捌升捌合壹勺。
17. 正荳壹斗柒升伍合伍勺。
18. 耗荳壹升貳合陸勺。
19.

（後缺）

5. 耗米叁勺。
6. 地本圖一則陸地壹分叁釐。
7. 夏稅：小麥每畝科正麥貳升，每斗帶耗柒合，共該
8. 貳合捌勺。
9. 正麥貳合陸勺。
10. 耗麥貳勺。
11. 秋糧：黃豆每畝科正豆伍升，每斗帶耗柒合，共該柒
12. 合。
13. 正豆陸合伍勺。
14. 耗豆伍勺。
15. 房屋：民草房貳間。
16. ▢賢故，今姪郜受係直隸揚州府泰州如皋縣縣市西廂第壹圖軍戶，有祖郜旺與本
17. 圖郜福叁合軍，於先吳元年徐丞相歸
18. 附，起調寵驤衛軍，殘疾。洪武貳拾
19. ▢沒，洪武貳拾伍

（後缺）

四三 明嘉靖叁拾壹年（1552）直隸揚州府江都縣青草沙第肆圖賦役黃冊

【題解】

此件爲《韻學集成》第八冊卷八第四三葉背，編號爲 HV·YXJCJ8·Y43，其上下完整，前後均缺，共存文字十四行，與正面古籍

文字成經緯狀。此件爲明代某户的賦役黄册。另，此件的文字字形、筆跡等與該批紙背文獻中嘉靖叁拾壹年（1552）攢造的直隸揚州府江都縣青草沙第肆圖賦役黄册相似，故推斷，此件亦當屬於該批黄册。

【錄文】

1. （前缺）
2. 耗麥柒升肆合。
3. 民田地壹拾貳畝貳分。
4. 夏稅：小麥正耗柒斗叁升捌合貳勺。
5. 秋粮：
6. 米正耗陸斗叁升玖合叁勺。
7. 黄荳正耗貳斗壹升陸合陸勺。
8. 田玖畝壹分伍釐。
9. 夏稅：
10. 小麥正耗伍斗叁升玖合叁勺。
11. 秋粮：
12. 米正耗陸斗叁升玖合叁勺。
13. 黄荳正耗伍升叁合伍勺。
14. 一則本圖重租田壹畝。
15. 夏稅：小麥每畝科正麥壹斗，每斗帶耗柒合，共該正耗麥壹斗
16. （後缺）

四四 明隆慶陸年（1572）直隸揚州府泰州如皋縣縣市西廂第壹里（圖）賦役黃冊

【題解】

此件爲《韻學集成》第八冊卷八第四四葉背，編號爲"HV·YXJC[]8·Y44"，其上下完整，前後均缺，共存文字二十行，與正面古籍文字成經緯狀。此件爲明代某户的賦役黃冊。另，此件的文字字形、筆跡等與該批紙背文獻中隆慶陸年（1572）攢造的直隸揚州府泰州如皋縣縣市西廂第壹里（圖）賦役黃冊相似，故推斷，此件亦當屬於該里（圖）的黃冊。

【錄文】

（前缺）

1. 地捌拾玖畝肆分伍釐捌毫。
2. 夏稅：小麥正耗壹石玖斗壹升肆合肆勺。
3. 秋糧：黃豆正耗肆石柒斗捌升陸合。
4. 房屋：民草房壹間。
5. 新收：
6. 事產：
7. 官民田地轉收田地叁拾陸畝伍分柒釐貳毫。
   夏稅：小麥正耗壹斗壹合伍勺。
   秋糧：
8.
9.
10. 米正耗壹石伍斗捌升捌合陸勺。
11. 黃豆正耗壹石叁斗肆升陸勺。
12. 官田地壹拾貳畝玖分柒釐柒毫。
13. 夏稅：小麥正耗肆斗柒升柒合柒勺。

哈佛藏《韻學集成》《直音篇》紙背明代文獻釋錄　卷二

14.　秋糧：
15.　　米正耗壹石壹斗叁升伍合捌勺。
16.　　黃豆正耗伍斗叁升肆勺。
17.　田本圖一則沒官蕩田捌畝捌分肆釐陸毫。
18.　　壹斗貳升，每斗帶耗柒合，共該壹石壹
19.　　斗叁升伍合捌勺，係兌佃到肆都叁圖
20.　　囗囗户下田。

（後缺）

四五　明隆慶陸年（1572）直隸揚州府泰州如皋縣縣市西廂第壹里（圖）賦役黃冊

【題解】

此件爲《韻學集成》第八冊卷八第四五葉背，編號爲HV·YXJCJ8·Y45」，其上下完整，前後均缺，共存文字十九行，與正面古籍文字成經緯狀。此件爲明代某户的賦役黃冊。另，此件的文字字形、筆跡等與該批紙背文獻中隆慶陸年（1572）攢造的直隸揚州府泰州如皋縣縣市西廂第壹里（圖）賦役黃冊相似，故推斷，此件亦當屬於該里（圖）的黃冊。另，此件與HV·YXJCJ8·Y46」HV·YXJCJ8·Y47」格式相同、內容相關，疑屬於同一户的黃冊。

【錄文】

（前缺）

1.　一本圖一則沒官陸地貳分捌釐貳毫，係兌佃到南廂
2.　　闞松户下地。
3.　夏稅：小麥每畝科正麥壹斗貳升，每斗帶耗

4. 秋糧：黃豆每畝科正豆壹斗貳升，每斗帶耗柒合，共該叁升貳合柒勺。
5.
6.
7. 秋糧：黃豆每畝科正豆壹斗貳升，每斗帶耗柒合，共該叁升陸合叁勺。
8. 一本圖一則沒官陸地貳分捌釐捌毫，係兌到拾柒都貳圖盧連戶下地。
9. 夏稅：小麥每畝科正麥壹斗捌合，每斗帶耗柒合，共該叁升叁合叁勺。
10. 秋糧：黃豆每畝科正豆壹斗貳升，每斗帶耗柒合，共該叁升柒合。
11.
12.
13. 一本圖一則沒官陸地壹釐柒毫，係兌到本圖王深戶下地。
14. 夏稅：小麥每畝科正麥壹斗捌合，每斗帶耗柒合，共該壹合玖勺。
15.
16. 秋糧：黃豆每畝科正豆壹斗貳升，每斗帶耗柒合，共該貳合貳勺。
17.
18.
19. 一本圖一則沒官陸地壹釐柒毫，係兌到本圖

（後缺）

四六 明隆慶陸年（1572）直隸揚州府泰州如皋縣縣市西廂第壹里（圖）賦役黃冊

【題解】

此件爲《韻學集成》第八冊卷八第四六葉背，編號爲 HV·YXJC]]8·Y46]，其上下完整，前後均缺，共存文字二一行，與正面古籍文字成經緯狀。此件爲明代某戶的賦役黃冊。另，此件的文字字形、筆跡等與該批紙背文獻中隆慶陸年（1572）攢造的直隸揚州府泰州如皋縣縣市西廂第壹里（圖）賦役黃冊相似，故推斷，此件亦當屬於該里（圖）的黃冊。另，此件與 HV·YXJC]]8·Y45]、HV·YXJC]]8·Y47]格式相同、內容相關，疑屬於同一戶的黃冊。

【錄文】

（前缺）

1. 夏稅：小麥每畝科正麥壹斗捌合，每斗帶耗
2. 柒合，共該壹合玖勺。
3. 秋糧：黃豆每畝科正豆壹斗貳升，每斗帶耗
4. 柒合，共該貳合貳勺。
5. 一本圖一則沒官陸地壹畝捌分捌毫，係兌到拾
6. 伍都肆圖周口陽戶下地。
7. 夏稅：小麥每畝科正麥壹斗捌合，每斗帶耗
8. 柒合，共該壹斗捌升伍合捌勺。
9. 秋糧：黃豆每畝科正豆壹斗貳升，每斗帶
10. 耗柒合，共該貳斗陸合伍勺。
11. 一本圖一則沒官陸地壹畝貳釐捌毫，係兌到貳拾
12. 壹都壹圖蔡粟戶下地。

四七　明隆慶陸年（1572）直隸揚州府泰州如皋縣縣市西廂第壹里（圖）賦役黃冊

【題解】

此件爲《韻學集成》第八冊卷八第四七葉背，編號爲 HV·YXJCJ8·Y47，其上下完整，前後均缺，共存文字二一行，與正面古籍文字成經緯狀。此件爲明代某户的賦役黃冊。另，此件的文字字形、筆跡等與該批紙背文獻中隆慶陸年（1572）攢造的直隸揚州府泰州如皋縣縣市西廂第壹里（圖）賦役黃冊相似，故推斷，此件亦當屬於該里（圖）的黃冊。另，此件與 HV·YXJCJ8·Y45、HV·YXJCJ8·Y46 格式相同、內容相關，疑屬於同一户的黃冊。

【錄文】

（前缺）

1. 一本圖一則沒官陸地壹畝壹分陸釐叁毫，係兑

第八冊

三三七

13.　夏稅：小麥每畝科正麥壹斗捌合，每斗帶耗
14.　　　柒合，共該壹斗壹升捌合捌勺。
15.　秋糧：黃豆每畝科正豆壹斗貳升，每斗帶耗
16.　　　柒合，共該壹斗叁升貳合。
17. 一本圖一則沒官陸地捌分伍釐肆毫，
18.　　　廂洪勳户下地。
19.　夏稅：小麥每畝科正麥壹斗捌合，每斗帶
20.　　　耗柒合，共該玖升捌合柒勺。
21.　秋糧：黃豆每畝科正豆壹斗貳升，每斗帶

（後缺）

2. 到貳拾壹都壹圖蔡儀戶下地。
3. 夏稅：小麥每畝科正麥壹斗捌合，每斗帶
耗柒合，共該壹斗叁升肆合肆
4. 勺。
5.
6. 秋糧：黃豆每畝科正豆壹斗貳升，每斗帶
耗柒合，共該壹斗肆升玖合叁
7. 勺。
8.
9. 一本圖一則沒官陸地捌分玖釐伍毫，係兌到本
圖吳休戶下地。
10. 夏稅：小麥每畝科正麥壹斗捌合，每斗帶
耗柒合，共該壹斗叁合肆勺。
11.
12. 秋糧：黃豆每畝科正豆壹斗貳升，每斗帶
耗柒合，共該壹斗壹升肆合玖勺。
13.
14.
15. 一本圖一則沒官陸地壹畝伍分柒毫，係
兌到貳拾都叁圖朱果戶下地。
16. 夏稅：小麥每畝科正麥壹斗捌合，每斗帶
耗柒合，共該壹斗柒升玖合玖勺。
17.
18. 秋糧：黃豆每畝科正豆壹斗貳升，每斗帶耗
柒合，共該壹斗玖升玖合玖勺。
19.
20.
21. 一本圖一則沒官陸地貳畝捌分捌釐玖毫，係兌到

（後缺）

四八 明隆慶陸年（1572）直隸揚州府泰州如皋縣縣市西廂第壹里（圖）賦役黃冊

【題解】

此件爲《韻學集成》第八册卷八第四八葉背，編號爲HV·YXJC[]8·Y48]，其上下完整，前後均缺，共存文字十九行，與正面古籍文字成經緯狀。此件爲明代某户的賦役黃冊。另，明代賦役黃冊往往會登載攢造之前十年内的人口變化等情况，文中所載『張氏』的病故時間爲『嘉靖肆拾叁年』（1564），而此後的隆慶陸年（1572）爲黄冊的攢造年份，據此可知，此件當係該年攢造的賦役黃冊。此件的文字字形、筆跡等與已知該批黃冊中攢造機構爲直隸揚州府泰州如皋縣市西廂第壹里（圖）的賦役黃冊相似，故推斷，此件亦當屬於該里（圖）的黃冊。

【錄文】

（前缺）

1. 田肆分肆釐貳毫。秋糧：米正耗貳升叁合陸勺。
2. 地柒分玖釐貳毫。
3. 夏税：小麥正耗壹升柒合。
4. 秋糧：黄豆正耗肆升貳合肆勺。
5. 房屋：民草房壹間。
6. □除：
7. 人口：正除婦女壹口。
8. 張氏，於嘉靖肆拾叁年病故。
9. 實在：
10. 人口：男子成丁壹口。
11. 本身年陸拾歲。

四九　明隆慶陸年（1572）直隸揚州府泰州如皋縣縣市西廂第壹里（圖）賦役黃冊（劉某）

【題解】

此件爲《韻學集成》第八冊卷八第四九葉背，編號爲 HV·YXJC[[8·Y49]，其上下完整，前後均缺，中有缺行，共存文字十九行，與正面古籍文字成經緯狀。此件爲明代某户的賦役黃冊，據其中所載男子姓名知，此黃冊的户頭當係劉某。另，明代賦役黃冊往往會登載攢造之前十年內的人口變化等情況，文中所載『劉稠』等人的病故時間從『嘉靖肆拾肆年』（1565）至『隆慶叁年』（1569），而此後的隆慶陸年（1572）爲黃冊的攢造年份，據此可知，此件當係該年攢造的賦役黃冊。此件的文字字形、筆跡等與已知該批黃冊中攢造機構爲直隸揚州府泰州如皋縣縣市西廂第壹里（圖）的賦役黃冊相似，故推斷，此件亦當屬於該里（圖）的黃冊。

【錄文】

（前缺）

1. 夏稅：小麥正耗伍石肆斗叁升叁合肆勺。

12. 事產：

官民田地壹畝玖分壹釐貳毫。

夏稅：小麥正耗肆升壹合玖勺。

秋糧：

米正耗捌升貳合玖勺。

黃豆正耗柒升壹勺。

13.
14.
15.
16.
17.
18. 官田地陸分柒釐捌毫。

夏稅：小麥正耗貳升肆合玖勺。

19.

（後缺）

2. 秋糧：黃豆正耗壹拾叁石伍斗捌升叁合肆勺。
3. 民桑壹株。夏稅：絲壹兩。
4. 房屋：民瓦、草房玖間。
5. 瓦房叁間。
6. 草房陸間。
7. 頭匹：水牛壹隻。

（中缺1行）

8. 人口：正除男、婦柒口。
9. 男子叁口：
10. 劉稠，於隆慶元年病故。
11. 劉應禎，於隆慶叁年病故。
12. 劉楠，於隆慶貳年病故。
13. 婦女肆口：
14. 陳氏，於嘉靖肆拾伍年病故。
15. 石氏，於嘉靖肆拾伍年病故。
16. 范氏，於嘉靖肆拾肆年病故。
17. 許氏，於隆慶□□病故。
18. 事產：
19. 官民田地轉除田地壹頃肆拾柒畝陸釐貳毫。

（後缺）

五〇 明隆慶陸年（1572）直隸揚州府泰州如皋縣縣市西廂第壹圖賦役黃冊（軍戶劉進）

【題解】

此件爲《韻學集成》第八冊卷八第五十葉背，編號爲"HV·YXJC[]8·Y50"，其上殘下完，前後均缺，中有缺行，共存文字十九行，與正面古籍文字成經緯狀。此件爲直隸揚州府泰州如皋縣縣市西廂第壹圖軍戶劉進的賦役黃冊。另，明代賦役黃冊在攢造之時需對下一輪十年內各戶充任里長、甲首情況等做出預先安排，第六行所載劉進充里長的時間爲『萬曆捌年』（1580），而此前的係隆慶陸年（1572）是黃冊的攢造年份，據此推斷，此件當係該年攢造的黃冊。

【錄文】

（前缺）

1. ▢係直隸揚州府泰州如皋縣縣市西廂第壹圖軍戶，有祖劉永等充軍貳名，壹名劉
2. 　永，於洪武貳拾壹年爲課程事，發寧番衛
3. 　右所百戶韓汪總旗江伯常小旗羅洪下軍，節
4. 　有營丁回家取計軍裝，不缺。壹名劉子，洪
5. 　武貳拾柒年爲▢黃冊事，發陝西慶陽衛華▢
6. 　迎運所，正德辤劉進補役，充萬曆捌年里長。

（中缺 1 行）

7. 人丁：計家男、婦肆拾肆口。
8. 　　　　男子叁拾口。
9. 　　　　婦女壹拾肆口。
10. 事產：
11. 　　官民田地陸頃壹拾肆畝陸分叁毫。

五一　明隆慶陸年（1572）直隸揚州府泰州如皋縣縣市西廂第壹里（圖）賦役黃冊

【題解】

此件爲《韻學集成》第八冊卷八第五一葉背，編號爲HV·YXJC[]8·Y51］，其上下完整，前後均缺，共存文字二一行，與正面古籍文字成經緯狀。此件爲明代某户的賦役黃冊。另，明代賦役黃冊往往會登載攢造之前十年内的田畝變化等情況，文中載有土地的『兑佃』時間『隆慶肆年』（1570）、『隆慶伍年』（1571）、『嘉靖肆拾伍年』（1566）等，而此後的隆慶陸年（1572）爲黃冊的攢造年份，據此可知，此件當係該年攢造的賦役黃冊。此件的文字字形、筆跡等與已知該批黃冊中攢造機構爲直隸揚州府泰州如皋縣縣市西廂第壹里（圖）的賦役黃冊相似，故推斷，此件亦當屬於該里（圖）的黃冊。另，此件與HV·YXJC[]8·Y52]格式相同、内容相近，疑屬於用一户的黃冊。

【録文】

（前缺）

1. 　　　　一本圖一則沒官蕩田壹拾畝貳分捌釐肆毫。秋糧：米每畝

官田地貳頃壹拾捌畝貳分伍釐壹毫。

夏稅：小麥正耗 捌石 叁升伍合玖勺。

秋糧：

米正耗壹拾玖石壹斗貳升捌勺。

（後缺）

夏稅：小麥正耗壹拾叁石肆斗陸升玖合叁勺。

秋糧：

米正耗貳拾陸石柒斗叁升壹合。

黃豆正耗貳拾貳石伍斗壹升貳合貳勺。

12.
13.
14.
15.
16.
17.
18.
19.

2. 科正米壹斗貳升，每斗帶耗柒合，共該
3. 壹斗陸升肆合捌勺，於隆慶肆年係
4. 兌佃叁都叁圖石演承種。
5. 一本圖一則沒官蕩田壹畝柒分陸釐貳毫。秋糧：米每
6. 畝科正米壹斗貳升，每斗帶耗米柒
7. 合，共該壹斗肆升玖合貳勺，於隆慶
8. 叁年係兌佃與貳拾壹都貳圖談龍承
9. 種。
10. 一本圖一則沒官蕩田貳分陸釐貳毫。秋糧：米每畝科正
11. 米壹斗貳升，每斗帶耗柒合，共該叁
12. 升叁合陸勺，於隆慶伍年係兌佃與
13. 拾肆都壹圖劉 慶 承種。
14. 一本圖一則沒官蕩田壹分伍釐貳毫。秋糧：米每畝
15. 科正米壹斗貳升，每斗帶耗柒合，
16. 共該壹升玖合伍勺，於嘉靖肆拾
17. 肆年係兌佃與本圖吉朋承種。
18. 一本圖一則沒官蕩田叁畝捌釐貳毫。秋糧：米每畝
19. 科正米壹斗貳升，每斗帶耗柒合，共
20. 該叁斗玖升伍合柒勺，於嘉靖肆拾
21. 伍年係兌佃與本圖宗□承種。

（後缺）

五二　明隆慶陸年（1572）直隸揚州府泰州如皋縣縣市西廂第壹里（圖）賦役黃冊

【題解】

此件爲《韻學集成》第八冊卷八第五二葉背，編號爲 HV·YXJCJ8·Y52 ，其上下完整，前後均缺，共存文字十九行，與正面古籍文字成經緯狀。此件爲明代某戶的賦役黃冊。另，明代賦役黃冊往往會登載攢造之前十年內的田畝變化等情況，文中載有土地的『兌佃』時間『隆慶叁年』（1569）、『隆慶貳年』（1568）、『隆慶伍年』（1571）等，而此後的隆慶陸年（1572）爲黃冊的攢造年份，據此可知，此件當係該年攢造的賦役黃冊。此件的文字字形、筆跡等與已知該批黃冊中攢造機構爲直隸揚州府泰州如皋縣縣市西廂第壹里（圖）的賦役黃冊相似，故推斷，此件亦當屬於該里（圖）的黃冊。另，此件與 HV·YXJCJ8·Y51 格式相同、內容相近，疑屬於用一戶的黃冊。

【錄文】

（前缺）

1. 佃貳拾壹都貳圖鄧高承種。
2. 一本圖一則沒官蕩田捌分叁釐伍毫。秋糧：米每畝
3. 　科正米壹斗貳升，每斗帶耗柒
4. 　合，共該貳斗叁升伍合陸勺，於
5. 　隆慶叁年係兌佃與玖都貳圖
6. 　冒閑承種。
7. 一本圖一則沒官蕩田貳分貳釐柒毫。秋糧：米每畝
8. 　科正米壹斗貳升，每斗帶耗柒合，
9. 　共該貳升叁合陸勺，於隆慶貳年
10. 　係兌佃與叁都貳圖姚憲承種。
11. 一本圖一則沒官蕩田陸分玖釐。秋糧：米每畝科正

12.
13.
14.　米壹斗貳升，每斗帶耗柒合，共該
15.　捌升捌合陸勺，於隆慶伍年係兌
16.　佃與貳拾捌合壹都壹圖葛元春承種。
17.　一本圖一則沒官蕩田陸分陸毫。秋糧：米每畝科
18.　正米壹斗貳升，每斗帶耗柒合，
19.　共該柒升柒合捌勺，於隆慶肆年
　　　係兌佃與南廂秦□承種。

　一本圖一則沒官蕩田壹分肆釐柒毫。秋糧：米每

（後缺）

五三　明隆慶陸年（1572）直隸揚州府泰州如皋縣縣市西廂第壹里（圖）賦役黃冊之二（陳某）

【題解】

此件爲《韻學集成》第八冊卷八第五三葉背，編號爲HV·YXJC][8·Y53]，其上下完整，前後均缺，共存文字二十行，與正面古籍文字成經緯狀。此件爲明代某戶的賦役黃冊，據其中所載男子姓名知，此黃冊的戶頭當係陳某。另，明代賦役黃冊往往會登載攢造之前十年內的人口變化等情況，文中所載「陳孫兒」的病故時間爲「隆慶貳年」（1568），而此後的隆慶陸年（1572）爲黃冊的攢造年份，據此可知，此件當係該年攢造的賦役黃冊。此件的文字字形、筆跡等與已知該批黃冊中攢造機構爲直隸揚州府泰州如皋縣縣市西廂第壹里（圖）的黃冊相似，故推斷，此件亦當屬於該里（圖）的黃冊。另，此件官民田地之數等於HV·YXJC][8·Y54]之官田地數與民田地數之和，據此可知，此兩件可以綴合，而此件所載官民田地係「實在」部分，故按四柱登記順序可知，此件當在後。

【錄文】

（前缺）

1. 人口：正除男子壹口。
2. 陳孫兒，於隆慶貳年病故。
3. □在：
4. 人口：男、婦貳口。
5. 男子成丁壹口：
6. 本身年伍拾歲。
7. 婦女大壹口：
8. 妻何氏年肆拾捌歲。
9. 事產：
10. 官民田地壹分貳釐陸毫。
11. 夏稅：小麥正耗貳合捌勺。
12. 秋糧：
13. 米正耗伍合陸勺。
14. 黃豆正耗肆合陸勺。
15. 官田地肆釐伍毫。
16. 夏稅：小麥正耗壹合陸勺。
17. 秋糧：
18. 米正耗叁合玖勺。
19. 黃豆正耗壹合捌勺。
20. 田本圖一則沒官蕩田叁釐壹毫。秋糧：米每畝科正米壹斗

（後缺）

五四 明隆慶陸年（1572）直隷揚州府泰州如皋縣縣市西廂第壹里（圖）賦役黃冊之一（陳某）

【題解】

此件爲《韻學集成》第八冊卷八第五四葉背，編號爲 HV·YX]C]]8·Y54"，其上下完整，前後均缺，共存文字二十行，與正面古籍文字成經緯狀。此件爲明代某戶的賦役黃冊。另，此件的文字字形、筆跡等與該批紙背文獻中隆慶陸年（1572）攢造的直隷揚州府泰州如皋縣縣市西廂第壹里（圖）賦役黃冊相似，故推斷，此件亦當屬於該里（圖）的黃冊。另，此件之官田地數與民田地數之和等於HV·YX]C]]8·Y53〕之官民田地數，據此可知，此兩件可以綴合，又據這兩件的四柱登記順序知，此件當在前。今據 HV·YX]C]]8·Y53 擬現題。

【錄文】

（前缺）

1. 黃豆正耗肆合陸勺。
2. 官田地肆釐伍毫。
   夏税：小麥正耗壹合陸勺。
   秋糧：
3. 米正耗叁合玖勺。
4. 黃豆正耗壹合捌勺。
5. 田叁釐壹毫。秋糧：米正耗叁合玖勺。
6. 地壹釐肆毫。
7. 夏税：小麥正耗壹合陸勺。
8. 秋糧：黃豆正耗壹合捌勺。

五五 明隆慶陸年（1572）直隸揚州府泰州如皋縣縣市西廂第壹里（圖）賦役黃冊

【題解】

此件爲《韻學集成》第八冊卷八第五五葉背，編號爲 HV·YXJC[J8·Y55]，其上下完整，前後均缺，共存文字二一行，與正面古籍文字成經緯狀。此件爲明代某户的賦役黄册。另，此件的文字字形、筆跡等與該批紙背文獻中隆慶陸年（1572）攢造的直隸揚州府泰州如皋縣縣市西廂第壹里（圖）賦役黄册相似，故推斷，此件亦當屬於該里（圖）的黄册。

【錄文】

（前缺）

1. 官田地壹畝肆分玖釐陸毫。

11. 民田地捌釐壹毫。

夏税： 小麥正耗壹合貳勺。

秋糧：

12. 米正耗壹合柒勺。

13. 黄豆正耗壹合捌勺。

14. 田貳釐玖毫。 秋糧： 米正耗壹合柒勺。

15. 地伍釐貳毫。

16. 夏税： 小麥正耗壹合貳勺。

17. 秋糧： 黄豆正耗貳合捌勺。

18.

19.

20. 房屋：民草房貳間。

（後缺）

2. 夏稅：小麥正耗伍升伍合。
3. 秋糧：
4. 米正耗壹斗叁升壹合。
5. 黃豆正耗陸升壹合壹勺。
6. 田本圖一則沒官蕩田壹畝貳釐。秋糧：米每畝科正米壹斗貳升壹合，兌到本圖張梅戶下田。
7.
8.
9. 地本圖一則沒官陸地肆分柒釐陸毫，兌到本圖張梅戶下地。
10.
11. 夏稅：小麥每畝科正麥壹斗捌合，每斗帶耗柒合，共該伍升貳合。
12.
13. 秋糧：黃豆每畝科正豆壹斗貳升，每斗帶耗柒合，共該陸升陸合壹勺。
14.
15. 民田地貳畝柒分壹釐肆毫。
16. 夏稅：小麥正耗叁升壹合叁勺。
17. 秋糧：
18. 米正耗伍升貳合。
19. 黃豆正耗玖升叁合貳勺。
20. 田本圖一則蕩田玖分柒釐貳毫。秋糧：米每畝科正米伍升，每斗帶耗柒合，共該伍升叁合□□□

（後缺）

五六 明隆慶陸年（1572）直隸揚州府泰州如皋縣縣市西廂第壹里（圖）賦役黃冊

【題解】

此件爲《韻學集成》第八冊卷八第五六葉背，編號爲HV·YXJC[J8·Y56]，其上下完整，前後均缺，共存文字二一行，與正面古籍文字成經緯狀。此件爲明代某戶的賦役黃冊。另，此件的文字字形、筆跡等與該批紙背文獻中隆慶陸年（1572）攢造的直隸揚州府泰州如皋縣縣市西廂第壹里（圖）賦役黃冊相似，故推斷，此件亦當屬於該里（圖）的黃冊。

【錄文】

（前缺）

1. 地。
2. 夏税：小麥每畝科正麥貳升，每斗帶耗柒合，共該
3. 叁升壹合叁勺。
4. 秋糧：黃豆每畝科正豆伍升，每斗帶耗柒合，共該
5. 玖升叁合貳勺。
6. 房屋：民正收草房壹間，係新起蓋。
7. 實在：
8. 人口：男、婦貳口
9. 男子成丁壹口。
10. 本身年叁拾歲。
11. 婦女大壹口。
12. 張氏年叁拾捌歲。
13. 事產：

14. 官民田地肆畝貳分壹釐。
15. 夏稅：小麥正耗捌升陸合叁勺。
16. 秋粮：
17. 米正耗壹斗捌升叁合。
18. 黃豆正耗壹斗肆合叁勺。
19. 官田地壹畝肆分玖釐壹毫。
20. 夏稅：小麥正耗伍升伍合。
21. 秋粮：

（後缺）

五七 明隆慶陸年（1572）直隸揚州府泰州如皋縣縣市西廂第壹圖賦役黃冊（民戶某等）

【題解】

此件爲《韻學集成》第八冊卷八第五七葉背，編號爲 HV·YXJC[]8·Y57]，其上殘下完，前後均缺，共存文字二十行，其中第一至十九行係一戶，第二十行係直隸揚州府泰州如皋縣縣市西廂第壹圖民戶某之黃冊。文字成經緯狀。此件爲明代兩戶的賦役黃冊，其中第一至十九行係一戶，第二十行所載某充甲首的時間爲『萬曆陸年』（1578），而此前的係隆慶陸年（1572）是黃冊的攢造年份，據此推斷，此件當係該年攢造的黃冊。另，明代賦役黃冊在攢造之時需對下一輪十年內各戶充任里長、甲首情況等做出預先安排，第二十行所載某充甲首的時間爲『萬曆陸年』（1578），而此前的係隆慶陸年（1572）是黃冊的攢造年份，據此推斷，此件當係該年攢造的黃冊。今據第二戶黃冊擬現題。

【錄文】

（前缺）

1. 夏稅：小麥正耗壹合貳勺。
2. 秋糧：

3. 米正耗壹合柒勺。
4. 黃豆正耗壹合捌勺。
5. 田本圖一則蕩田貳釐玖毫。秋糧：米每畝科正米伍升，每斗帶耗柒合，共該壹合柒勺。
6. 正米壹合伍勺。
7. 耗米貳勺。
8. 地本圖一則陸地伍釐貳毫。
9. 夏稅：小麥每畝科正麥貳升，每斗帶耗柒合，共該壹合貳勺。
10. 正麥壹合壹勺。
11. 耗麥壹勺。
12. 秋糧：黃豆每畝科正豆伍升，每斗帶耗柒合，共該貳合捌勺。
13. 正豆貳合陸勺。
14. 耗豆貳勺。
15. 房屋：民草房貳間。
16. 頭匹：水牛壹隻。
17. 係直隸揚州府泰州如皋縣縣市西廂第壹圖民户，充萬曆陸年甲首

（後缺）

五八 明隆慶陸年（1572）直隸揚州府泰州如皋縣縣市西廂第壹里（圖）賦役黃冊

【題解】

此件爲《韻學集成》第八冊卷八第五八葉背，編號爲 HV·YXJC[[8·Y58]，其上下完整，前後均缺，共存文字二十行，與正面古籍文字成經緯狀。此件爲明代某户的賦役黃冊。另，此件的文字字形、筆跡等與該批紙背文獻中隆慶陸年（1572）攢造的直隸揚州府泰州如皋縣縣市西廂第壹里（圖）賦役黃冊相似，故推斷，此件亦當屬於該里（圖）的黃冊。

【錄文】

（前缺）

1. 官民田地伍釐捌毫。
2. 　　夏税：小麥正耗壹合貳勺。
3. 　　秋糧：
4. 　　　米正耗貳合伍勺。
5. 　　　黄豆正耗壹合玖勺。
6. 官田地貳釐壹毫。
7. 　　夏税：小麥正耗柒勺。
8. 　　秋糧：
9. 　　　米正耗壹合捌勺。
10. 　　　黄豆正耗壹合捌勺。
11. 田壹釐肆毫。秋糧：米正耗壹合捌勺。
12. 地柒毫。
13. 　　夏税：小麥正耗柒勺。

五九 明隆慶陸年（1572）直隸揚州府泰州如皋縣縣市西廂第壹里（圖）賦役黃冊

【題解】

此件爲《韻學集成》第八冊卷八第五九葉背，編號爲"HV·YXJC[]8·Y59"，其上下完整，前後均缺，共存文字二十行，與正面古籍文字成經緯狀。此件爲明代某戶的賦役黃冊。另，此件的文字字形、筆跡等與該批紙背文獻中隆慶陸年（1572）攢造的直隸揚州府泰州如皋縣縣市西廂第壹里（圖）賦役黃冊相似，故推斷，此件亦當屬於該里（圖）的黃冊。

【錄文】

（前缺）

1. 　　地貳釐叁毫。
2. 　　夏稅：小麥正耗貳合捌勺。
3. 　　秋糧：
4. 民田地壹分叁釐。

14. 　　秋糧：黃豆正耗捌勺。
15. 民田地叁釐柒毫。
16. 　　夏稅：小麥正耗伍勺。
17. 　　秋糧：
18. 　　　米正耗柒勺。
19. 　　　黃豆正耗壹合壹勺。
20. 田壹釐叁毫。秋糧：米正耗柒勺。

（後缺）

5. 夏稅：小麥正耗壹合柒勺。
6. 秋糧：
7. 　　米正耗貳合陸勺。
8. 　　黃豆正耗貳合肆勺。
9. 田肆釐柒毫。秋糧：米正耗貳合陸毫。
10. 地捌釐叁毫。
11. 　　夏稅：小麥正耗壹合柒勺。
12. 　　秋糧：黃豆正耗柒合肆勺。
13. 房屋：民草房壹間。
14. 開除：
15. 事產：
16. 　　官民田地轉除田地壹分貳釐伍毫。
17. 　　夏稅：小麥正耗貳合柒勺。
18. 　　秋糧：
19. 　　　　米正耗伍合伍勺。
20. 　　　　黃豆正耗肆合陸勺。
　　　　（後缺）

六〇 明隆慶陸年（1572）直隸揚州府泰州如皋縣縣市西廂第壹里（圖）賦役黃冊

【題解】

此件爲《韻學集成》第八冊卷八第六十葉背，編號爲HV·YXJC||8·Y60〕，其上下完整，前後均缺，共存文字二十行，與正面古籍文字成經緯狀。此件爲明代某户的賦役黄册。明代賦役黃冊往往會登載攢造之前十年内的田畝變化等情況，文中載有土地的『兑佃』等時間『隆慶叁年』（1569），而此後的隆慶陸年（1572）爲黃冊的攢造年份，據此可知，此件當係該年攢造的賦役黃冊。此件的文字字形、筆跡等與已知該批黃冊中攢造機構爲直隸揚州府泰州如皋縣市西廂第壹里（圖）的賦役黄冊相似，故推斷，此件亦當屬於該里（圖）的黃冊。

【錄文】

（前缺）

1. 黄豆正耗壹合捌勺。
2. 田本圖一則沒官蕩田叁釐。秋糧：米每畝科正米壹斗貳升，
3. 每斗帶耗柒合，共該叁合玖勺，於隆慶
4. 叁年玖月内兑佃過割與肆都叁圖蘇
5. 朋承種。
6. 地本圖一則沒官陸地壹釐肆毫，兑佃過割與肆都叁圖蘇
7. 朋承種。
8. 夏税：小麥每畝科正麥壹斗捌合，每斗帶耗柒
9. 合，共該壹合陸勺。
10. 秋糧：黄豆每畝科正豆壹斗貳升，每斗帶耗柒合，
11. 共該壹合捌勺。

12. 民田地捌釐壹毫。
13. 　　夏稅：小麥正耗壹合壹勺。
14. 　　秋糧：
15. 　　　　米正耗壹合陸勺。
16. 　　　　黃豆正耗貳合捌勺。
17. 田本圖一則蕩田貳釐玖毫。秋糧：米每畝科正米伍升，每斗
18. 　　　　帶耗柒合，共該壹合陸勺，於隆慶叁
19. 　　　　年玖月出賣與肆都叁圖蘇朋承
20. 　　　　種。

（後缺）

六一　明隆慶陸年（1572）直隸揚州府泰州如皋縣縣市西廂第壹里賦役黃冊（民籍王戌等）

【題解】

此件爲《韻學集成》第八冊卷八第六一葉背，編號爲 HV·YXJC[]8·Y61"，其上殘下完，前後均缺，共存文字二一行，與正面古籍文字成經緯狀。此件爲明代三戶的賦役黃冊，其中第一至十行係一戶，第十一至二十係一戶，以上兩戶黃冊除戶頭姓名外，其他信息相對完整，第 21 行係直隸揚州府泰州如皋縣縣市西廂第壹里民籍王戌之黃冊。另，該批紙背文獻中已知攢造時間的直隸揚州府泰州如皋縣縣市西廂第壹里賦役黃冊攢造於隆慶陸年（1572），故可知此件亦當係該年攢造的黃冊。今據第三戶黃冊等擬現題。

【錄文】

（前缺）

1. ▢▢▢直隸揚州府泰州如皋縣縣市西廂第壹里民籍。

2. 舊管：
3. 人丁：計家男子壹口。
4. 事產：
5. 房屋：民草房壹間
6. 實在：
7. 人口：男子成丁壹口。
8. 本身年叁拾歲。
9. 事產：
10. 房屋：民草房壹間。
11. 係直隸揚州府泰州如皋縣縣市西廂第壹里民籍。
12. 管：
13. 人口：計家男子壹口。
14. 事產：
15. 民房屋：草房貳間。
16. 在：
17. 人口：男子成丁壹口
18. 本身年肆拾歲。
19. 事產：
20. 房屋：民草房貳間。
21. 男王戎係直隸揚州府泰州如皋縣縣市西廂第壹里民籍。

（後缺）

六二 明隆慶陸年（1572）直隸揚州府泰州如皋縣縣市西廂第壹里（圖）賦役黄册（軍戶某堅）

【題解】

此件爲《韻學集成》第八册卷八第六二葉背，編號爲 HV·YXJC[]8·Y62]，其上下完整，前後均缺，共存文字二十行，與正面古籍文字成經緯狀。此件爲明代某户的賦役黄册，據一至五行知，此件當係軍户的黄册，據第一行推測，此軍户中存人名者爲某堅，今暫以其擬現題。另，明代賦役黄册在攢造之時需對下一輪十年内各户充任里長、甲首情况等做出預先安排，第四、五行所載某充甲首的時間爲『萬曆拾年』（1672），而此前的係隆慶陸年（1572）是黄册的攢造年份，據此推斷，此件當係該年攢造的黄册。此件的文字字形、筆跡等與已知該批黄册中攢造機構爲直隸揚州府泰州如皋縣縣市西廂第壹里（圖）的賦役黄册相似，故推斷，此件亦當屬於該里（圖）的黄册。

【錄文】

（前缺）

1. 男丁堅代役，正德肆年蒙縣清理
2. 遠年□勾軍伍，□差□觧範祐洪
3. 寳管觧赴衛交割，本衛查無名
4. 諱，隨批帶回聽繼軍伍，充萬曆拾
5. 年甲首。
6. 舊管：
7. 人丁：計家男、婦貳口。
8. 　　　男子壹口。
9. 　　　婦女壹口。

六三 明隆慶陸年（1572）直隸揚州府泰州如皋縣縣市西廂第壹里（圖）賦役黃冊

【題解】

此件爲《韻學集成》第八册卷八第六三葉背，編號爲 HV·YXJC[]8·Y63]，其上下完整，前後均缺，共存文字十九行，與正面古籍文字成經緯狀。此件爲明代某户的賦役黄册。另，此件的文字字形、筆跡等與該批紙背文獻中隆慶陸年（1572）攢造的直隸揚州如皋縣縣市西廂第壹里（圖）賦役黄册相似，故推斷，此件亦當屬於該里（圖）的黄册。

【錄文】

（前缺）

10. 事產：

11. 　　房屋：民草房壹間。

12. 開除：

13. 　　人口：正除

14. 　　　　婦女壹口。

15. 　　　　　　蔣氏，於嘉靖肆拾叁年病故。

16. 實在：

17. 　　人口：男子

18. 　　　　成丁壹口。

19. 　　　　　　本身年伍拾歲。

20. 事產：

（後缺）

1. 一本圖一則沒官蕩田壹分肆釐柒毫。秋糧：米每畝科正米壹斗貳升，每斗帶耗柒合，共該壹升捌合玖勺，係兌佃到貳拾壹都貳圖殷梓戶下田。
2. 一本圖一則沒官蕩田伍分捌釐柒毫。秋糧：米每畝科正米壹斗貳升，每斗帶耗柒合，共該柒升伍合肆勺，係兌到肆都貳圖孫楫戶下田。
3. 一本圖一則沒官陸地貳畝貳分玖毫，係兌到拾柒都貳圖楊琦戶下地。夏稅：小麥每畝科正麥壹斗捌合，每斗帶耗柒合，共該貳斗伍升伍合貳勺。秋糧：黃豆正耗貳石捌斗玖升捌合柒勺。
4. 夏稅：小麥正耗貳石陸斗捌合勺。秋糧：黃豆每畝科正豆壹斗貳升，每斗帶耗柒合，共該貳斗捌升叁合陸地貳拾貳畝伍分柒釐陸毫。

（後缺）

六四 明隆慶陸年（1572）直隸揚州府泰州如皋縣縣市西廂第壹里（圖）賦役黃冊

【題解】

此件爲《韻學集成》第八冊卷八第六四葉背，編號爲HV·YXJCJ8·Y64］，其上下完整，前後均缺，共存文字二一行，與正面古籍文字成經緯狀。此件爲明代某戶的賦役黃冊。另，此件的文字字形、筆跡等與該批紙背文獻中隆慶陸年（1572）攢造的直隸揚州府泰州如皋縣縣市西廂第壹里（圖）賦役黃冊相似，故推斷，此件亦當屬於該里（圖）的黃冊。

【錄文】

（前缺）

1. 正米壹斗貳升，每斗帶耗柒合，
2. 共該柒升柒合捌勺，係兌到南廂
3. 闞松戶下田。
4. 一本圖一則沒官蕩田陸分壹釐柒毫。秋糧：米
5. 每畝科正米壹斗貳升，每斗帶耗柒
6. 合，共該柒升玖合貳勺，係兌到拾
7. 柒都貳圖盧連戶下田。
8. 一本圖一則沒官蕩田叁釐柒毫。秋糧：米每畝科
9. 正米壹斗貳升，每斗帶耗柒合，共
10. 該肆合捌勺，係兌到本圖王深戶下
11. 田。
12. 一本圖一則沒官蕩田伍釐柒毫。秋糧：米每畝科正
13. 米壹斗貳升，每斗帶耗柒合，共該

六五 明隆慶陸年（1572）直隸揚州府泰州如皋縣縣市西廂第壹里（圖）賦役黃冊

【題解】

此件爲《韻學集成》第八冊卷八第六五葉背，編號爲 HV·YXJCJ8·Y65，其上下完整，前後均缺，共存文字二一行，與正面古籍文字成經緯狀。此件爲明代某户的賦役黃冊。另，此件的文字字形、筆跡等與該批紙背文獻中隆慶陸年（1572）攢造的直隸揚州府泰州如皋縣縣市西廂第壹里（圖）賦役黃冊相似，故推斷，此件亦當屬於該里（圖）的黃冊。

【錄文】

（前缺）

1. 本身，原係本户漏報。
2. 婦女壹口：
3. 妻張氏，係娶到泰州張陸女。

……

14. 肆合捌勺，係兑佃本圖陳梓户下田。
15. 一本圖一則沒官蕩田叁畝肆分肆釐貳毫。秋糧：
16. 米每畝科正米壹斗貳升，每斗
17. 帶耗柒合，共該肆斗肆升壹合
18. 玖勺，係兑佃拾伍都肆圖周□陽
19. 户下田。
20. 一本圖一則沒官蕩田貳畝貳分貳毫。秋糧：米每

（後缺）

事產：

4. 官民田地轉收田地壹拾叁畝捌分柒毫。
5. 　　夏稅：小麥正耗叁斗貳合陸勺。
6. 　　秋糧：
7. 　　　米正耗伍斗玖升玖合伍勺。
8. 　　　黃豆正耗伍斗陸合壹勺。
9. 官田地肆畝玖分。
10. 　　夏稅：小麥正耗壹斗捌升叁勺。
11. 　　秋糧：
12. 　　　米正耗肆斗貳升捌合捌勺。
13. 　　　黃豆正耗貳斗叁勺。
14. 田本圖一則沒官蕩田叁畝叁分肆釐。秋糧：米每畝科正米壹斗
15. 　　貳升，每斗帶耗柒合，共該肆斗貳升捌
16. 　　合捌勺，兌到叁都壹圖吳文田戶下
17. 　　田。
18. 地本圖一則沒官陸地壹畝伍分陸釐，兌到叁都壹圖吳文田
19. 　　戶下地。

（後缺）

六六 明隆慶陸年（1572）直隸揚州府泰州如皋縣縣市西廂第壹里（圖）賦役黃冊

【題解】

此件爲《韻學集成》第八冊卷八第六六葉背，編號爲HV·YXJC[8·Y66]，其上下完整，前後均缺，共存文字二一行，與正面古籍文字成經緯狀。此件爲明代某戶的賦役黃冊。另，明代賦役黃冊往往會登載攢造之前十年內的田畝變化等情況，文中載有土地的『兌佃』等時間『隆慶貳年』（1568）、『嘉靖肆拾肆年』（1565）、『隆慶叁年』（1569），而此後的隆慶陸年（1572）爲黃冊的攢造年份，據此可知，此件當係該年攢造的賦役黃冊。此件的文字字形、筆跡等與已知批黃冊中攢造機構爲直隸揚州府泰州如皋縣縣市西廂第壹里（圖）的賦役黃冊相似，故推斷，此件亦當屬於該里（圖）的黃冊。

【錄文】

（前缺）

1. 合，共該肆升伍合玖勺。
2. 秋糧：黃豆每畝科正豆壹斗貳升，每斗帶耗柒合，共該伍升壹合。
3. 一本圖一則沒官陸地壹畝陸分柒釐壹毫，於隆慶
4. 貳年係兌佃與束廂張析承種。
5. 夏稅：小麥每畝科正麥壹斗捌合，每斗帶耗柒合，共該壹斗玖升叁合壹勺。
6. 秋糧：黃豆每畝科正豆壹斗貳升，每斗帶耗柒合，共該貳斗壹升玖合陸勺。
7. 一本圖一則沒官陸地壹分肆毫，於嘉靖肆拾肆年係兌佃與南廂余給承種。

六七 明隆慶陸年（1572）直隸揚州府泰州如皋縣縣市西廂第壹里（圖）賦役黃冊

【題解】

此件爲《韻學集成》第八冊卷八第六七葉背，編號爲HV·YXJCJ8·Y67，其上下完整，前後均缺，共存文字十九行，與正面古籍文字成經緯狀。此件爲明代某戶的賦役黃冊。另，此件的文字字形、筆跡等與該批紙背文獻中隆慶陸年（1572）攢造的直隸揚州府泰州如皋縣縣市西廂第壹里（圖）賦役黃冊相似，故推斷，此件亦當屬於該里（圖）的黃冊。

【錄文】

（前缺）

1. 米伍升，每斗帶耗柒合，共該叁升玖合

（後缺）

12. 夏稅：小麥每畝科正麥壹斗捌合，每斗帶耗
13. 柒合，共該壹升壹合玖勺。
14. 秋糧：黃豆每畝科正豆壹斗貳升，每斗帶耗
15. 柒合，共該壹升叁合貳勺。
16. 一本圖一則沒官陸地貳分壹釐柒毫，於隆慶貳
17. 年係兌佃貳拾壹都壹圖曹景承
18. 種。
19. 夏稅：小麥每畝科正麥壹斗捌合，每斗帶
20. 耗柒合，共該貳升叁合肆勺。
21. 秋糧：黃豆每畝科正豆壹斗貳升，每斗帶

2. 柒勺，係買到貳拾都叁圖劉銑户下田。
3. 一本圖一則蕩田壹分陸釐壹毫。秋糧：米每畝科正
4. 米伍升，每斗帶耗柒合，共該捌合
5. 陸勺，係買到陸都陸圖時信户下
6. 田。
7. 一本圖一則蕩田貳畝捌分陸釐肆毫。秋糧：米每
8. 畝科正米伍升，每斗帶耗柒合，
9. 共該壹斗伍升叁合貳勺，係買
10. 到拾伍都肆圖任積户下田。
11. 一本圖一則蕩田柒分壹毫。秋糧：米每畝科正米
12. 伍升，每斗帶耗柒合，共該叁升
13. 柒合伍勺，係買到拾柒都貳圖
14. 顧寵户下田。
15. 一本圖一則蕩田柒分肆釐叁毫。秋糧：米每畝
16. 科正米伍升，每斗帶耗柒合，共
17. 該升玖合捌勺，係買到本圖
18. 吉朋户下田。
19. 一本圖一則蕩田壹畝柒分陸毫。秋糧：米每畝科

（後缺）

六八 明隆慶陸年（1572）直隸揚州府泰州如皋縣縣市西廂第壹里賦役黃冊（民籍某潤等）

【題解】

此件爲《韻學集成》第八冊卷八第六八葉背，編號爲 HV·YX]C[J8·Y68，其上殘下完，前後均缺，共存文字21行，與正面古籍文字成經緯狀。此件爲明代兩戶的賦役黃冊，其中第一行係一戶的黃冊殘件，第二至二一行係直隸揚州府泰州如皋縣縣市西廂第壹里民籍某潤的黃冊。另，已知該批紙背文獻中直隸揚州府泰州如皋縣縣市西廂第壹里賦役黃冊攢造於隆慶陸年（1572），故可知此件亦當係該年攢造的黃冊。今據第二戶黃冊擬現題。

【錄文】

（前缺）

1. ☐潤係直隸揚州府泰州如皋縣縣市西廂第壹里民籍。
2. 舊管：
3. 　　房屋：民草房壹間。
4. 　　人丁：計家男、婦貳口。
5. 　　　　男子壹口。
6. 　　　　婦女壹口。
7. 　　事產：
8. 　　　　官民田地伍分柒釐柒毫。
9. 　　　　夏稅：小麥正耗壹斗貳合陸勺。
10. 　　　　秋糧：
11. 　　　　　米正耗貳升伍合叁勺。
12. 　　　　　黃豆正耗貳升壹合壹勺。

六九　明隆慶陸年（1572）直隸揚州府泰州如皋縣縣市西廂第壹里（圖）賦役黃冊

【題解】

此件爲《韻學集成》第八冊卷八第六九葉背，編號爲HV·YXJCJ8·Y69'，其上下完整，前後均缺，共存文字十九行，與正面古籍文字成經緯狀。此件爲明代某戶的賦役黃冊。另，此件的文字字形、筆跡等與該批紙背文獻中隆慶陸年（1572）攢造的直隸揚州府泰州如皋縣縣市西廂第壹里（圖）賦役黃冊相似，故推斷，此件亦當屬於該里（圖）的黃冊。

【錄文】

（前缺）

1. 米正耗柒合叁勺。
2. 黃豆正耗壹升叁合柒勺。

13. 官田地貳分伍毫。

14. 夏稅：小麥正耗柒合伍勺。

15. 秋糧：

16. 米正耗壹升捌合。

17. 黃豆正耗捌合肆勺。

18. 田壹分肆釐。秋糧：米正耗壹升捌合。

19. 地陸釐伍毫。

20. 夏稅：小麥正耗柒合伍勺。

21. ☐合☐
☐肆☐

（後缺）

3. 田壹分叁釐肆毫。秋粮：米正耗柒合叁勺。
4. 地貳分叁釐捌毫。
5. 夏稅：小麥正耗壹合壹勺。
6. 秋粮：黃豆正耗壹升貳合柒勺。
7. 房屋：民草房壹間。
8. □在：
9. 人口：男、婦貳口。
10. 男子成丁壹口：
11. 本身年叁拾歲。
12. 婦女大壹口：
13. 母冒氏年玖拾歲。
14. 事產：
15. 官民田地伍分柒釐柒毫。
16. 夏稅：小麥正耗壹升貳合陸勺。
17. 秋粮：
18. 米正耗貳升伍合捌勺。
19. 黃豆正耗貳升壹合壹勺。

（後缺）

七〇 明隆慶陸年（1572）直隸揚州府泰州如皋縣縣市西廂第壹里（圖）賦役黃冊

【題解】

此件為《韻學集成》第八冊卷八第七一葉背，編號為HV·YXJCJ8·Y71"，其上下完整，前後均缺，共存文字二十行，與正面古籍文字成經緯狀。此件為明代某戶的賦役黃冊。另，此件的文字字形、筆跡等與該批紙背文獻中隆慶陸年（1572）攢造的直隸揚州府泰州如皋縣縣市西廂第壹里（圖）賦役黃冊相似，故推斷，此件亦當屬於該里如皋縣縣市西廂第壹里（圖）的黃冊。

【錄文】

（前缺）

1. 一本圖一則沒官陸地玖分玖釐肆毫，係兑到本圖
2. 　　張應魁戶下地。
3. 夏稅：小麥每畝科正麥壹斗捌合，每斗帶耗
4. 　　柒合，共該壹斗壹升肆合捌勺。
5. 秋糧：黃豆每畝科正麥①壹斗貳升，每斗帶耗
6. 　　柒合，共該壹斗貳升柒合陸勺。
7. 一本圖一則沒官陸地壹分貳釐貳毫，係兑南廂
8. 　　邵鎮戶下地。
9. 夏稅：小麥每畝科正麥壹斗捌合，每斗帶耗
10. 　　柒合，共該壹升肆合壹勺。
11. 秋糧：黃豆每畝科正豆壹斗貳升，每斗帶耗
12. 　　柒合，共該壹升伍合柒勺。

① 【麥】據文義當係【豆】之誤。

七一 明隆慶陸年（1572）直隸揚州府泰州如皋縣縣市西廂第壹里賦役黃冊（民戶某等）

【題解】

此件爲《韻學集成》第八冊卷八第七二葉背，編號爲HV·YXJC[J8·Y72]，其上殘下完，前後均缺，共存文字二十行，與正面古籍文字成經緯狀。此件爲明代三戶的賦役黃冊，其中第一至七行係一戶，第八至十八行係一戶，該戶除戶頭姓名外，其他內容基本保存完整，第一九至二十行係一戶。據文書可見，第二、三戶均係直隸揚州府泰州如皋縣縣市西廂第壹里民戶或民籍。另，該批紙背文獻中已知攢造時間的直隸揚州府泰州如皋縣縣市西廂第壹里賦役黃冊攢造於隆慶陸年（1572），故可知此件亦當係該年攢造的黃冊。今據第二戶黃冊擬現題。

【錄文】

（前缺）

1. 一本圖一則沒官陸地壹釐壹毫，係兌到貳拾
2. 壹都貳圖韓冒戶下地。
3. 夏稅：小麥每畝科正麥壹斗捌合，每斗帶
4. 耗柒合，共該壹合叁勺。
5. 秋糧：黃豆每畝科正豆壹斗貳升，每斗帶
6. 耗柒合，共該柒合肆勺。
7. 一本圖一則沒官陸地壹畝貳分貳釐壹毫，係兌
8. 到拾肆都壹圖葛鎮戶下地。

（後缺）

13.
14.
15.
16.
17.
18.
19.
20.

---

① 第二個「陸地」，據文義係衍文，當刪。

第八冊　三六三

1. 人口：男、婦貳口。
2. 　　男子成丁壹口：
3. 　　　本身年貳拾捌歲。
4. 　　婦女大壹口：
5. 　　　妻王氏年貳拾伍歲。
6. 事產：
7. 　　房屋：民草房壹間。
8. 係直隷揚州府泰州如皋縣縣市西廂第壹里民户，原係通州民籍，前來本縣置買田地，納粮不便，遵例告投附籍。
9.
10.
11. □在：
12. 人口：男、婦貳口。
13. 　　男子成丁壹口：
14. 　　　本身年叄拾捌歲。
15. 　　婦女大壹口：
16. 　　　妻李氏年肆拾歲。
17. 事產：
18. 　　房屋：民草房壹間。
19. 係直隷揚州府泰州如皋縣縣市西廂第壹里民籍，原通州人，前來本縣置買田地，納粮不便，遵例告投附籍。
20.
　　　　　（後缺）

七二 明隆慶陸年（1572）直隸揚州府泰州如皋縣縣市西廂第壹里（圖）賦役黃冊（民籍某某等）

【題解】

此件爲《韻學集成》第八册卷八第七三葉背，編號爲HV·YXJC[8·Y73]，其上殘下完，前後均缺，共存文字二四行，與正面古籍文字成經緯狀。此件爲明代兩户的賦役黄册，其中第一至二三行係一户，第二四行係某民籍户的黄册。另，此件的文字字形、筆跡等與該批紙背文獻中隆慶陸年（1572）攢造的直隸揚州府泰州如皋縣縣市西廂第壹里（圖）賦役黄册相似，故推斷，此件亦當屬於該里（圖）的黄册。

【錄文】

（前缺）

1. 耗麥貳勺。
2. 秋糧：黄豆每畝科正豆壹斗貳升，每斗帶耗柒合，
3. 共該捌合肆勺。
4. 正豆捌合貳勺。
5. 耗豆肆勺。①
6. 民田地叁分柒釐貳毫。
7. 夏稅：小麥正耗伍合壹勺。
8. 秋糧：米正耗柒合叁勺。
9. 黄豆正耗壹升貳合柒勺。
10. 田本圖一則蕩田壹分叁釐肆毫。秋糧：米每畝科正米伍升，

① 此正、耗豆之數與上文總數不合，兩者必有一誤。

11. 每斗帶耗柒合，共該柒合叁勺。
12. 正米陸合柒勺。
13. 耗米陸勺。
14. 地本圖一則陸地貳分叁釐捌毫。
15. 夏稅：小麥每畝科正麥貳升，每斗帶耗柒合，共該伍
16. 合壹勺。
17. 正麥肆合捌勺。
18. 耗麥叁勺。
19. 秋粮：黃豆每畝科正豆伍升，每斗帶耗柒合，共該壹
20. 升貳合柒勺。
21. 正豆壹升壹合玖勺。
22. 耗豆捌勺。
23. 房屋：民草房壹間。
24. 原係□□民籍，前來本縣

（後缺）

七三 明隆慶陸年（1572）直隸揚州府泰州如皋縣縣市西廂第壹里（圖）賦役黃冊

【題解】

此件爲《韻學集成》第八冊卷八第七四葉背，編號爲 HV·YXJC[]8·Y74]，其上下完整，前後均缺，共存文字十九行，與正面古籍文字成經緯狀。此件爲明代某户的賦役黃冊。另，此件的文字字形、筆跡等與該批紙背文獻中隆慶陸年（1572）攢造的直隸揚州府泰州

如皋縣縣市西廂第壹里（圖）賦役黃冊相似，故推斷，此件亦當屬於該里（圖）的黃冊。另，此件第十三至十九行與 HV·YXJC]8·Y75
格式相同、內容相關，疑屬於同一戶的黃冊，若綴合，則此件在前。

【錄文】

（前缺）

1. 都貳圖孫捏戶下地。
2. 夏稅：小麥每畝科正麥壹斗捌合，每斗帶
3. 耗柒合，共該叁升壹合柒勺。
4. 秋糧：黃豆每畝科正米①壹斗貳升，每斗帶耗
5. 柒合，共該叁升伍合貳勺。
6. 民田地壹頃貳拾捌畝玖分貳釐貳毫。
7. 夏稅：小麥正耗壹石柒斗玖升柒勺。
8. 秋糧：米正耗貳石肆斗貳升陸合壹勺。
9. 　　　黃豆正耗壹石肆斗貳升陸合壹勺。
10. 　　　米正耗貳石肆斗柒升陸勺。
11. 田肆拾陸畝壹分柒釐玖毫。秋糧：米正耗貳石肆斗陸升柒
12. 勺。
13. 一本圖一則蕩田肆畝伍分壹釐玖毫。秋糧：米每
14. 　　畝科正米伍升，每斗帶耗柒合，共
15. 　　該貳斗肆升壹合柒勺，係買到拾
16. 　　柒都貳圖楊琦戶下田。
17. 一本圖一則蕩田貳畝叁分□釐玖毫。秋糧：米每

① 「米」，當係「豆」之誤。

第八冊　　　　　　　　　　　　　　　　　　　　　　　　　　　　　　　　三六七

七四 明隆慶陸年（1572）直隸揚州府泰州如皋縣縣市西廂第壹里（圖）賦役黃冊

【題解】

此件爲《韻學集成》第八冊卷八第七五葉背，編號爲 HV·YXJCJ8·Y75]，其上下完整，前後均缺，共存文字二十行，與正面古籍文字成經緯狀。此件爲明代某户的賦役黃冊。另，此件的文字字形、筆跡等與該批紙背文獻中隆慶陸年（1572）攢造的直隸揚州府泰州如皋縣縣市西廂第壹里（圖）賦役黃冊相似，故推斷，此件亦當屬於該里（圖）的黃冊。另，此件與 HV·YXJCJ8·Y74]第13至19行格式相同、內容相關，疑屬於同一户的黃冊，若綴合，則此件在後。

【錄文】

（前缺）

1. 一本圖一則蕩田壹畝捌分叁釐。秋糧：米每畝科
2. 正米伍升，每斗帶耗柒合，共該玖
3. 斗柒合玖勺，係買到吳□户下田。
4. 一本圖一則蕩田叁畝壹分捌釐伍毫。秋糧：米每
5. 畝科正米伍升，每斗帶耗柒合，共
6. 該壹斗柒升肆勺，係買到貳拾都
7. 叁圖朱果户下田。
8. 一本圖一則蕩田伍畝玖分玖毫。秋糧：米每畝科

（後缺）

畝科正米伍升，每斗帶耗柒合，
共該壹斗貳升柒合叁勺，係買

18.
19.

9. 正米伍升，每斗帶耗柒合，共該叁
10. 斗壹升陸合壹勺，係買到貳拾壹
11. 都貳圖曹秀戶下田。
12. 一本圖一則蕩田柒分貳釐。秋糧：米每畝科正米
13. 伍升，每斗帶耗柒合，共該叁升捌
14. 合伍勺，係買到貳拾壹都壹圖戴軒
15. 戶下田。
16. 一本圖一則蕩田壹畝柒分壹釐壹毫。秋糧：米每
17. 畝科正米伍升，每斗帶耗柒合，共
18. 該玖升貳合壹勺，係買到北廂河忍
19. 戶下田。
20. 一本圖一則蕩田貳分柒釐叁毫。秋糧：米每畝科

（後缺）

七五　明隆慶陸年（1572）直隸揚州府泰州如皋縣縣市西廂第壹里（圖）賦役黃冊

【題解】

此件爲《韻學集成》第八冊卷八第七六葉背，編號爲HV·YXJC[]8·Y76]，其上下完整，前後均缺，共存文字二十行，與正面古籍文字成經緯狀。此件爲明代某戶的賦役黃冊。另，此件的文字字形、筆跡等與該批紙背文獻中隆慶陸年（1572）攢造的直隸揚州府泰州如皋縣縣市西廂第壹里（圖）賦役黃冊相似，故推斷，此件亦當屬於該里（圖）的黃冊。另，此件與HV·YXJC[]8·Y77]格式相同、內容相關，疑屬於同一戶的黃冊。

哈佛藏《韻學集成》《直音篇》紙背明代文獻釋錄　卷二

【錄文】

（前缺）

1. 一本圖一則沒官陸地伍分肆釐捌毫，係兌到貳拾壹都貳圖蔣□户下地。
2. 夏税：小麥每畝科正麥壹斗捌合，每斗帶耗柒合，共該陸升叁合陸勺。
3. 秋糧：黃豆每畝科正豆壹斗貳升，每斗帶耗柒合，共該柒升肆勺。
4. 一本圖一則沒官陸地叁分陸釐叁毫，係兌到貳拾都叁劉銑户下地。
5. 夏税：小麥每畝科正麥壹斗捌合，每斗帶耗柒合，共該肆升貳合貳勺。
6. 秋糧：黃豆每畝科正豆壹斗捌合，每斗帶耗柒合，共該肆升陸合玖勺。
7. 一本圖一則沒官陸地柒釐玖毫，係兌到陸都陸圖時信户下地。
8. 夏税：小麥每畝科正麥壹斗捌合，每斗帶耗柒合，共該玖合玖勺。
9. 秋糧：黃豆每畝科正豆壹斗貳升，每斗帶耗柒合，共該壹升壹勺。
10. 一本圖一則沒官陸地壹畝肆毫，係兌到拾伍都肆

七六 明隆慶陸年（1572）直隸揚州府泰州如皋縣縣市西廂第壹里（圖）賦役黃冊

【題解】

此件爲《韻學集成》第八冊卷八第七七葉背，編號爲 HV·YXJC[]8·Y77]，其上下完整，前後均缺，共存文字十九行，與正面古籍文字成經緯狀。此件爲明代某戶的賦役黃冊。另，此件的文字字形、筆跡等與該批紙背文獻中隆慶陸年（1572）攢造的直隸揚州府泰州如皋縣縣市西廂第壹里（圖）賦役黃冊相似，故推斷，此件亦當屬於該里（圖）的黃冊。另，此件與 HV·YXJC[]8·Y76]格式相同、內容相關，疑屬於同一戶的黃冊。

【錄文】

（後缺）

（前缺）

1. ▢每畝科正豆壹斗貳升，每斗帶耗
2. 柒合，共該肆升陸合陸勺。
3. 一本圖一則沒官陸地伍分貳釐陸毫，係兌到貳拾
4. 壹都貳圖張憲戶下地。
5. 夏稅：小麥每畝科正麥壹斗捌合，每斗帶耗
6. 柒合，共該陸升捌勺。
7. 秋糧：黃豆每畝科正豆壹斗貳升，每斗帶耗
8. 柒合，共該陸升柒合伍勺。
9. 一本圖一則沒官陸地玖釐，係兌到拾貳都貳圖鄭相
10. 戶下地。

七七 明隆慶陸年（1572）直隷揚州府泰州如皋縣縣市西廂第壹里（圖）賦役黃冊

【題解】

此件爲《韻學集成》第八冊卷八第七八葉背，編號爲HV·YXJC[8·Y78]，其上下完整，前後均缺，共存文字十九行，與正面古籍文字成經緯狀。此件爲明代某户的賦役黃册。另，此件的文字字形、筆跡等與該批紙背文獻中隆慶陸年（1572）攢造的直隷揚州如皋縣縣市西廂第壹里（圖）賦役黃册相似，故推斷，此件亦當屬於該里（圖）的黄册。

【錄文】

（前缺）

1. 米正耗壹石叁斗叁升合柒勺。
2. 黄豆正耗壹石壹斗貳升肆合壹勺。

11. 夏稅：小麥每畝科正麥壹斗捌合，每斗帶耗
柒合，共該壹升肆勺。
12. 秋糧：黃豆每畝科正豆壹斗貳升，每斗帶耗
柒合，共該壹升壹合陸勺。
13.
14.
15. 一本圖一則沒官陸地伍釐壹毫，係兌到北廂趙世豪
16. 户下地。
17. 夏稅：小麥每畝科正麥壹斗捌合，每斗帶耗柒
合，共該伍合玖勺。
18.
19. 秋糧：黃豆每畝科正豆壹斗貳升，每斗帶耗柒

（後缺）

3. 官田地壹拾畝捌分捌釐貳毫。
4. 　　夏稅：小麥正耗肆斗叁勺。
5. 　　秋糧：
6. 　　　　米正耗玖斗伍升貳合伍勺。
7. 　　　　黃豆正耗肆斗肆升肆合捌勺。
8. 田本圖一則沒官蕩田柒畝肆分壹釐捌毫。秋糧：米每畝科正米壹斗
9. 　　貳升，每斗帶耗柒合，共該玖斗伍升貳合
10. 　　伍勺，係兌佃到東廂王惟蕃戶下田。
11. 地本圖一則沒官陸地叁畝肆分陸釐肆毫，係兌佃到東廂王惟蕃戶下
12. 　　地。
13. 　　夏稅：小麥每畝科正麥壹斗捌合，每斗帶耗柒合，共該
14. 　　　　肆斗叁勺。
15. 　　秋糧：黃豆每畝科正豆壹斗貳升，每斗帶耗柒合，共該
16. 　　　　肆斗肆升肆合捌勺。
17. 民田地壹拾玖畝柒分捌釐肆毫。
18. 　　夏稅：小麥正耗貳斗柒升壹合柒勺。
19. 　　秋糧：

（後缺）

七八 明隆慶陸年（1572）直隸揚州府泰州如皋縣縣市西廂第壹里（圖）賦役黃冊

【題解】

此件爲《韻學集成》第八冊卷八第七九葉背，編號爲"HV·YXJCJJ8·Y79"，其上下完整，前後均缺，共存文字十九行，與正面古籍文字成經緯狀。此件爲明代某户的賦役黃冊。另，明代賦役黃冊往往會登載攢造之前十年内的田畝變化等情況，文中載有土地的『出賣』時間『隆慶叁年』（1569），而此後的隆慶陸年（1572）爲黃冊的攢造年份，據此可知，此件當係該年攢造的賦役黃冊。此件的文字字形、筆跡等與已知批黃冊中攢造機構爲直隸揚州府泰州如皋縣縣市西廂第壹里（圖）的賦役黃冊相似，故推斷，此件亦當屬於該里（圖）的黃冊。

【錄文】

（前缺）

1. 地本圖一則沒官陸地叁畝陸分肆釐柒毫，兑佃過割與叁都
2. 叁圖顧作承種。
3. 夏税：小麥每畝科正麥壹斗捌合，每斗帶耗柒合，共
4. 該肆斗貳升壹合伍勺。
5. 秋糧：黃豆每畝科正豆壹斗貳升，每斗帶耗柒合，共
6. 該肆斗陸升捌合叁勺。
7. 民田地貳拾畝捌分貳釐陸毫。
8. 夏税：小麥正耗貳斗捌升陸合。
9. 秋糧：
10. 米正耗叁斗玖升玖合壹勺。
11. 黃豆正耗柒斗壹升伍合壹勺。

七九 明隆慶陸年（1572）直隸揚州府泰州如皋縣縣市西廂第壹里（圖）賦役黃冊

【題解】

此件爲《韻學集成》第八册卷八第八十葉背，編號爲HV·YXJCJ8·Y80，其上殘下完，前後均缺，共存文字二一行，與正面古籍文字成經緯狀。此件爲明代某户的賦役黄册。另，此件的文字字形、筆跡等與該批紙背文獻中隆慶陸年（1572）攢造的直隸揚州府泰州如皋縣縣市西廂第壹里（圖）賦役黄册相似，故推斷，此件亦當屬於該里（圖）的黄册。

【錄文】

（前缺）

1. □管：
2. 人丁：計家男、婦貳口。
3. 男子壹口。

……

12. 田本圖一則蕩田柒畝肆分陸釐。秋糧：米每畝科正米伍升，每斗帶耗柒合，共該叁斗玖升玖合壹勺，於隆慶叁年叁月内出賣與叁都叁圖顧作等爲業。
13.
14.
15. 地本圖一則陸地壹拾叁畝叁分陸釐陸毫，出賣與叁都叁圖顧作等爲業。
16.
17. 夏稅：小麥每畝科正麥貳升，每斗帶耗柒合，共該貳斗捌升陸合。
18.
19.

（後缺）

4.
5. 事產：
6. 　　婦女壹口。
7. 官民田地壹畝玖分壹釐貳毫。
8. 　　夏稅：小麥正耗肆升壹合玖勺。
9. 　　秋糧：
10. 　　　　米正耗捌升貳合玖勺。
11. 　　　　黃豆正耗柒升壹勺。
12. 官田地陸分柒釐捌毫。
13. 　　夏稅：小麥正耗貳升肆合玖勺。
14. 　　秋糧：
15. 　　　　米正耗伍升玖合叁勺。
16. 　　　　黃豆正耗貳升柒合叁勺。
17. 田肆分陸釐貳毫。　秋糧：米正耗伍升玖合叁勺。
18. 地貳分壹釐陸毫。
19. 　　夏稅：小麥正耗貳升肆合玖勺。
20. 　　秋糧：黃豆正耗貳升柒合柒勺。
21. 民田地壹畝貳分叁釐肆毫。
　　□□：□正耗壹升柒合。

（後缺）

八〇 明隆慶陸年（1572）直隸揚州府泰州如皋縣縣市西廂第壹里（圖）賦役黃冊

【題解】

此件爲《韻學集成》第八冊卷八第八一葉背，編號爲 HV·YXJC[8·Y81]，其上下完整，前後均缺，共存文字二十行，與正面古籍文字成經緯狀。此件爲明代某户的賦役黃冊。另，此件的文字字形、筆跡等與該批紙背文獻中隆慶陸年（1572）攢造的直隸揚州府泰州如皋縣縣市西廂第壹里（圖）賦役黃冊相似，故推斷，此件亦當屬於該里（圖）的黃冊。

【錄文】

（前缺）

1. 地本圖一則沒官陸地貳分壹釐陸毫。
2. 夏稅：小麥每畝科正麥壹斗捌合，每斗帶
3. 耗柒合，共該貳升肆合玖勺。
4. 正米①貳升叁合叁勺。
5. 耗麥壹合陸勺。
6. 秋糧：黃豆每畝科正豆壹斗貳升，每斗帶耗
7. 柒合，共該貳升柒合肆勺。
8. 正豆貳升伍合玖勺。
9. 耗豆壹合捌勺。
10. 民田地壹畝貳分叁釐肆毫。
11. 夏稅：小麥正耗壹升柒合。
12. 秋糧：

①「米」據文義當係「麥」之誤。

13. 米正耗貳升叁合陸勺。
14. 黃豆正耗肆升貳合肆勺。
15. 田本圖一則蕩田肆分肆釐貳毫。
16. 伍升,每畝科正米
17. 合陸勺。
18. 正米貳升貳合壹勺。
19. 耗米壹合伍勺。
20. 地本圖一則陸地柒分玖釐貳毫。

（後缺）

八一 明隆慶陸年（1572）直隸揚州府泰州如皋縣縣市西廂第壹里（圖）賦役黃冊

【題解】

此件爲《韻學集成》第八冊卷八第八二葉背，編號爲 HV·YXJC||8·Y82'，其上下完整，前後均缺，共存文字二十行，與正面古籍文字成經緯狀。此件爲明代某戶的賦役黃冊。另，此件的文字字形、筆跡等與該批紙背文獻中隆慶陸年（1572）攢造的直隸揚州府泰州如皋縣縣市西廂第壹里（圖）賦役黃冊相似，故推斷，此件亦當屬於該里（圖）的黃冊。

【錄文】

（前缺）

1. 人口：男、婦貳口。
2. 男子貳口：
3. 　本身年壹拾捌歲。

4. 婦女壹口：
5. 妻湯氏年玖歲。
6. 事產：
7. 官田地伍拾陸畝叁釐伍毫。
8. 夏稅：小麥正耗壹石貳斗貳升捌合壹勺。
9. 秋粮：
10. 米正耗貳石肆斗叁升叁合壹勺。
11. 黃豆正耗貳石伍升柒合肆勺。
12. 官田地壹拾玖畝捌分捌釐伍毫。
13. 夏稅：小麥正耗柒斗叁升壹合陸勺。
14. 秋粮：
15. 米正耗壹石柒斗肆升肆勺。
16. 黃豆正耗壹斗壹升貳合玖勺。
17. 田本圖一則沒官蕩田壹拾叁畝伍分伍釐肆毫。秋粮：米每畝科正米壹斗貳升，每斗帶耗柒合，共該壹石柒斗肆升肆勺。
18.
19. 正米壹石陸斗貳升陸合伍勺。
20.

（後缺）

八二 明隆慶陸年（1572）直隸揚州府泰州如皋縣縣市西廂第壹里（圖）賦役黃冊（王某）

【題解】

此件爲《韻學集成》第八册卷八第八三葉背，編號爲HV·YXJCJ8·Y83，其上下完整，前後均缺，共存文字二十行，與正面古籍文字成經緯狀。此件爲明代某戶的賦役黃册，據其中所載男子姓名知，此黄册的户頭當係王某。另，明代賦役黄册的攢造年份，往往會登載攢造之前十年内的人口變化等情况，文中載有「王珥」病故時間「隆慶肆年」（1570），而此後的隆慶陸年（1572）爲黄册的攢造年份，據此可知，此件當係該年攢造的賦役黃册。此件的文字字形、筆跡等與已知該批黄册中攢造機構爲直隸揚州府泰州如皋縣縣市西廂第壹里（圖）的賦役黄冊相似，故推斷，此件亦當屬於該里（圖）的黄冊。

【錄文】

（前缺）

1. 秋糧：
2. 　　米正耗壹石柒斗壹升肆合肆勺。
3. 　　黄豆正耗捌斗壹升貳合玖勺。
4. 田壹拾叁畝伍分伍釐。秋粮：米正耗壹石柒斗肆升肆合肆勺。
5. 地陸畝叁分叁釐壹毫。
6. 　　夏稅：小麥正耗柒升叁合陸勺。
7. 　　秋粮：黄豆正耗捌斗壹升貳合玖勺。
8. 民田地叁拾陸畝壹分伍釐。
9. 　　夏稅：小麥正耗肆斗玖升陸合伍勺。
10. 　　秋粮：
11. 　　　米正耗陸斗玖升貳合柒勺。

八三　明隆慶陸年（1572）直隸揚州府泰興縣順得鄉貳拾壹都第拾伍里（圖）賦役黃冊

【題解】

此件爲《韻學集成》第八冊卷八第八四葉背，編號爲HV·YXJC[]8·Y84"，其上下完整，前後均缺，共存文字二三行，與正面古籍文字成經緯狀。此件爲明代某戶的賦役黃冊。另，此件的文字字形、筆跡等與該批紙背文獻中隆慶陸年（1572）攢造的直隸揚州府泰興縣順得鄉貳拾壹都第拾伍里（圖）賦役黃冊相似，故推斷，此件亦當屬於該里（圖）的黃冊。

【錄文】

1.
2.

（前缺）

秋糧：

米正耗肆斗壹升陸合伍勺。

（後缺）

12. 黃豆正耗壹石貳斗肆升陸合伍勺。
13. 田壹拾貳畝玖分肆釐玖毫。　秋糧：米正耗陸斗玖升貳合柒□。
14. 地貳拾叁畝貳分壹釐。
15. 　　夏稅：小麥正耗肆斗玖升陸合伍勺。
16. 　　秋糧：黃豆正耗壹石貳斗肆升肆合伍勺。
17. 房屋：民草房貳間。
18. 開除：
19. 　人口：正除男子壹口。
20. 　　父王聶，隆慶肆年病故。

3. 黃豆正耗壹斗肆升陸合壹勺。
4. 官田地本都一則俞平章原獻曹沙米高田陸分壹釐。
5. 夏稅：小麥每畝科正麥壹斗捌升肆合，每斗帶耗柒合，共該壹斗
6. 貳升壹勺。
7. 正麥壹斗壹升貳合貳勺。
8. 耗麥柒合玖勺。
9. 秋糧：米每畝科正米叁斗升叁勺肆抄，每斗帶耗柒合，共該
10. 貳斗貳升貳合壹勺。
11. 正米貳斗柒合陸勺。
12. 耗米壹升肆合伍勺。
13. 民田地陸畝肆分貳釐。
14. 夏稅：小麥正耗貳斗陸合。
15. 秋糧：
16. 米正耗壹斗玖升柒合肆勺。
17. 黃豆正耗壹斗肆升陸合壹勺。
18. 田本圖一則高田叁畝陸分玖釐。
19. 夏稅：小麥每畝科正麥叁升，每斗帶耗柒合，共該壹斗壹升捌
20. 合肆勺。
21. 正麥壹斗壹升柒勺。
22. 耗麥柒合柒勺。
23. 秋糧：米每畝科正米伍升，每斗帶耗柒合，共該壹斗玖升柒合肆

（後缺）

本冊爲總第九冊，共六六葉，全部爲公文紙本文獻。

第九冊

一 明隆慶陸年（1572）直隸揚州府泰州如皋縣縣市西廂第壹里（圖）賦役黃冊

【題解】

此件爲《韻學集成》第九冊卷九第一葉背，編號爲 HV·YXJC[]9·Y1]，其上下完整，前後均缺，共存文字二十行，與正面古籍文字成經緯狀。此件爲明代某戶的賦役黃冊。另，明代賦役黃冊往往會登載攢造之前十年內的田畝變化等情況，文中載有土地的『出賣』時間『嘉靖肆拾叁年』（1564）、『嘉靖肆拾肆年』（1565）、『嘉靖肆拾伍年』（1566），而此後的隆慶陸年（1572）爲黃冊的攢造年份，據此可知，此件當係該年攢造的賦役黃冊。此件的文字字形、筆跡等與已知該批黃冊中攢造機構爲直隸揚州府泰州如皋縣縣市西廂第壹里（圖）的賦役黃冊相似，故推斷，此件亦當屬於該里（圖）的黃冊。

【錄文】

（前缺）

一本圖一則蕩田壹拾捌畝捌分叁釐伍毫。秋糧：米每

畝科正米伍升，每斗帶耗柒合，共

該壹石柒合柒勺，於嘉靖肆拾叁

年肆月內出賣與拾貳都壹圖馬寵

頌爲業。

1.
2.
3.
4.
5.

6. 一本圖一則蕩田貳畝柒分壹釐叁毫。秋糧：米每畝科
7. 正米伍升，每斗帶耗柒合，共該壹
8. 斗肆升伍合壹勺，於嘉靖肆拾肆
9. 年伍月內出賣與拾貳都叁圖馬
10. 鵠爲業。
11. 一本圖一則蕩田拾伍畝伍分叁毫。秋糧：米每畝科
12. 正米伍升，每斗帶耗柒合，共該捌
13. 斗貳升玖合肆勺，於嘉靖肆拾肆
14. 年[貳]月內出賣與拾都壹圖丁
15. 檸爲業。
16. 一本圖一則蕩田壹畝貳釐肆毫。秋糧：米每畝科正
17. 米伍升，每斗帶耗柒合，共該伍升肆
18. 合捌勺，於嘉靖拾伍年陸月內
19. 出賣與本圖宗宜爲業。
20. 一本圖一則蕩田肆分貳釐壹毫。秋糧：米每畝科正

（後缺）

二 明嘉靖叁拾壹年（1552）直隸揚州府江都縣青草沙第肆圖賦役黃冊（軍戶陳友）

【題解】

此件爲《韻學集成》第九冊卷九第二葉背，編號爲 HV·YXJC[]9·Y2]，其上下完整，前後均缺，中有缺行，共存文字十七行，與正

面古籍文字成經緯狀。此件爲明代某戶的賦役黃冊,據第一至六行知,此黃冊的戶頭當係軍戶陳某,同時據之可知「陳友」爲該戶的見在戶丁,充任甲首者當爲其,故推斷此人有可能爲戶頭、甲首等做出預先安排,第五、六行所載某充甲首的時間爲「嘉靖叁拾貳年」(1553),而此前的嘉靖叁拾壹年(1552)是黃冊的攢造年份,據此推斷,此件當係該年攢造的黃冊。此件的文字字形、筆跡等與已知該批黃冊中攢造機構爲直隸揚州府江都縣青草沙第肆圖的賦役黃冊相似,故推斷,此件亦當屬於該圖的黃冊。

【錄文】

（前缺）

1. 坍江事發,充會川衛充軍,
2. 故。洪武貳拾陸年勾戶丁陳
3. 年子補,後①老疾,將營丁陳友
4. 補役,見在本衛後所百户
5. 張儀下充軍不缺,充嘉靖
6. 叁拾貳年甲首。

（中缺1行）

7. 人丁:計家男、婦叁口②。
8. 男子壹口。
9. 婦女壹口。
10. 事產:
11. 官民田地肆拾壹畝伍分玖釐陸毫。
12. 夏稅:
13. 秋糧:小麥正耗伍石貳斗貳升叁合捌勺。

① 「後」:據文義該字疑似「役」之誤。
② 此處總人丁數與下文男、婦數不合,故知其中必有一誤。

第九冊

三八五

三 明嘉靖叁拾壹年（1552）直隸揚州府江都縣青草沙第肆圖賦役黃冊

【題解】

此件爲《韻學集成》第九册卷九第三葉背，編號爲 HV·YXJC[]9·Y3]，其上殘下完，前後均缺，共存文字十五行，與正面古籍文字成經緯狀。此件爲明代某户的賦役黃册。另，此件的文字字形、筆跡等與該批紙背文獻中嘉靖叁拾壹年（1552）攢造的直隸揚州府江都縣青草沙第肆圖賦役黃册相似，故推斷，此件亦當屬於該批黃册。

【錄文】

（前缺）

1. 人丁：計家男、婦肆口。
2. 　　　男子貳口。
3. 　　　婦女貳口。
4. 事產：
5. 　　官民田柒畝壹分柒釐。
6. 　　夏税：小麥正耗伍斗柒升玖合玖勺。
7. 　　秋粮：米正耗玖斗貳升肆合叁勺。

（後缺）

14. 　　　　　米正耗伍石捌斗伍升壹合捌勺。
15. 　　　　　黃荳正耗壹石肆斗陸升玖合壹勺。
16. 　　官田地叁拾陸畝貳分叁釐陸毫。
17. 　　夏税：小麥正耗肆石捌斗壹升伍合。

四 明隆慶陸年（1572）直隸揚州府泰州如皋縣縣市西廂第壹里（圖）賦役黃冊

【題解】

此件爲《韻學集成》第九冊卷九第四葉背，編號爲HV·YXJCJ9·Y4"，其上下完整，前後均缺，共存文字二十行，與正面古籍文字成經緯狀。此件爲明代某户的賦役黃冊。另，此件的文字字形、筆跡等與該批紙背文獻中隆慶陸年（1572）攢造的直隸揚州府泰州如皋縣縣市西廂第壹里（圖）賦役黃冊相似，故推斷，此件亦當屬於該里（圖）的黃冊。

【錄文】

（前缺）

1. 貳合捌勺。
2. 一本圖一則沒官蕩田伍釐伍毫。秋糧：米每畝科正米
3. 壹斗貳升，每斗帶耗柒合，共該柒

官田叁畝陸分柒釐。
8. 夏稅：小麥正耗叁斗玖升貳合柒勺。
9. 秋糧：米正耗伍斗肆升玖合捌勺。
10. 民田地叁畝伍分。
11. 夏稅：小麥正耗壹斗捌升柒合貳勺。
12. 秋糧：米正耗叁斗柒升肆合伍勺。
13. 民草房肆間。
14. ▢正收男子不成丁

（後缺）

4. 升壹合，係兌到本圖陳守常戶下田。
5.
6. 一本圖一則沒官蕩田叁畝肆分玖釐壹毫。秋糧：米每畝科正米壹斗貳升，每斗帶耗柒合，共該肆斗肆升玖合叁勺，係兌到本圖許□□戶下田。
7.
8.
9.
10. 一本圖一則沒官蕩田壹畝伍分陸釐。秋糧：米每畝科正米壹斗貳升，每斗帶耗柒合，共該貳斗叁勺，係兌到本圖韓思戶下田。
11.
12.
13. 一本圖一則沒官蕩田壹分肆毫。秋糧：米每畝科正米壹斗貳升，每斗帶耗柒合，共該柒升柒合陸勺，係兌到本圖吉堂戶下田。
14.
15.
16.
17.
18. 一本圖一則沒官蕩田壹釐。秋糧：米每畝科正米壹斗貳升，每斗帶耗柒合，共該壹合叁勺，係兌到本圖吳□戶下田。
19.
20. （後缺）

五 明嘉靖叁拾壹年（1552）直隸揚州府江都縣青草沙第肆圖賦役黃冊（陳某）

【題解】

此件爲《韻學集成》第九冊卷九第五葉背，編號爲 HV·YX]C[J9·Y5]，其上殘下完，前後均缺，中有缺行，共存文字十六行，與正面古籍文字成經緯狀。此件爲明代某户的賦役黃冊，據其中所載男子姓名知，此黃冊的户頭當係陳某。另，明代賦役黃冊往往會登載攢造之前十年內的人口變化等情況，文中載有『陳美』的病故時間『嘉靖貳拾玖』（1550），而此後的嘉靖叁拾壹年（1552）是黃冊的攢造年份，據此可知，此件當係該年攢造的賦役黃冊。此件的文字字形、筆跡等與已知該批黃冊中攢造機構爲直隸揚州府江都縣青草沙第肆圖的賦役黃冊相似，故推斷，此件亦當屬於該圖的黃冊。

【錄文】

（前缺）

1. 　　　　秋糧：米每畝科正米壹斗捌升，每斗帶耗
2. 　　　　　　柒合，共該正耗米貳斗捌
3. 　　　　　　升捌合玖勺。

（中缺1行）

4. 　　　夏稅①：小麥每畝科正麥伍升，每斗帶耗伍
5. 　　　　　　合，共該正耗麥伍升叁合伍
6. 　　　　　　勺。
7. 　　　秋糧：米每畝科正米壹斗，每斗帶耗柒合，
8. 　　　　　　共該正耗米壹斗柒合。
9. 　▢▢正除男子成丁壹口。叔陳美，於嘉靖貳拾玖年故。

① 按文例，該句前當缺1行『民田地』之類的文字，但原文無文字，應係脫漏。

（中缺1行）

10. 人口：男、婦叁口。
11. 男子成丁貳口：
12. 本身年叁拾伍歲。
13. 弟陳老業年壹拾陸歲。
14. 婦女大壹口：妻王氏年叁拾陸歲。
15. 事產：
16. 官民田地肆拾陸畝柒分陸釐貳毫。

（後缺）

六　明隆慶陸年（1572）直隸揚州府泰州如皋縣縣市西廂第壹里（圖）賦役黃冊

【題解】

此件爲《韻學集成》第九冊卷九第六葉背，編號爲 HV·YXJC[J9·Y6]，其上下完整，前後均缺，共存文字十九行，與正面古籍文字成經緯狀。此件爲明代某戶的賦役黃冊。另，此件的文字字形、筆跡等與該批紙背文獻中隆慶陸年（1572）攢造的直隸揚州府泰州如皋縣縣市西廂第壹里（圖）賦役黃冊相似，故推斷，此件亦當屬於該里（圖）的黃冊。

【錄文】

（前缺）

1. 到北廂何忍戶下田。
2. 一本圖一則沒官蕩田貳分捌釐陸毫。秋糧：米每
3. 畝科正米壹斗貳升，每斗帶耗

4. 柒合，共該叁升陸合柒勺，係兌佃到
5. 北廂繆美戶下田。
6. 一本圖一則沒官蕩田壹畝肆分伍釐。秋糧：米每
7. 畝科正米壹斗貳升，每斗帶耗
8. 柒合，共該壹斗玖升玖合，係兌
9. 佃到本圖許植戶下田。
10. 一本圖一則沒官蕩田壹畝壹分柒釐肆毫。秋糧：
11. 米每畝科正米壹斗貳升，每斗
12. 帶耗柒合，共該壹斗伍升柒勺，
13. 係兌佃到貳拾壹都貳圖蔣富
14. 戶下田。
15. 一本圖一則沒官蕩田柒分柒釐陸毫。秋糧：米每
16. 畝科正米壹斗貳升，每斗帶耗
17. 柒合，共該玖升玖合陸勺，係兌
18. 佃貳拾都叁圖劉銑戶下田。
19. 一本圖一則沒官蕩田貳畝玖分玖釐捌毫。秋糧：

（後缺）

七 明隆慶陸年（1572）直隸揚州府泰州如皋縣縣市西廂第壹里（圖）賦役黃冊

【題解】

此件爲《韻學集成》第九冊卷九第七葉背，編號爲［HV·YXJC|]9·Y7］，其上下完整，前後均缺，共存文字十九行，與正面古籍文字成經緯狀。此件爲明代某戶的賦役黃冊。另，此件的文字字形、筆跡等與該批紙背文獻中隆慶陸年（1572）攢造的直隸揚州府泰州如皋縣縣市西廂第壹里（圖）賦役黃冊相似，故推斷，此件亦當屬於該里（圖）的黃冊。

【錄文】

（前缺）

婦女叁拾柒口：

1. 妻楊氏年柒拾歲。
2. 弟婦陳氏年陸拾捌歲。
3. 弟婦佘氏年陸拾歲。
4. 弟婦錢氏年陸拾捌歲。
5. 弟婦吳氏年陸拾捌歲。
6. 弟婦陶氏年陸拾柒歲。
7. 弟婦徐氏年陸拾玖歲。
8. 弟婦邵氏年伍拾陸歲。
9. 弟婦王氏年伍拾□歲。
10. 弟婦洪氏年陸拾肆歲。
11. 姪婦徐氏年伍拾柒歲。
12. 姪婦蔣氏年伍拾柒歲。
13. 姪婦蔡氏年肆拾捌歲。
9. 姪婦胡氏年肆拾柒歲。
10. 姪婦顧氏年肆拾捌歲。
11. 姪婦潘氏年伍拾柒歲。
12. 姪婦王氏年陸拾柒歲。
13. 姪婦陸氏年陸拾柒歲。
11. 姪婦張氏年肆拾捌歲。
12. 姪婦王氏年肆拾歲。
13. 姪婦李氏年叁拾玖歲。
12. 姪婦趙氏年肆拾壹歲。
13. 姪婦韓氏年肆拾壹歲。

八 明隆慶陸年（1572）直隸揚州府泰州如皋縣縣市西廂第壹里（圖）賦役黃冊

【題解】

此件爲《韻學集成》第九冊卷九第八葉背，編號爲 HV·YXJC[J9·Y8]，其上下完整，前後均缺，共存文字二十行，與正面古籍文字成經緯狀。此件爲明代某戶的賦役黃冊。另，此件的文字字形、筆跡等與該批紙背文獻中隆慶陸年（1572）攢造的直隸揚州府泰州如皋縣縣市西廂第壹里（圖）賦役黃冊相似，故推斷，此件亦當屬於該里（圖）的黃冊。

【錄文】

（前缺）

1. 夏稅：小麥正耗貳升伍合柒勺。
2. 秋糧：
3. 米正耗叁升伍合捌勺。
4. 黃豆正耗陸升肆合壹勺。
5. 田陸分柒釐。秋糧：米正耗叁升伍合捌勺。

14. 姪婦劉氏年肆拾伍歲。　姪婦洪氏年肆拾歲。
15. 姪婦張氏年肆拾壹歲。　孫婦王氏年叁拾叁歲。
16. 孫婦張氏年貳拾玖歲。　孫婦楊氏年叁拾歲。
17. 孫婦錢氏年拾玖歲。　　孫婦朱氏年貳拾柒歲。
18. 孫婦王氏年拾玖歲。　　孫婦徐氏年叁拾歲。
19. 孫婦吳氏年貳拾歲。　　孫婦張氏年貳拾歲。

（後缺）

6. 地壹畝貳分。
7. 夏稅：小麥正耗貳升伍合柒勺。
8. 秋糧：黃豆正耗陸升肆合壹勺。
9. 房屋：民草房貳間。
10. 新收：
11. 事產：
12. 官民田地轉收田地壹拾壹畝肆分貳釐肆毫。
13. 夏稅：小麥正耗貳斗肆升壹勺。
14. 秋糧：
15. 米正耗肆斗玖升陸合壹勺。
16. 黃豆正耗肆斗玖合壹勺。
17. 官田地肆畝伍釐陸毫。
18. 夏稅：小麥正耗壹斗叁升捌合玖勺。
19. 秋糧：
20. 米正耗叁斗伍升肆合捌勺。

（後缺）

九 明隆慶陸年（1572）直隸揚州府泰州如皋縣縣市西廂第壹里（圖）賦役黃冊

【題解】

此件為《韻學集成》第九冊卷九第九葉背，編號為 HV·YXJC[]9·Y9]，其上下完整，前後均缺，共存文字二十行，與正面古籍文字

此件爲明代某戶的賦役黃冊。另，此件的文字字形、筆跡等與該批紙背文獻中隆慶陸年（1572）攢造的直隸揚州府泰州如皋縣縣市西廂第壹里（圖）賦役黃冊相似，故推斷，此件亦當屬於該里（圖）的黃冊。

【錄文】

（前缺）

1. 米壹斗貳升，每斗帶耗柒合，共該叁斗
2. 伍升肆合捌勺，係兌佃到拾柒都壹圖
3. 雍積等戶下田。
4. 地本圖一則沒官陸地壹畝貳①玖釐壹毫，係兌佃到拾柒都
5. 壹圖雍積等戶下地。
6. 夏稅：小麥每畝科正麥壹斗捌合，每斗帶耗柒
7. 合，共該壹斗叁升捌合玖勺。
8. 秋糧：黃豆每畝科正豆壹斗貳升，每斗帶耗柒
9. 合，共該壹斗伍升伍合玖勺。
10. 民田地柒畝叁分陸釐捌毫。
11. 夏稅：小麥正耗壹斗壹合貳勺。
12. 秋糧：
13. 米正耗壹斗貳升肆合壹勺。
14. 黃豆正耗壹斗伍升叁合貳勺。
15. 田本圖一則蕩田貳畝陸分叁釐伍毫。秋糧：米每畝科正米壹斗肆升壹
16. 升，每斗帶耗柒合，共該壹斗肆升壹
17. 合叁勺，係買到拾柒都壹圖雍積戶下

① 【貳】，據文義該字後脫【分】字。

18.
19. 地本圖一則陸地肆畝柒分叁釐叁毫，係買到拾柒都壹圖雍
20. 積等戶下地。

（後缺）

田。

一〇 明嘉靖叁拾壹年（1552）直隸揚州府江都縣青草沙第肆圖賦役黃冊（徐某）

【題解】

此件爲《韻學集成》第九册卷九第十葉背，編號爲HV·YXJC[9·Y10]，其上下完整，前後均缺，共存文字十四行，與正面古籍文字成經緯狀。此件爲明代某户的賦役黄册，據其中所載男子姓名知，此黄册的户頭當係徐某。另，此件的文字字形、筆跡等與該批紙背文獻中嘉靖叁拾壹年（1552）攢造的直隸揚州府江都縣青草沙第肆圖賦役黄册相似，故推斷，此件亦當屬於該批黄册。

【錄文】

（前缺）

1. 本身年叁拾貳歲。
2. 姪徐潮年肆拾捌歲。
3. 姪徐般兒年肆拾壹歲。
4. 姪徐俸年肆拾歲。
5. 姪徐叁漢年叁拾玖歲。
6. 姪徐傑年貳拾柒歲。
7. 孫徐谷年貳拾陸歲。
8. 婦女大叁口：

9. 嫂孫氏年陸拾伍歲。
10. 姪婦孫氏年伍拾貳歲。
11. 姪婦王氏年肆拾壹歲。
12. 事產：
13. 官民田地玖拾畝陸分伍釐壹毫。
14. 夏稅：小麥正耗壹拾石陸斗貳升伍合

（後缺）

一一 明嘉靖叁拾壹年（1552）直隸揚州府江都縣青草沙第肆圖賦役黃冊

【題解】

此件爲《韻學集成》第九册卷九第十一葉背，編號爲 HV·YXJC[]9·Y11]，其上下完整，前後均缺，共存文字十五行，與正面古籍文字成經緯狀。此件爲明代某户的賦役黃册。另，此件的文字字形、筆跡等與該批紙背文獻中嘉靖叁拾壹年（1552）攢造的直隸揚州府江都縣青草沙第肆圖賦役黃册相似，故推斷，此件亦當屬於該批黃册。

【錄文】

（前缺）

1. 夏稅：小麥每畝科正麥壹斗陸升，每斗
2. 　　　帶耗柒合，共該正耗麥
3. 　　　伍石肆斗柒升壹合伍勺。
4. 　　　正麥伍石壹斗壹升叁合陸勺。
5. 　　　耗麥叁斗伍升柒合玖勺。

一二 明嘉靖叁拾壹年（1552）直隸揚州府江都縣青草沙第肆圖賦役黃冊

【題解】

此件爲《韻學集成》第九册卷九第十二葉背，編號爲HV·YXJC[J9·Y12]，其上下完整，前後均缺，共存文字十二行，與正面古籍文字成經緯狀。此件爲明代某户的賦役黄冊。另，此件的文字字形、筆跡等與該批紙背文獻中嘉靖叁拾壹年（1552）攢造的直隸揚州府江都縣青草沙第肆圖賦役黄冊相似，故推斷，此件亦當屬於該批黄冊。

【錄文】

（前缺）

1. 升叁合肆勺。

（後缺）

6. 秋糧：米每畝科正米壹斗捌升，每斗帶
7. 耗柒合，共該正耗米陸石
8. 壹斗伍升伍合肆勺。
9. 正米伍石柒斗伍升貳合捌勺。
10. 耗米肆斗貳合陸勺。
11. 地懷遠侯沒官地壹拾柒畝壹分壹釐。
12. 夏税：小麥每畝科正麥壹斗陸升，每斗
13. 帶耗柒合，共該正耗麥貳
14. 石玖斗貳升玖合叁勺。
15. 正麥貳石柒斗叁升柒合陸勺。

一一三 明嘉靖叁拾壹年（1552）直隸揚州府江都縣青草沙第肆圖賦役黃冊

【題解】

此件爲《韻學集成》第九冊卷九第十三葉背，編號爲HV·YXJCJ9·Y13，其上下完整，前後均缺，共存文字十六行，與正面古籍文字成經緯狀。此件爲明代某戶的賦役黃冊。另，此件的文字字形、筆跡等與該批紙背文獻中嘉靖叁拾壹年（1552）攢造的直隸揚州府江都縣青草沙第肆圖賦役黃冊相似，故推斷，此件亦當屬於該批黃冊。

【錄文】

（前缺）

1. 地本圖地壹拾畝捌釐伍毫。
2. 夏稅：小麥每畝科正麥伍升，每斗
3. 帶耗柒合，共該正耗
4. 麥伍斗叁升玖合陸勺。
5. 正麥伍斗肆合叁勺。
6. 耗麥叁升伍合叁勺。
7. 秋粮：黃荳每畝科正荳伍升，每斗帶
8. 耗柒合，共該正耗荳伍斗
9. 叁升玖合陸勺。
10. 正米叁斗肆升玖合。
11. 耗米貳升肆合肆勺。
12.

（後缺）

1. 米正耗叁斗玖升壹合叁勺。
2. 黃荳正耗伍斗肆升捌合伍勺。
3. 田柒畝壹分肆釐陸毫。
4. 夏稅：小麥正耗壹升柒合捌勺。
5. 秋粮：
6. 米正耗叁斗玖升壹合叁勺。
7. 黃荳正耗捌合玖勺。
8. 一則重租田壹分陸釐柒毫。
9. 夏稅：小麥每畝科正麥壹斗，耗柒合，共該正耗麥壹升柒合玖勺。
10. 正麥壹升陸合柒勺。
11. 耗麥壹合貳勺。
12. 秋粮：
13. 米每畝科正米壹斗，每斗帶耗柒合，共該□升柒
14.
15.
16.

（後缺）

一四　明隆慶陸年（1572）直隸揚州府泰州如皋縣縣市西廂第壹里（圖）賦役黃冊

【題解】

此件爲《韻學集成》第九冊卷九第一四葉背，編號爲［HV·YXJC[]9·Y14］，其上下完整，前後均缺，共存文字二十行，與正面古籍文字成經緯狀。此件爲明代某户的賦役黄册。另，此件的文字字形、筆跡等與該批紙背文獻中隆慶陸年（1572）攢造的直隸揚州府泰州如皋縣縣市西廂第壹里（圖）賦役黄册相似，故推斷，此件亦當屬於該里（圖）的黄册。

【錄文】

（前缺）

1.
2. 官田地柒拾畝玖分伍釐壹毫。
3. 　夏税：小麥正耗貳石陸斗捌合捌勺。
4. 　秋糧：
5. 　　米正耗陸石貳斗陸合柒勺。
6. 　　黄豆正耗貳石捌斗玖升捌合柒勺。
7. 田肆拾捌畝叁分叁釐玖毫。秋糧：米正耗陸石貳斗陸合柒勺。
8. 一本圖一則没官蕩田肆畝柒分叁釐壹毫。秋糧：
9. 　米每畝科正米壹斗貳升，每斗帶
10. 　耗柒合，共該陸斗柒合伍勺，係兑
11. 　到拾柒都楊琦户下田。
12. 一本圖一則没官蕩田貳畝肆分玖釐。秋糧：米每畝
13. 　科正米壹斗貳升，每斗帶耗柒合，

14. 共該叁斗壹升玖合柒勺，係兌佃
15. 到貳拾壹都壹圖蔡儀戶下田。
16. 一本圖一則沒官蕩田壹畝玖分壹釐陸毫。秋糧：
17. 米每畝科正米壹斗貳升，每斗
18. 帶耗柒合，共該貳斗肆升陸合，
19. 係兌佃到本圖吳休戶下田。
20. 一本圖一則沒官蕩田叁畝□分□釐肆毫。秋糧：

（後缺）

一五 明隆慶陸年（1572）直隸揚州府泰州如皋縣縣市西廂第壹里（圖）賦役黃冊（許某）

【題解】

此件爲《韻學集成》第九冊卷九第十五葉背，編號爲 HV·YXJC[]9·Y15]，其上下完整，前後均缺，共存文字二十行，文字成經緯狀。此件爲明代某戶的賦役黃冊，據其中所載男子姓名知，此黃冊的戶頭當係許某。另，此件的文字字形、筆跡等與該批紙背文獻中隆慶陸年（1572）攢造的直隸揚州府泰州如皋縣縣市西廂第壹里（圖）賦役黃冊相似，故推斷，此件亦當屬於該里（圖）的黃冊。

【錄文】

（前缺）

1. 孫許壹漢年叁拾伍歲。　　姪許俸年叁拾捌歲。
2. 姪許官年叁拾伍歲。　　孫許舉年叁拾伍歲。
3. 姪許資年叁拾捌歲。　　孫許升年肆拾歲。

4. 弟許褚年肆拾伍歲。
5. 姪許莊年叁拾捌歲。
6. 姪許鑄年叁拾伍歲。
7. 孫許愚年貳拾玖歲。
8. 孫許偶年貳拾捌歲。
9. 孫許孫□年拾捌歲。
10. 孫許緯年貳拾柒歲。
11. 孫許九兒年貳拾柒歲。
12. 姪許訓年貳拾柒歲。
13. 弟許壹年拾捌歲。
14. 姪許鈄年貳拾叁歲。
15. 姪許當年貳拾叁歲。
16. 姪許僥年貳拾壹歲。
17. 孫許候兒年拾玖歲。
18. 孫許合年拾伍歲。
19. 孫許重學年貳拾伍歲。
20. 孫許鹽漢年貳拾壹歲。

（後缺）

姪許遂年肆拾歲。
孫許齊年叁拾伍歲。
孫許生年叁拾貳歲。
孫許貫年貳拾伍歲。
孫許僖年貳拾歲。
孫許釧年貳拾壹歲。
孫許講年貳拾叁歲。
孫許侃年貳拾玖歲。
孫許稱年拾玖歲。
姪許倚年貳拾伍歲。
孫許僖年貳拾肆歲。
孫許芷年貳拾玖歲。
孫許縝年貳拾捌歲。
孫許鉞年拾玖歲。
孫許銀年貳拾貳歲。
孫許作年貳拾伍歲。
孫許來年貳拾貳歲。

一六 明隆慶陸年（1572）直隸揚州府泰州如皋縣縣市西廂第壹里（圖）賦役黃冊

【題解】

此件爲《韻學集成》第九册卷九第十六葉背，編號爲HV·YXJC|9·Y16，其上下完整，前後均缺，共存文字十九行，與正面古籍文字成經緯狀。此件爲明代某户的賦役黃册。另，此件的文字字形、筆跡等與該批紙背文獻中隆慶陸年（1572）攢造的直隸揚州府泰州如皋縣縣市西廂第壹里（圖）賦役黃册相似，故推斷，此件亦當屬於該里（圖）的黃册。

【錄文】

（前缺）

1. 伍升，每斗帶耗柒合，共該壹斗壹
2. 升壹合陸勺，係兑到拾貳都壹圖
3. 藥淵户下田。
4. 一本圖一則蕩田柒毫。秋糧：米每畝科正米伍升，每斗帶耗柒合，共該肆勺，係兑到本圖錢忠戶下田。
5.
6.
7. 一本圖一則蕩田伍分玖釐壹毫。秋糧：米每畝科正米伍升，每斗帶耗柒合，共該叁升壹合陸勺，係兑到本圖張瑚思户下田。
8.
9.
10. 一本圖一則蕩田柒釐。秋糧：米每畝科正米伍升，每斗帶耗柒合，共該叁合柒勺，係兑到貳拾叁都壹圖徐果户下田。
11.
12.
13. 一本圖一則蕩田貳分壹釐。秋糧：米每畝科正米伍升，每

一七 明隆慶陸年（1572）直隸揚州府泰州如皋縣縣市西廂第壹里（圖）賦役黃冊

【題解】

此件爲《韻學集成》第九冊卷九第十七葉背，編號爲HV·YXJC[]9·Y17]，其上下完整，前後均缺，共存文字十九行，與正面古籍文字成經緯狀。此件爲明代某户的賦役黃冊。另，此件的文字字形、筆跡等與該批紙背文獻中隆慶陸年（1572）攢造的直隸揚州如皋縣縣市西廂第壹里（圖）賦役黃冊相似，故推斷，此件亦當屬於該里（圖）的黃冊。

【錄文】

（前缺）

1. 該伍合壹勺。
2. 秋粮：黃豆每畝科正豆伍升，每斗帶耗柒合，共
   該壹升貳合柒勺。
3.
4. 新收：
5. 人口：正收婦女貳口。

14. 斗帶耗柒合，共該壹升合貳勺，係
15. 兑到陸都壹圖蔡材户下田。
16. 一本圖一則蕩田陸分肆釐陸毫。秋粮：米每畝科正米
17. 伍升，每斗帶耗柒合，共該叁升合
18. 陸勺，係兑到拾陸都壹圖章株户下
19. 田。

（後缺）

6. 孫婦許氏，係娶安豐場許先女。
7. 姪婦朱氏，係娶到江西朱玉女。
8. 事產：
9. 官民田地轉收田地捌畝貳分□釐玖毫。
10. 夏稅：小麥正耗壹斗捌升叁合叁勺。
11. 秋糧：
12. 米正耗叁斗伍升玖合。
13. 黃豆正耗叁斗捌合肆勺。
14. 官田地貳畝玖分叁釐肆毫。
15. 夏稅：小麥正耗壹升柒合玖勺。
16. 秋糧：
17. 米正耗貳斗伍升陸合捌勺。
18. 黃豆正耗壹斗壹升玖合玖勺。
19. 田貳畝。秋粮：米正耗貳斗伍升陸合捌勺。

（後缺）

一八 明嘉靖叁拾壹年（1552）直隸揚州府江都縣青草沙第肆圖賦役黃冊

【題解】

此件爲《韻學集成》第九冊卷九第十八葉背，編號爲 HV·YXJC[J9·Y18]，其上下完整，前後均缺，共存文字十八行，與正面古籍文字成經緯狀。此件爲明代某戶的賦役黃冊。另，此件的文字字形、筆跡等與該批紙背文獻中嘉靖叁拾壹年（1552）攢造的直隸揚州府

江都縣青草沙第肆圖賦役黃冊相似，故推斷，此件亦當屬於該批黃冊。

【錄文】

（前缺）

1. 米正耗貳斗玖升捌合貳勺。
2. 黃荳正耗壹升叁合柒勺。
3. 田高田伍畝伍分柒釐陸毫。
4. 夏稅：小麥每畝科正麥伍升，每斗帶耗貳升玖合捌勺，共該正耗麥貳升玖升捌合貳勺。
5. 正麥壹升柒升捌合貳勺。
6. 耗麥壹升玖合肆勺。
7. 秋糧：米每畝科正米伍升，每斗帶耗柒合，共該正耗米貳斗玖升捌合貳勺。
8. 正米貳斗柒升玖合捌勺。
9. 耗米壹升玖合肆勺。
10. 地貳分伍釐陸毫。
11. 夏稅：小麥每畝科正麥伍升，每斗帶耗柒合，共該正耗麥壹升叁合柒勺。
12. 正麥壹升貳合伍勺。
13. 耗麥壹合貳勺。
14. 秋糧：黃荳每畝科正荳伍升，每斗帶耗柒合，共該正耗荳壹升叁合柒勺。

（後缺）

一九 明嘉靖叁拾壹年（1552）直隸揚州府江都縣青草沙第肆圖賦役黃冊

【題解】

此件爲《韻學集成》第九冊卷九第十九葉背，編號爲"HV·YXJCJ9·Y19"，其上下完整，前後均缺，中有缺行，共存文字十六行，與正面古籍文字成經緯狀。此件爲明代某戶的賦役黃冊。另，此件的文字字形、筆跡等與該批紙背文獻中嘉靖叁拾壹年（1552）攢造的直隸揚州府江都縣青草沙第肆圖賦役黃冊相似，故推斷，此件亦當屬於該批黃冊。

【錄文】

（前缺）

1. 人丁：計家男、婦捌口。
2. 　　　男子伍口。
3. 　　　婦女叁口。
4. 事產：
5. 　民田地伍畝捌分叁釐貳毫。
6. 　　夏稅：小麥正耗叁斗壹升壹合玖勺。
7. 　　秋粮：
8. 　　　米正耗貳斗玖升捌合貳勺。
9. 　　　黃荳正耗壹升叁合柒勺。
10. 　田伍畝伍分柒釐陸。
11. 　　夏稅：小麥正耗貳斗玖升捌合貳勺。
12. 　　秋粮：米正耗貳斗玖升捌合貳勺。
13. 　地貳分伍釐陸毫。

二〇 明隆慶陸年（1572）直隸揚州府泰州如皋縣縣市西廂第壹里（圖）賦役黃冊（陳某）

【題解】

此件爲《韻學集成》第九冊卷九第二十葉背，編號爲HV·YXJCJ9·Y20]，其上下完整，前後均缺，共存文字二十行，與正面古籍文字成經緯狀。此件爲明代某户的賦役黄冊，據其中所載男子姓名知，此黄冊的户頭當係陳某。另，此件的文字字形、筆跡等與該批紙背文獻中隆慶陸年（1572）攢造的直隸揚州府泰州如皋縣市西廂第壹里（圖）賦役黄冊相似，故推斷，此件亦當屬於該里（圖）的黄冊。

【錄文】

（前缺）

1. ▢伍升，每斗帶耗柒合，▢
2. 該陸斗柒合玖勺。
3. 一本圖一則陸地壹拾叁畝壹分柒釐伍毫，係買到貳拾▢
4. 都壹圖▢▢户下地。
5. 夏税：小麥每畝科正麥貳升，每斗帶耗柒合，▢
6. 該貳斗捌升壹合玖勺。

（中缺1行）

14. 夏税：小麥正耗壹升叁合柒勺。
15. 秋糧：黄荳正耗壹升叁合柒勺。

（後缺）

16. 人口：男、婦捌口。

7. 秋糧：黃豆每畝科正豆伍升，每斗帶耗柒合，共
8. 　　該柒斗肆合捌勺。
9. 一本圖一則陸地叁畝柒釐捌毫，係買到拾貳都叁圖張
10. 　潤戶下地。
11. 夏稅：小麥每畝科正麥貳升，每斗帶耗柒合，共
12. 　　該陸升伍合玖勺。
13. 秋糧：黃豆每畝科正豆伍升，每斗帶耗柒合，共
14. 　　該壹斗陸升肆合柒勺。
15. 實在：
16. 人口：男、婦伍拾捌口。
17. 男子成丁①肆拾貳口：
18. 　本身年柒拾伍歲。
19. 　姪陳謐年柒拾歲。
20. 　弟陳拾郎年陸拾歲。

（後缺）

二一　明隆慶陸年（1572）直隸揚州府泰州如皋縣縣市西廂第壹里（圖）賦役黃冊

【題解】

此件為《韻學集成》第九冊卷九第二一葉背，編號為HV·YXJCJ9·Y21」，其上下完整，前後均缺，共存文字一九行，與正面古籍文字成經緯狀。此件為明代某戶的賦役黃冊。另，此件的文字字形、筆跡等與該批紙背文獻中隆慶陸年（1572）攢造的直隸揚州府泰州

① 此處雖載為「成丁」，但下文卻有多人超過「柒拾歲」，疑誤。

　　弟陳健年陸拾歲。
　　弟陳稠年陸拾柒歲。
　　姪陳輅年陸拾歲。

【錄文】

（前缺）

1. 一本圖一則陸地壹拾伍畝捌分叄釐，係買到拾柒都貳
2. 圖鞠漢户下地。
3. 夏稅：小麥每畝科正麥貳升，每斗帶耗柒合，共
4. 該叁斗叁升捌合捌勺。
5. 秋糧：黃豆每畝科正豆伍升，每斗帶耗柒合，共
6. 該捌斗肆升陸合貳勺。
7. 一本圖一則陸地捌畝捌分壹釐柒毫，係買到拾都
8. 壹圖柴從澗户下地。
9. 夏稅：小麥每畝科正麥貳升，每斗帶耗柒合，共
10. 該壹斗捌升捌合柒勺。
11. 秋糧：黃豆每畝科正豆伍升，每斗帶耗柒合，共
12. 該肆斗柒升壹合柒勺。
13. 一本圖一則陸地壹拾畝陸釐陸毫，係買到陸都陸圖
14. 楊承業户下地。
15. 夏稅：小麥每畝科正麥貳升，每斗帶耗柒合，共
16. 該貳斗叁升陸合捌勺。
17. 秋糧：黃豆每畝科正豆伍升，每斗帶耗柒合，共
18. 該伍斗玖升貳合。
19. 一本圖一則陸地壹拾肆畝壹釐，係買到壹都叁圖顧□

如皋縣縣市西廂第壹里（圖）賦役黃冊相似，故推斷，此件亦當屬於該里（圖）的黃冊。

二二 明嘉靖叁拾壹年（1552）直隸揚州府江都縣青草沙第肆圖賦役黃冊

【題解】

此件爲《韻學集成》第九冊卷九第二二葉背，編號爲"HV·YXJC[J9·Y22"，其上下完整，前後均缺，共存文字十八行，與正面古籍文字成經緯狀。此件爲明代某戶的賦役黃冊。另，此件的文字字形、筆跡等與該批紙背文獻中嘉靖叁拾壹年（1552）攢造的直隸揚州府江都縣青草沙第肆圖賦役黃冊相似，故推斷，此件亦當屬於該圖的黃冊。

【錄文】

（前缺）

1. 合柒勺。
2. 正麥壹斗玖升陸合。
3. 耗麥壹升叁合柒勺。
4. 斗帶耗柒合，共該貳斗玖
5. 秋糧：黃荳每畝科正荳壹斗肆升，每
6. 合柒勺。
7. 正荳壹斗玖升陸合。
8. 耗荳壹升叁合柒勺。
9. 一則袁成入官地柒畝柒分。
10. 夏稅：小麥每畝科正麥壹斗，每斗帶
11. 耗柒合，共該捌斗貳升

（後缺）

一二三 明嘉靖叁拾壹年（1552）直隸揚州府江都縣青草沙第肆圖賦役黃冊

【題解】

此件爲《韻學集成》第九册卷九第二三葉背，編號爲HV·YXJC[]9·Y23]，其上殘下完，前後均缺，中有缺行，共存文字十四行，與正面古籍文字成經緯狀。另，此件的文字字形、筆跡等與該批紙背文獻中嘉靖叁拾壹年（1552）攢造的直隸揚州府江都縣青草沙第肆圖賦役黃册相似，故推斷，此件亦當屬於該圖的黃册。

【錄文】

（前缺）

1.
2. 夏稅：小麥每畝科正麥伍升，每斗帶耗
3. 柒合，共該正耗麥伍升叁
4. 合伍勺。
　　秋糧：米每畝科正米伍升，每斗帶耗柒合，
12. 　　　　叁合玖勺。
13. 　　　　正麥柒斗柒升。
14. 　　　　耗麥伍升叁合玖勺。
15. 秋粮：黄荳每畝科正荳壹斗肆升，每斗
16. 　　　　帶耗柒合，共該壹石壹
17. 　　　　壹斗伍升叁合肆勺。
18. 　　　　正荳壹石叁斗叁升捌合。

（後缺）

5. □口：男子成丁壹口。本身年叁拾歲。
6. □產：
7. 民田壹畝。
8. 夏稅：小麥每畝科正麥伍升，每斗帶耗柒合，
9. 　　　　共該正耗麥伍升叁合伍勺。
10. 　　　　正麥伍升。
11. 　　　　耗麥叁合伍勺。
12. 秋糧：米每畝科正米伍升，每斗帶耗柒合，
13. 　　　　共該正耗米伍升叁合伍勺。
14. （後缺）

（中缺1行）

共該正耗米伍升叁合伍勺。

二四　明嘉靖叁拾壹年（1552）直隸揚州府江都縣青草沙第肆圖賦役黃冊

【題解】

此件爲《韻學集成》第九冊卷九第二四葉背，編號爲HV·YXJC[]9·Y24]"，其上下完整，前後均缺，共存文字十六行，與正面古籍文字成經緯狀。此件爲明代某戶的賦役黃冊。另，明代賦役黃冊往往會登載攢造之前十年內的田畝變化等情況，文中載有土地的『兌佃』時間『嘉靖貳拾叁年』（1544），而此後的嘉靖叁拾壹年（1552）爲黃冊的攢造年份，據此可知，此件當係該年攢造的賦役黃冊，已知該批黃冊的攢造機構爲直隸揚州府江都縣青草沙第肆圖，故此件亦當屬於該圖之黃冊。

【錄文】

（前缺）

1. 合肆勺。
2. 秋粮：米每畝科正米壹斗肆升，每斗帶耗柒合，共該正耗米貳斗柒升肆合玖勺。
3. 一袁成入官田壹畝捌分叁釐伍毫，於嘉靖貳拾叁年兌佃與本圖人戶朱 戶丁朱昇、朱浩爲業。
4. 夏稅：小麥每畝科正麥壹斗，每斗帶耗柒合，共該正耗麥壹斗玖升陸合叁勺。
5. 秋糧：米每畝科正米壹斗肆升，每斗帶耗柒合，共該正耗米貳斗玖升肆合玖勺。
6. 民田叁畝伍分。
7. 夏稅：小麥正耗壹斗捌升柒合貳勺。
8. 秋糧：米正耗叁斗柒升肆合伍勺。

（後缺）

二五 明隆慶陸年（1572）直隸揚州府泰州如皋縣縣市西廂第壹里（圖）賦役黃冊

【題解】

此件爲《韻學集成》第九冊卷九第二五葉背，編號爲"HV·YXJC[j9·Y25"，其上下完整，前後均缺，共存文字二十行，與正面古籍文字成經緯狀。此件爲明代某户的賦役黃冊。另，此件的文字字形、筆跡等與該批紙背文獻中隆慶陸年（1572）攢造的直隸揚州府泰州如皋縣縣市西廂第壹里（圖）賦役黃冊相似，故推斷，此件亦當屬於該里（圖）的黃冊。

【錄文】

（前缺）

1. 每畝科正米壹斗貳升，每斗帶耗
2. 柒合，共該陸斗陸升壹合肆勺，係
3. 兑到拾柒都壹圖朱從週户下田。
4. 一本圖一則沒官蕩田陸畝肆分陸釐伍毫。秋糧：米
5. 每畝科正米壹斗貳升，每斗帶耗
6. 柒合，共該捌斗叁升壹勺，係兑到
7. 陸都陸圖楊承業户下田。
8. 一本圖一則沒官蕩田捌畝壹分捌釐玖毫。秋糧：米
9. 每畝科正米壹斗貳升，每斗帶耗
10. 柒合，共該壹石伍升壹合伍勺，係
11. 佃到壹都叁圖顧潮户下田。
12. 一本圖一則沒官蕩田壹畝陸分貳釐陸毫。秋糧：米
13. 每畝科正米壹斗貳升，每斗帶耗

二六　明嘉靖叁拾壹年（1552）直隸揚州府江都縣青草沙第肆圖賦役黃冊之一（陳某）

【題解】

此件爲《韻學集成》第九册卷九第二六葉背，編號爲 HV·YXJC[]9·Y26]，其上下完整，前後均缺，中有缺行，共存文字十七行，與正面古籍文字成經緯狀。此件爲明代某户的賦役黄册，據其中所載男子姓名知，此黄册的户頭當係陳某。另，此件的文字字形、筆跡等與該批紙背文獻中嘉靖叁拾壹年（1552）攢造的直隸揚州府江都縣青草沙第肆圖賦役黄册相似，故推斷，此件亦當屬於該批黄册。另，此件之「弟陳老漢」一人又出現於 HV·YXJC[]9·Y29]中，該件亦屬於嘉靖叁拾壹年（1552）攢造的黄册，因此推斷，此兩件當屬於同一户的黄册。據文義，HV·YXJC[]9·Y29]中所載的「弟陳老漢」等人屬於「實在」人口，而此件則屬於「新收」人口，故按四柱順序綴合後此件當在前。

【録文】

（前缺）

1.　民草房肆間。

柒合，共該貳斗壹升玖勺，係兑到
捌都壹圖張艮户下田。

一本圖一則没官蕩田肆畝 分伍釐肆毫。秋糧：米

每畝科正米壹斗貳升，每斗帶
耗柒合，共該伍斗柒升壹合玖勺，
係兑到南厢章梧户下田。

分柒釐陸毫。秋糧：米

（後缺）

2. 民水牛壹隻。

（中缺1行）

3. 人口：正收男子成丁壹口。弟陳老漢，係前冊失報。
4. 事產：轉收官民田伍畝壹分陸釐陸毫，係佃買到本圖人戶徐玘戶丁徐玖兒

户下田。

5. 官田肆畝壹分陸釐陸毫貳絲。
6. 夏稅：小麥正耗陸斗玖升伍合陸勺。
7. 秋粮：米正耗柒斗玖升叁合貳勺。
8.
9. 夏稅：小麥正耗伍斗肆升貳合壹勺。
10. 秋粮：米正耗陸斗捌升陸合貳勺。
11. 一則袁成入官田貳畝陸分陸釐陸毫貳絲。
12. 夏稅：小麥每畝科正麥壹斗，每斗帶耗柒
13. 合，共該正耗麥貳斗捌升伍
14. 合叁勺。
15. 秋粮：米每畝科正米壹斗肆升，每斗帶耗
16. 柒合，共該正耗米叁斗玖升
17. 柒合叁勺。

（後缺）

二七 明隆慶陸年（1572）直隸揚州府泰州如皋縣縣市西廂第壹里（圖）賦役黃冊之二（何某）

【題解】

此件爲《韻學集成》第九冊卷九第二七葉背，編號爲 HV·YXJC[]9·Y27]，其上下完整，前後均缺，共存文字二十行，與正面古籍文字成經緯狀。此件爲明代某戶的賦役黃冊，據其中所載男子姓名知，此黃冊的戶頭當係何某。另，此件的文字形、筆跡等與直隸揚州府泰州如皋縣縣市西廂第壹里（圖）賦役黃冊相似，故推斷，此件亦當屬於該里（圖）的黃冊。另，鑒於 HV·YXJC[]9·Y28] 亦載有男子『何早』，且與此件屬於同一批黃冊，因此推測此兩件當屬於一戶黃冊，其中因此件載有『□在』，即『實在』，而 HV·YXJC[]9·Y28]載有『新收』，按黃冊四柱之順序，此件當在後。今據 HV·YXJC[]9·Y28]擬現題。

【錄文】

（前缺）

1. 伍升，每斗帶耗柒合，共該壹斗叁合
2. 伍勺，兌佃到拾伍都貳圖
3. 田。
4. 地本圖一則陸地叁畝肆分陸釐肆毫，兌佃到拾伍都貳圖陳憲戶下
5. 陳憲戶下地。
6. 夏稅：小麥每畝科正麥貳升，每斗帶耗柒合，共該柒升肆合壹勺。
7.
8. 秋糧：黃豆每畝科正豆伍升，每斗帶耗柒合，共該壹斗捌升伍合叁勺。
9.
10. □在：
11. 人口：陸口。

二八 明隆慶陸年（1572）直隸揚州府泰州如皋縣縣市西廂第壹里（圖）賦役黃冊之一（何某）

12. 男子成丁叁口：
13. 本身年陸拾貳歲。
14. 姪何早年貳拾歲。 姪何□兒年叁拾壹歲。
15. 婦女大叁口：
16. 妻趙氏年陸拾歲。 弟婦李氏年肆拾歲。
17. 姪婦宋氏年叁拾歲。
18. 事產：
19. 官民田地玖畝捌分壹釐玖毫。
20. 夏稅：小麥正耗貳斗壹升伍合。

（後缺）

【題解】

此件爲《韻學集成》第九册卷九第二八葉背，編號爲 HV·YXJC□9·Y28，其上下完整，前後均缺，共存文字十九行，與正面古籍文字成經緯狀。此件爲明代某户的黄册殘件，據其中所載男子姓名知，此黄册的户頭當係何某。另，明代賦役黄册往往會登載攢造之前十年內的人口變化等情況，文中載有「何景」等人的病故時間「嘉靖肆拾伍年」（1566）「隆慶叁年」（1569）而此後的隆慶陸年（1572）爲黄册的攢造年份，據此可知，此件當係該年攢造的賦役黄册。此件的文字字形、筆跡等與已知該批黄册中攢造機構爲直隸揚州府泰州如皋縣縣市西廂第壹里（圖）的賦役黄册相似，故推斷，此件亦當屬於該里（圖）的黄册。另，鑒於 HV·YXJC□9·Y27 亦載有男子「何早」，且兩伴同屬於一批黄册，因此推測此兩件當屬於一户的黄册，其中因此件載有「新收」，而 HV·YXJC□9·Y27 載有「□在」，即「實

在」，按黃冊四柱之順序，此件當在前。

【錄文】

（前缺）

1. 人口：正除男子貳口。
2. 何景，於嘉靖肆拾伍年病故。
3. 何松，於隆慶叁年病故。
4. 新收：
5. 人口：正收男子壹口。
6. 何早，係本戶原先漏報。
7. 事產：
8. 官民田地轉收田地捌畝叁分陸釐柒毫。
9. 夏稅：小麥正耗壹斗捌升叁合叁勺。
10. 秋糧：
11. 米正耗叁斗陸升叁合肆勺。
12. 黃豆正耗叁斗陸合陸勺。
13. 官田地貳畝玖分陸釐玖毫。
14. 夏稅：小麥正耗壹斗玖合貳勺。
15. 秋糧：
16. 米正耗貳斗伍升玖合玖勺。
17. 黃豆正耗壹斗貳升壹合叁勺。
18. 一本圖一則沒官蕩田貳畝貳釐肆毫。秋糧：米每畝科正米壹斗貳升，每斗帶耗柒合，共該

二九 明嘉靖叁拾壹年（1552）直隸揚州府江都縣青草沙第肆圖賦役黃冊之二（陳某）

【題解】

此件爲《韻學集成》第九冊卷九第二九葉背，編號爲HV·YXJC[]9·Y29]，其上下完整，前後均缺，中有缺行，共存文字十五行，與正面古籍文字成經緯狀。此件爲明代某戶的賦役黃冊，據其中所載男子姓名知，此黃冊的戶頭當係陳某。另，此件的文字字形、筆跡等與該批紙背文獻中嘉靖叁拾壹年（1552）攢造的直隸揚州府江都縣青草沙第肆圖賦役黃冊相似，故推斷，此件亦當屬於該批黃冊。另，此件所載的「弟陳老漢」一人又見於HV·YXJC[]9·Y26]，且該件亦屬於嘉靖叁拾壹年（1552）攢造的黃冊，故推知此兩件當屬於同一戶的黃冊。據文義，此處所載人口當屬「實在」部分，而HV·YXJC[]9·Y26]則屬於「新收」部分，故按四柱順序綴合後此件在後。

【錄文】

（前缺）

1. 　　　夏稅：小麥正耗壹斗陸升叁合壹勺。
2. 　　　秋糧：黃荳正耗壹斗陸升叁合壹勺。
3. 　民草房叁間。
4. 　民黃牛壹隻。

（中缺1行）

5. 人口：男、婦伍口。
6. 　　　男子成丁叁口：
7. 　　　　本身年肆拾柒歲。
8. 　　　　弟陳谷年肆拾歲。

9. 弟陳老漢年貳拾陸歲。
10.
11. 母王氏年玖拾壹歲。
12. 妻卞氏年肆拾陸歲。
13.
14. 婦女大貳口：
15．事產：

官民田地壹拾玖畝柒分伍釐。

夏稅：小麥正耗壹石伍斗肆升陸合。

（後缺）

三〇 明嘉靖叁拾壹年（1552）直隸揚州府江都縣青草沙第肆圖賦役黃冊

【題解】

此件為《韻學集成》第九冊卷九第三十葉背，編號為「HV·YXJCJ9·Y30」，其上下完整，前後均缺，共存文字十四行，與正面古籍文字成經緯狀。此件為明代某戶的賦役黃冊。另，明代賦役黃冊往往會登載攢造之前十年內的田畝變化等情況，文中載有土地的「出賣」時間「嘉靖貳拾叁年」（1544），而此後的嘉靖叁拾壹年（1552）為黃冊的攢造年份，據此可知，此件亦當屬於該年攢造的賦役黃冊，已知該批黃冊的攢造機構為直隸揚州府江都縣青草沙第肆圖，故此件亦當屬於該圖之黃冊。

【錄文】

（前缺）

1. 合，共該正耗麥玖升叁合陸
2. 勺。
3. 秋粮：米每畝科正米壹斗，每斗帶耗柒合，

哈佛藏《韻學集成》《直音篇》紙背明代文獻釋錄 卷二

共該正該①米壹斗捌升柒合

4. 叁勺。

5.

6. 一重租田壹畝柒分伍釐，於嘉靖貳拾叁年出賣與本

7. 圖人戶朱 戶丁朱昇、朱浩

8. 爲業。

9. 夏稅：小麥每畝科正麥伍升，每斗帶耗柒合，

10. 共該正耗麥玖升叁合陸勺。

11. 秋糧：米每畝科正米壹斗，每斗帶耗柒合，

12. 共該正米壹斗捌升柒

13. 合貳勺。

（中缺 1 行）

14. 人口：男、婦伍口。

（後缺）

三一 明隆慶陸年（1572）直隸揚州府泰州如皋縣縣市西廂第壹圖賦役黃冊（軍戶陳某）

【題解】

此件爲《韻學集成》第九冊卷九第三一葉背，編號爲"HV·YXJC[]9·Y31"，其上殘下完，前後均缺，共存文字二十行，與正面古籍文字成經緯狀。此件爲明代某戶的賦役黃冊，據第一至九行推知，此件當係直隸揚州府泰州如皋縣縣市西廂第壹圖軍戶陳某的黃冊。另，明代賦役黃冊在攢造之時需對下一輪十年內各戶充任里長、甲首情況等做出預先安排，第五、六行所載陳右仝充里長的時間爲"萬曆拾

① "該"，據文義當係"耗"之誤。

四二四

年」（1582），而此前的係隆慶陸年（1572）是黃冊的攢造年份，據此推斷，此件當係該年攢造的黃冊。

【錄文】

（前缺）

1. ▢係直隸揚州府泰州如皋縣縣市西廂第壹圖軍戶，有祖陳通肆、姪陳狗子於洪
2. 武貳拾肆年爲同軍役事，充應天府
3. 衛陳貳軍役，洪武叁拾壹年調孝陵衛
4. 充軍，故。將在役戶丁陳隆代役，故。天順
5. 叁年勾戶丁陳右仝補役，充萬曆拾
6. 年里長。
7. 嘉靖叁拾壹年造冊，蒙駁不開充軍衛分，
8. ▢依驗人口并麥、米、豆不同，依駁查明
9. 改正，今冊舊管，驗依登答開造。

10. 舊管：
11. 人丁：計家男、婦捌拾玖口。
12. 男子陸拾伍口。
13. 婦女貳拾肆口。
14. 事產：
15. 官民田地壹拾柒頃玖拾肆畝肆分壹釐肆毫。
16. 夏稅：
17. 小麥正耗叁拾玖石肆斗壹升貳合捌勺。桑肆株。
18. 秋糧：
19. 絲肆兩。

三三 明隆慶陸年（1572）直隸揚州府泰州如皋縣縣市西廂第壹里（圖）賦役黃冊

【題解】

此件爲《韻學集成》第九冊卷九第三二葉背，編號爲HV・YXJC[]9・Y32］，其上下完整，前後均缺，共存文字二十行，與正面古籍文字成經緯狀。此件爲明代某戶的賦役黃冊。另，此件的文字字形、筆跡等與該批紙背文獻中隆慶陸年（1572）攢造的直隸揚州府泰州如皋縣縣市西廂第壹里（圖）賦役黃冊相似，故推斷，此件亦當屬於該里（圖）的黃冊。

【錄文】

（前缺）

1. 米正耗叁拾貳石貳斗叁升貳合肆勺。
2. 黃豆正耗叁拾玖石陸斗陸升肆合。
3. 田肆頃壹拾伍畝□分伍釐玖毫。秋糧：米正耗貳拾貳石貳
4. 斗伍升柒合伍勺。
5. 田肆頃壹拾肆畝壹分伍釐玖毫。秋糧：米正耗貳拾貳石壹
6. 斗叁升貳合肆勺。
7. 田壹畝。秋糧：米正耗伍升叁合伍勺。
8. 田貳分。秋糧：米正耗貳升壹合肆勺。
9. 地□頃叁拾玖畝陸釐壹毫。
10. 夏稅：小麥正耗壹拾伍石捌斗陸升捌合肆勺。

20. 米正耗□拾捌石貳斗肆升柒合壹勺。

（後缺）

11. 秋糧：黃豆正耗叁拾玖石陸斗陸升肆合。
12. 地柒頃叁拾捌畝叁分叁釐玖毫。
13. 夏稅：小麥正耗壹拾伍石捌合壹。
14. 秋糧：黃豆正耗叁拾玖石伍斗壹合□勺。
15. 地貳分。
16. 夏稅：小麥正耗肆升貳合捌勺。
17. 秋糧：黃豆正耗壹升柒合。
18. 地伍分貳釐貳毫。
19. 夏稅：小麥正耗貳升伍合壹勺。
20. 秋糧：黃豆正耗伍升伍合玖勺。

（後缺）

三三 明嘉靖叁拾壹年（1552）直隸揚州府江都縣青草沙第肆圖賦役黃冊

【題解】

此件爲《韻學集成》第九冊卷九第三三葉背，編號爲HV·YXJC[]9·Y33]，其上下完整，前後均缺，共存文字十六行，與正面古籍文字成經緯狀。此件爲明代某戶的賦役黃冊。另，此件的文字字形、筆跡等與該批紙背文獻中嘉靖叁拾壹年（1552）攢造的直隸揚州府江都縣青草沙第肆圖，

三四 明嘉靖叁拾壹年（1552）直隸揚州府江都縣青草沙第肆圖賦役黃冊（徐某）

【題解】

此件爲《韻學集成》第九冊卷九第三四葉背，編號爲 HV·YXJC[]9·Y34]，其上下完整，前後均缺，中有缺行，共存文字十五行，

2. 米正耗陸石壹斗伍升伍合肆勺。
3. 黃荳正耗叁石叁斗叁升叁合玖
4. 勺。
5. 田叁拾壹畝玖分陸釐。
6. 夏稅：小麥正耗伍石肆斗柒升壹合伍勺。
7. 秋粮：米正耗陸石壹斗伍升伍合肆勺。
8. 地壹拾柒畝叁分壹釐。
9. 夏稅：小麥貳石玖斗陸升叁合伍勺。
10. 秋粮：黃荳正耗叁石叁斗叁升叁合玖
11. 勺。
12. 民田地肆拾壹畝壹分叁釐壹毫。
13. 夏稅：小麥正耗貳石貳斗肆勺。
14. 秋粮：
15. 米正耗壹石貳斗貳升伍合壹勺。
16. 黃荳正耗壹石壹斗捌升玖合叁

（後缺）

與正面古籍文字成經緯狀。此件為明代某戶的賦役黃冊，據其中所載「姪徐堂」等人的亡故時間「嘉靖貳拾柒年」（1548）、「嘉靖貳拾伍年」（1546），而此後載攢造之前十年內的人口變化等情況，文中載有「姪徐堂」等人的亡故時間「嘉靖貳拾柒年」（1548）、「嘉靖貳拾伍年」（1546），而此後的嘉靖叁拾壹年（1552）為黃冊的攢造年份，據此可知，此件當係該年攢造的賦役黃冊，已知該批黃冊的攢造機構為直隸揚州府江都縣青草沙第肆拾圖，故此件亦當屬於該圖之黃冊。

【錄文】

（前缺）

1. 　　　　共該正耗麥貳升肆合
2. 　　　　捌抄。
3. 秋糧：米每畝科正米伍升，每斗帶耗柒
4. 　　　　合，共該正耗米貳升肆合
5. 　　　　捌抄。

（中缺1行）

6. 人口：正除男子成丁貳口。
7. 　　　　姪徐堂，於嘉靖貳拾柒年故。
8. 　　　　姪徐欽，於嘉靖貳拾伍年故。
9. 事產：轉除官地陳遠候沒官地貳分，於嘉靖貳拾肆年兌佃過割與官場貳啚湛苗。
10. 　　　　夏稅：小麥每畝科正麥壹斗陸升，每斗
11. 　　　　帶耗柒合，共該正耗麥叁
12. 　　　　升肆合貳勺。
13. 　　　　秋糧：黃荳每畝科正荳壹斗捌升，每斗
14. 　　　　帶耗柒合，共該正耗荳叁
15. 　　　　升捌合伍勺。

三五 明隆慶陸年（1572）直隸揚州府泰州如皋縣縣市西廂第壹圖賦役黃冊（民戶王進保等）

【題解】

此件爲《韻學集成》第九冊卷九第三五葉背，編號爲HV·YX]C[J9·Y35]，其上殘下完，前後均缺，共存文字二十行，與正面古籍文字成經緯狀。此件爲明代兩戶的賦役黃冊，其中第一至六行係一戶，第七至二十行係直隸揚州府泰州如皋縣縣市西廂第壹圖民戶王進保之黃冊。

另，明代賦役黃冊在攢造之時需對下一輪十年內各戶充任里長、甲首情況等做出預先安排，第七、八行所載王進保係甲首的時間爲『萬曆陸年』（1578），而此前的係隆慶陸年（1572）是黃冊的攢造年份，據此推斷，此件當係該年攢造的黃冊。今據第二戶黃冊擬現題。

【錄文】

（前缺）

1. 　　　　耗麥伍合陸勺。
2. 秋糧：黃豆每畝科正豆伍升，每斗帶耗柒合，共
3. 　　該貳斗壹升柒合伍勺。
4. 　　正豆貳斗叁合叁勺。
5. 　　耗豆壹升肆合貳勺。
6. 　　房屋：民草房叁間。
7. 今男王<u>進</u>保係直隸揚州府泰州如皋縣縣市西廂第壹圖民①，充萬曆陸
8. 　　年甲首。
9. <u>舊</u>管：

（後缺）

① 據此件文例，『民』後脫『籍』或『戶』字。

三六 明隆慶陸年（1572）直隸揚州府泰州如皋縣縣市西廂第壹里（圖）賦役黃冊

【題解】

此件爲《韻學集成》第九冊卷九第三六葉背，編號爲HV·YXJC[]9·Y36'，其上下完整，前後均缺，共存文字二十行，與正面古籍文字成經緯狀。此件爲明代某户的賦役黃冊。另，此件的文字字形、筆跡等與該批紙背文獻中隆慶陸年（1572）攢造的直隸揚州府泰州如皋縣縣市西廂第壹里（圖）賦役黃冊相似，故推斷，此件亦當屬於該里（圖）的黃冊。

【錄文】

（前缺）

10. 人丁：計家男、婦貳口。
11. 　　男子壹口。
12. 　　婦女壹口。
13. 事產：
14. 　　官民田地貳分壹釐貳毫。
15. 　　　　夏稅：小麥正耗肆合柒勺。
16. 　　　　秋糧：
17. 　　　　　　米正耗玖合壹勺。
18. 　　　　　　黄豆正耗柒合捌勺。
19. 　　官田地柴釐伍毫。
20. 　　　　夏稅：小麥正耗貳合捌勺。

（後缺）

1. 黃豆正耗叁斗伍升玖合捌勺。
2. 官田地叁畝肆分捌釐伍毫。
3. 夏稅：小麥正耗壹斗貳升捌合壹勺。
4. 秋糧：
5. 米正耗叁斗伍合壹勺。
6. 黃豆正耗壹斗肆升貳合壹勺。
7. 田本圖一則沒官蕩田貳畝叁分柒釐陸毫。秋糧：米每畝
8. 科正米壹斗貳升，每斗帶耗柒合，共
9. 該叁斗伍合壹勺。
10. 正米貳斗捌升伍合壹勺。
11. 耗米貳升。
12. 地本圖一則沒官陸地壹畝壹分玖毫。
13. 夏稅：小麥每畝科正麥壹斗捌升，每斗帶耗柒
14. 合，共該壹斗貳升捌合壹勺。
15. 正麥壹斗壹升玖合捌勺。
16. 耗麥捌合叁勺。
17. 秋糧：黃豆每畝科正豆壹斗貳升，每斗帶耗柒
18. 合，共該壹斗肆升貳合壹勺。
19. 正豆壹斗叁升叁合壹勺。
20. 耗豆

（後缺）

三七 明嘉靖叁拾壹年（1552）直隸揚州府江都縣青草沙第肆圖賦役黃冊

【題解】

此件爲《韻學集成》第九冊卷九第三七葉背，編號爲HV·YX]C][9·Y37]，其上下完整，前後均缺，共存文字十四行，與正面古籍文字成經緯狀。此件爲明代某戶的賦役黃冊。另，此件的文字字形、筆跡等與該批紙背文獻中嘉靖叁拾壹年（1552）攢造的直隸揚州府江都縣青草沙第肆圖賦役黃冊相似，故推斷，此件亦當屬於該批黃冊。

【錄文】

（前缺）

1. 黃荳正耗捌升貳勺。
2. 田壹畝玖分貳釐伍毫。
3. 夏稅：小麥正耗貳升玖合玖勺。
4. 秋粮：米正耗壹斗貳升叁合。
5. 一則改判重租田叁分柒釐伍毫。
6. 夏稅：小麥每畝科正麥伍升，每斗帶耗
7. 柒合，共該正耗麥貳升陸
8. 勺。
9. 正麥壹升捌合柒勺。
10. 耗麥壹合玖勺。
11. 秋粮：米每畝科正米壹斗，每斗帶耗
12. 柒合，共該正耗米肆升壹
13. 勺。

三八 明嘉靖叁拾壹年（1552）直隸揚州府江都縣青草沙第肆圖賦役黃冊

【題解】

此件爲《韻學集成》第九冊卷九第三八葉背，編號爲HV·YXJC[]9·Y38]，其上下完整，前後均缺，共存文字十四行，與正面古籍文字成經緯狀。此件爲明代某户的賦役黃冊。另，此件的文字字形、筆跡等與該批紙背文獻中嘉靖叁拾壹年（1552）攢造的直隸揚州府江都縣青草沙第肆圖賦役黃冊相似，故推斷，此件亦當屬於該圖的黃冊。

【錄文】

（前缺）

1. 官田袁成入官田壹畝柒分伍釐。
2. 夏稅：小麥每畝科正麥壹斗，每斗帶耗
3. 柒合，共該正耗麥壹斗捌
4. 升柒合柒勺。
5. 正麥壹斗柒升伍合。
6. 耗麥壹升貳合叁勺。
7. 秋粮：米每畝科正米壹斗肆升，每斗帶
8. 耗柒合，共該正耗米貳
9. 斗陸升貳合貳勺。
10. 正米貳斗肆升伍合。

（後缺）

14. 正米叁升柒合伍勺。

三九 明隆慶陸年（1572）直隸揚州府泰州如皋縣縣市西廂第壹里（圖）賦役黃冊（王某）

【題解】

此件爲《韻學集成》第九册卷九第三九葉背，編號爲 HV·YXJC[]9·Y39]，其上下完整，前後均缺，中有缺行，共存文字二十行，與正面古籍文字成經緯狀。此件爲明代某户的賦役黄册，據其中所載男子姓名推斷，此黄册的户頭當係『王』某。另，明代賦役黄册往往會登載攢造之前十年内的人口變化等情况，文中載有『隆慶貳年』（1568），而此後的隆慶陸年（1572）爲黄册的攢造年份，據此可知，此件當係該年攢造的賦役黄册。此件的文字字形、筆跡等與已知該批黄册中攢造機構爲直隸揚州府泰州如皋縣縣市西廂第壹里（圖）的賦役黄册相似，故推斷，此件亦當屬於該里（圖）的黄册。

【錄文】

（前缺）

1. 　　　　　　黄豆正耗叁合壹勺。
2. 田伍釐壹毫。秋糧：米正耗陸合伍勺。
3. 地貳釐肆毫。
4. 　　夏稅：小麥正耗貳合捌勺。
5. 　　秋糧：黄豆正耗叁合壹勺。

11. 民田叁畝肆分貳釐伍毫。
12. 　　夏稅：小麥正耗壹斗壹升壹勺。
13. 　　秋粮：
14. 　　　　　　　耗米壹升柒合貳勺。

（後缺）

哈佛藏《韻學集成》《直音篇》紙背明代文獻釋錄　卷二

6. 民田地壹分叁釐柒毫。
7. 　　夏稅：小麥正耗壹玖勺。
8. 　　秋糧：
9. 　　　　米正耗貳合陸勺。
10. 　　　　黃豆正耗肆合柒勺。
11. 田肆釐玖毫。
12. 地捌釐捌毫。
13. 　　夏稅：小麥正耗壹合玖勺。
14. 　　秋糧：米正耗貳合陸勺。
15. 　　　　黃豆正耗肆合柒勺。
16. 房屋：民草房壹間。
□除：
17. 　　本身，於隆慶貳年病故。
18. 人口：正除男子壹口。
（中缺1行）
19. 人口：正收男子壹口。
20. 王□
　□
（後缺）

四三六

四〇 明隆慶陸年（1572）直隸揚州府泰州如皋縣縣市西廂第壹里（圖）賦役黃冊

【題解】

此件爲《韻學集成》第九冊卷九第四十葉背，編號爲HV·YXJC[]9·Y40]，其上下完整，前後均缺，共存文字二十行，與正面古籍文字成經緯狀。此件爲明代某户的賦役黄冊。另，此件的文字字形、筆跡等與該批紙背文獻中隆慶陸年（1572）攢造的直隸揚州府泰州如皋縣縣市西廂第壹里（圖）賦役黃冊相似，故推斷，此件亦當屬於該里（圖）的黃冊。

【錄文】

（前缺）

1. 肆升叁勺，係兑佃到貳拾叁都壹圖
2. 翁何户下田。
3. 地本圖一則沒官陸地壹分肆釐柒毫。
4. 圖翁何户下地。
5. 夏稅：小麥每畝科正麥壹斗捌合，每斗帶耗柒合，
6. 共該壹升陸合玖勺。
7. 秋糧：黄豆每畝科正豆壹斗貳升，每斗帶耗柒
8. 合，共該壹升捌合玖勺。
9. 民田地捌分叁釐陸毫。
10. 夏稅：小麥正耗壹升壹合伍勺。
11. 秋糧：
12. 米正耗壹升陸合貳勺。
13. 黄豆正耗貳升捌合捌勺。

14. 田本圖一則蕩田貳分玖釐玖毫。秋糧：米每畝科正米伍升，
15. 每斗帶耗柒合，共該壹升陸合貳
16. 勺，係買到貳拾叁都壹圖翁何戶下田。
17. 地本圖一則陸地伍分叁釐柒毫，係買到貳拾叁都壹圖翁何
18. 戶下地。
19. 夏稅：小麥每畝科正麥貳升，每斗帶耗柒合，共該
20. 壹升壹合伍勺。

（後缺）

四一 明隆慶陸年（1572）直隸揚州府泰州如皋縣縣市西廂第壹里（圖）賦役黃冊

【題解】

此件爲《韻學集成》第九冊卷九第四一葉背，編號爲 HV·YXJC[J9·Y41]，其上下完整，前後均缺，共存文字十九行，與正面古籍文字成經緯狀。此件爲明代某戶的賦役黃冊。另，此件的文字字形、筆跡等與該批紙背文獻中隆慶陸年（1572）攢造的直隸揚州府泰州如皋縣縣市西廂第壹里（圖）賦役黃冊相似，故推斷，此件亦當屬於該里（圖）的黃冊。

【錄文】

（前缺）

1. 　　　　田。
2. 一本圖一則沒官蕩田陸分柒釐伍毫。秋糧：米每畝科□
3. 　米壹斗貳升，每斗帶耗柒合，共該□
4. 　升陸合柒勺，係兌到拾陸都壹圖□

四二 明隆慶陸年（1572）直隸揚州府泰州如皋縣縣市西廂第壹里（圖）賦役黃冊

【題解】

此件爲《韻學集成》第九冊卷九第四二葉背，編號爲 HV·YXJC[[9·Y42]，其上下完整，前後均缺，共存文字二一行，與正面古籍

5. 株戶下田。
6. 一本圖一則沒官蕩田玖分捌釐玖毫。米每畝科正
米壹斗貳升，每斗帶耗柒合，共該壹
7. 斗貳升柒合，係兌到柒都貳圖楊
8. 恩戶下田。
9. 一本圖一則沒官蕩田壹畝陸釐肆毫。秋糧：米每畝科
10. 正米壹斗貳升，每斗帶耗柒合，共
11. 該壹斗叄升陸合陸勺，係兌到南□
12. 蔣瑾戶下田。
13. 一本圖一則沒官蕩田叄分伍毫。秋糧：米每畝科正米壹
14. 斗貳升，每斗帶耗柒合，共該叄升□
15. 合貳勺，係兌到拾伍都壹圖馮完□
16. 田。
17. 一本圖一則沒官蕩田貳分伍釐玖毫。秋糧：米每畝科正米□
18. 斗貳升，每斗帶耗柒合，共該叄升□
19. 斗貳升，每斗帶耗柒合，共該叄升叄

（後缺）

【錄文】

(前缺)

1. 共該☐☐
2. 一本圖一則沒官陸地貳釐陸毫，係兌到南廂周從侃戶下地。
3. 夏稅：小麥每畝科正麥壹斗捌合，每斗帶耗柒合，共該叁合。
4. 秋糧：黃豆每畝科正豆貳升，每斗帶耗柒合，共該叁合叁勺。
5. 一本圖一則沒官陸地玖毫，係兌到貳拾壹都壹圖陶金戶下地。
6. 夏稅：小麥每畝科正麥壹斗捌合，每斗帶耗柒合，共該壹合。
7. 秋糧：黃豆每畝科正豆貳升，每斗帶耗柒合，共該壹合壹勺。
8. 一本圖一則沒官陸地陸分肆釐肆毫，係兌到貳拾壹都壹圖周賢戶下地。
9. 夏稅：小麥每畝科正麥壹斗捌合，每斗帶耗壹合，共該柒升貳合壹□。
10. 秋糧：黃豆每畝科正豆壹斗貳升，每斗帶耗□合，共該□

文字成經緯狀。此件為明代某戶的賦役黃冊。另，此件的文字字形、筆跡等與該批紙背文獻中隆慶陸年（1572）攢造的直隸揚州府泰州如皋縣市西廂第壹里（圖）賦役黃冊相似，故推斷，此件亦當屬於該里（圖）的黃冊。

19. 　　　　　　　　　合，共該捌升壹勺。
20. 　一本圖一則沒官陸地壹分肆釐伍毫。係兑到貳
21. 　　　　　　　　　　　　　　　　　　　　　　　户下地。

（後缺）

四三　明隆慶陸年（1572）直隸揚州府泰州如皋縣縣市西廂第壹里（圖）賦役黃册

【題解】

此件爲《韻學集成》第九册卷九第四三葉背，編號爲 HV·YXJC[9·Y43]，其上下完整，前後均缺，共存文字二十行，與正面古籍文字成經緯狀。此件爲明代某户的賦役黃册。另，此件的文字字形、筆跡等與該批紙背文獻中隆慶陸年（1572）攢造的直隸揚州府泰州如皋縣縣市西廂第壹里（圖）賦役黃册相似，故推斷，此件亦當屬於該里（圖）的黃册。

【録文】

（前缺）

1. 　　　　秋糧：
2. 　　　　　米正耗貳斗壹升合柒勺。
3. 　　　　　黄豆正耗玖升捌合玖勺。
4. 　田本圖一則沒官蕩田壹畝陸分肆釐玖毫。秋糧：米每
5. 　　　　畝科正米壹斗壹升貳升，每斗帶耗柒
6. 　　　　　合，共該貳斗壹升壹合柒勺。
7. 　　　　　正米壹斗玖升柒合玖勺。
8. 　　　　　耗米壹升叁合捌勺。

9. 地本圖一則沒官陸地柒分柒釐壹毫。
10. 夏稅：小麥每畝科正麥壹斗捌合，每斗帶耗柒
11. 　　合，共該捌升玖合貳勺。
12. 　　正麥捌升叁合叁勺。
13. 　　耗麥伍合玖勺。
14. 民田地肆畝叁分玖釐陸毫。
15. 夏稅：小麥正耗伍升玖合肆勺。
16. 秋糧：
17. 　　米正耗捌升肆合壹勺。
18. 　　黃豆正耗壹斗伍升壹合。
19. 田本圖一則蕩田壹畝伍分柒釐叁毫，秋糧：米正
20. 　　米伍升，每斗帶耗柒合，共該捌升

（後缺）

四四　明隆慶陸年（1572）直隸揚州府泰州如皋縣縣市西廂第壹里賦役黃冊（民戶某等）

【題解】

此件爲《韻學集成》第九冊卷九第四四葉背，編號爲HV·YXJCJ9·Y44］，其上殘下完，前後均缺，共存文字二十行，與正面古籍文字成經緯狀。此件爲明代兩戶的賦役黃冊。其中第一至十行係一戶，第十一至二十行係直隸揚州府泰州如皋縣縣市西廂第壹里民戶某之黃冊。另，明代賦役黃冊在攢造之時需對下一輪十年內各戶充任里長、甲首情況等做出預先安排，第十一行所載某戶充甲首的時間爲「萬曆柒年」（1579），而此前的係隆慶陸年（1572）是黃冊的攢造年份，據此推斷，此件當係該年攢造的黃冊。今據第二戶黃冊擬現題。

【錄文】

（前缺）

1. 耗米伍合肆勺。
2. 地本圖一則陸地貳畝捌分貳釐叁毫。
3. 夏稅：小麥每畝科正麥貳升，每斗帶耗柒合，共
4. 該伍升玖合肆勺。
5. 正麥伍升陸合伍勺。
6. 耗麥貳合玖勺。
7. 秋糧：黃豆每畝科正豆伍升，每斗帶耗柒合，共該壹
8. 斗伍升壹合。
9. 正豆壹斗肆升壹合貳勺。
10. 耗豆玖合捌勺。
11. 直隸揚州府泰州如皋縣縣市西廂第壹里民①，充萬曆柒年甲首。
12. □管
13. 事產：
14. 人丁：計家男子壹口。
15. 官民田地叁分貳釐陸毫。
16. 夏稅：小麥正耗柒合貳勺。
17. 秋糧：
18. 米正耗壹升肆合叁勺。
19. 黃豆正耗壹升貳合。

① 『民』：據文書體例，該字後脫『籍』或『戶』字。

20. 官田地壹分壹釐柒毫。

（後缺）

四五 明嘉靖叁拾壹年（1552）直隸揚州府江都縣青草沙第肆圖賦役黃冊

【題解】

此件爲《韻學集成》第九冊卷九第四五葉背，編號爲HV·YXJC[]9·Y45]，其上下完整，前後均缺，共存文字十九行，與正面古籍文字成經緯狀。此件爲明代某戶的賦役黃冊。另，此件的文字字形、筆跡等與該批紙背文獻中嘉靖叁拾壹年（1552）攢造的直隸揚州府江都縣青草沙第肆圖賦役黃冊相似，故推斷，此件亦當屬於該圖的黃冊。

【錄文】

（前缺）

1. 夏稅：小麥每畝科正麥壹斗貳升，每斗帶耗
2. 柒合，共該正耗麥壹斗貳
3. 升捌合肆勺。
4. 正麥壹斗貳升。
5. 耗麥捌合肆勺。
6. 秋粮：
7. 米每畝科正米貳斗肆合柒勺，每斗
8. 帶耗柒合，共該正耗米貳斗
9. 壹升玖合。
10. 正米貳斗肆合柒勺。

四六 明嘉靖叁拾壹年（1552）直隸揚州府江都縣青草沙第肆圖賦役黃冊

【題解】

此件爲《韻學集成》第九冊卷九第四六葉背，編號爲 HV·YXJC[9·Y46]，其上下完整，前後均缺，共存文字十八行，與正面古籍文字成經緯狀。此件爲明代某户的賦役黃冊。另，此件的文字字形、筆跡等與該批紙背文獻中嘉靖叁拾壹年（1552）攢造的直隸揚州府江都縣青草沙第肆圖賦役黃冊相似，故推斷，此件亦當屬於該圖的黃冊。

【錄文】

（前缺）

1. 壹升柒勺。

（後缺）

11. 耗米壹升肆合叁勺。

12. 黃荳每畝科正荳伍升玖合玖勺，每斗帶耗

13. 柒合，共該正耗荳陸升叁

14. 合貳勺。

15. 正荳伍升玖合捌勺。

16. 耗荳肆合壹勺。

17. 一則袁禄入官田壹拾畝捌釐肆毫。

18. 夏税：小麥每畝科正麥壹斗，每斗帶耗柒合，

19. 共該正耗麥壹 石柒斗□合

① 此黃荳之數與下文正荳、耗荳數不合。

2. 正米壹石肆斗壹升壹合捌勺。
3. 耗米玖升捌合玖勺。
4. 一則袁成入官田玖畝叄分柒釐捌毫貳絲。
5. 夏稅：小麥每畝科正麥壹斗，每斗帶耗柒合，共該正耗麥壹石叄合伍勺。
6. 正麥玖斗叄升柒合捌勺。
7. 耗麥陸升伍合柒勺。
8. 秋糧：米每畝科正米壹斗肆升，每斗帶耗柒合，共該正耗米壹石肆斗貳合柒勺。
9. 正米壹石叄斗壹升貳合玖勺。
10. 耗米捌升玖合捌勺。
11. 一則濟寧侯沒官田叄畝玖分。
12. 夏稅：小麥每畝科正麥壹斗陸升，每斗帶耗柒合，共該正耗麥陸斗柒升柒合□勺。
13. 正麥陸升
14.
15.
16.
17.
18. （後缺）

四七 明嘉靖叁拾壹年（1552）直隸揚州府江都縣青草沙第肆圖賦役黃冊（夏某）

【題解】

此件爲《韻學集成》第九冊卷九第四七葉背，編號爲 HV·YXJC[]9·Y47]，其上下完整，前後均缺，中有缺行，共存文字十五行，與正面古籍文字成經緯狀。此件爲明代某戶的賦役黃冊，據其中所載男子姓名知，此黃冊的戶頭當係夏某。另，明代賦役黃冊往往會登載攢造之前十年內的人口變化等情況，文中載有「叔夏文」等人的亡故時間「嘉靖貳拾貳年」（1543）、「嘉靖貳拾肆年」（1545），而此後的嘉靖叁拾壹年（1552）爲黃冊的攢造年份，據此可知，此件當係該年攢造的賦役黃冊，已知該批黃冊的攢造機構爲直隸揚州府江都縣青草沙第肆圖，故此件亦當屬於該圖之黃冊。另，此件中的「弟夏貴」又見於 HV·YXJC[]7·Y85]，且該件的攢造時間與此件一致，由此推斷，此兩件或爲同一戶的黃冊。

【錄文】

（前缺）

1. 勺。
2. 秋糧：米每畝科正米伍升，每斗帶耗
3. 柒合，共該伍升叁合伍
4. 勺。

（中缺1行）

5. □□正除男子成丁貳口。
6. 　　叔夏文，於嘉靖貳拾貳年故。
7. 　　叔夏錦，於嘉靖貳拾肆年故。

（中缺1行）

8. □□：男、婦玖口。

四八 明嘉靖叁拾壹年（1552）直隸揚州府江都縣青草沙第肆圖賦役黃冊

【題解】

此件爲《韻學集成》第九册卷九第四八葉背，編號爲HV·YXJC[]9·Y48]，其上下完整，前後均缺，共存文字十七行，與正面古籍文字成經緯狀。此件爲明代某户的賦役黄册。另，此件的文字字形、筆跡等與該批紙背文獻中嘉靖叁拾壹年（1552）攢造的直隸揚州府江都縣青草沙第肆圖賦役黄册相似，故推斷，此件亦當屬於該圖的黄册。

【錄文】

（前缺）

男子成丁伍口：

9. 本身年叁拾陸歲。
10. 兄夏春年肆拾貳歲。
11. 弟夏朋年壹拾捌歲。

　　兄夏晏保年伍拾捌歲。
　　弟夏貴年貳拾歲。

婦女大肆口：

12. 母王氏年柒拾歲。
13. 嬸唐氏年肆拾捌歲。

　　嬸常氏年伍拾歲。
　　嬸段氏年肆拾陸歲。

（後缺）

14.
15.

秋糧：米每畝科正米伍升，每斗帶耗柒合，共該壹石壹斗壹合柒勺。

1.
2.
3.
4. 正米壹石貳升玖合捌勺。

5. 耗米柒升壹合伍勺。①
6. 地本沙地叁畝貳分壹釐。
7. 夏稅：小麥每畝科正麥伍升，每斗
8. 帶耗柒合，共該壹斗
9. 柒升壹合柒勺。
10. 正麥壹斗陸升伍勺。
11. 耗麥壹升壹合貳勺。
12. 秋糧：黃豆每畝科正豆伍升，每斗
13. 帶耗柒合，共該壹斗
14. 柒升壹合柒勺。
15. 正豆壹斗陸升伍勺。
16. 耗豆壹升壹合貳勺。
17. 桑壹株。

（後缺）

四九　明隆慶陸年（1572）直隸揚州府泰州如皋縣縣市西廂第壹里（圖）賦役黃冊

【題解】

此件爲《韻學集成》第九冊卷九第四九葉背，編號爲HV·YXJCJ9·Y49，其上下完整，前後均缺，共存文字二十行，與正面古籍文字成經緯狀。此件爲明代某户的賦役黃冊。另，此件的文字字形、筆跡等與該批紙背文獻中隆慶陸年（1572）攢造的直隸揚州府泰州

① 以上兩行正耗麥之合，與前文正耗麥總數不合，兩者必有一誤。

哈佛藏《韻學集成》《直音篇》紙背明代文獻釋錄 卷二

如皋縣縣市西廂第壹里（圖）賦役黃冊相似，故推斷，此件亦當屬於該里（圖）的黃冊。

【錄文】

（前缺）

1. 秋糧：
2. 米正耗陸升叁合貳勺。
3.
4. 官田地伍分壹釐陸毫。
5. 夏稅：小麥正耗壹升捌合玖勺。
6. 秋糧：
7. 黃豆正耗伍升叁合貳勺。
8. 米正耗肆升伍合貳勺。
9.
10. 田叁分伍釐貳毫。
11. 地壹分陸釐肆毫。
12. 夏稅：小麥正耗壹升捌合玖勺。
13. 秋糧：黃豆正耗貳升壹合。
14. 民田地玖分叁釐陸毫。
15. 夏稅：小麥正耗壹升貳合捌勺。
16. 秋糧：
17. 米正耗壹升捌合。
18. 黃豆正耗叁升貳合貳勺。
19. 田叁分叁釐伍毫。秋糧：米正耗壹升捌合。
20. 地陸分壹毫。

五〇 明隆慶陸年（1572）直隸揚州府泰州如皋縣縣市西廂第壹里（圖）賦役黃冊

【題解】

此件爲《韻學集成》第九册卷九第五十葉背，編號爲HV·YXJCJ9·Y50]，其上下完整，前後均缺，共存文字二十行，與正面古籍文字成經緯狀。此件爲明代某户的賦役黄册。另，此件的文字字形、筆跡等與該批紙背文獻中隆慶陸年（1572）攢造的直隸揚州府泰州如皋縣縣市西廂第壹里（圖）賦役黄册相似，故推斷，此件亦當屬於該里（圖）的黄册。

【錄文】

（前缺）

1. 正麥陸勺。
2. 耗麥壹勺。
3. 秋糧：黄豆每畝科正豆壹斗貳升，每斗帶耗柒合，共該柒勺。
4. 正豆陸勺。
5. 耗豆壹勺。
6. 民田地叁釐壹毫。
7. 夏稅：小麥正耗肆勺。
8. 秋糧：
9. 米正耗陸勺。
10.

20. 夏稅：小麥正耗壹升貳合捌勺。

（後缺）

五一　明隆慶陸年（1572）直隸揚州府泰州如皋縣縣市西廂第壹里（圖）賦役黃冊

【題解】

此件爲《韻學集成》第九册卷九第五一葉背，編號爲"HV·YX]C[J9·Y51"，其上下完整，前後均缺，共存文字二十行，與正面古籍文字成經緯狀。此件爲明代某戶的賦役黃冊。另，此件的文字字形、筆跡等與該批紙背文獻中隆慶陸年（1572）攢造的直隸揚州府泰州如皋縣縣市西廂第壹里（圖）賦役黃冊相似，故推斷，此件亦當屬於該里（圖）的黃冊。

【錄文】

（前缺）

1. 　　　　　升，每斗帶耗柒合，共該

11. 　　　　　　　　　　　　黃豆正耗壹合貳勺。
12. 田本圖一則蕩田壹釐壹毫。秋糧：米每畝科正米伍升，每
13. 　　　　　　　　　　　斗帶耗柒合，共該陸勺。
14. 　　　　　　　　　　　正米伍勺。
15. 　　　　　　　　　　　耗米壹勺。
16. 地本圖一則陸地貳釐。
17. 　夏税：小麥每畝科正麥貳升，每斗帶耗柒合，共
18. 　　　　　　　　　　　該肆勺。
19. 　　　　　　　　　　　正麥叁勺。
20. 　　　　　　　　　　　耗麥壹勺。

（後缺）

2. 勺，係兌到本圖夏輕户下田。
3. 一本圖一則蕩田伍分捌釐玖毫。秋糧：米每畝科正米伍升，每斗帶耗柒合壹勺，係兌到貳拾叁都壹圖錢文户下田。
4. 一本圖壹畝壹分捌釐柒毫。秋糧：米每畝科正米伍升，每斗帶耗柒合伍勺，係兌到壹都叁圖王虎堂户下田。
5. 一本圖肆畝陸分伍釐捌毫。秋糧：米每畝科正米伍升，每斗帶耗柒合貳勺，係兌到貳拾壹都貳圖張抑愚早①户下田。
6. 一本圖肆分捌釐肆毫。秋糧：米每畝科正米伍升，每斗帶耗柒合，共該貳升伍合玖勺，係兌到壹都叁圖王虎堂户下田。
7. 一本圖肆畝陸分伍釐捌毫。秋糧：米每畝科正米伍升，每斗帶耗柒合，共該貳斗肆升玖合貳勺，係兌到陸都壹圖吳杭户下田。
8. 一本圖柒分陸釐肆毫。秋糧：米每畝科正米伍升，每斗帶耗柒合，共該肆升玖勺，係兌到肆都貳圖曹新户下田。

（後缺）

① 〔早〕疑係〔皂〕之誤。

第九册

五二 明隆慶陸年（1572）直隸揚州府泰州如皋縣縣市西廂第壹里（圖）賦役黃冊

【題解】

此件爲《韻學集成》第九冊卷九第五二葉背，編號爲"HV·YXJC[J9·Y52]"，其上下完整，前後均缺，共存文字十九行，與正面古籍文字成經緯狀。此件爲明代某户的賦役黃冊。另，此件的文字字形、筆跡等與該批紙背文獻中隆慶陸年（1572）攢造的直隸揚州府泰州如皋縣縣市西廂第壹里（圖）賦役黃冊相似，故推斷，此件亦當屬於該里（圖）的黃冊。

【錄文】

（前缺）

1. 民田地伍拾捌畝捌分叁釐玖毫。
2. 夏税：小麥正耗捌斗捌合壹勺。
3. 秋糧：
4. 　　米正耗壹石壹斗貳升柒合陸勺。
5. 　　黃豆正耗貳石貳升叁勺。
6. 田貳拾壹畝柒釐陸毫。秋糧：米正耗壹石壹斗貳升柒合□
7. 　　勺。
8. 一本圖一則蕩田壹畝肆分叁釐柒毫。秋糧：米每畝科正□
9. 　　伍升，每斗帶耗柒合，共該柒升捌合
10. 　　捌勺，係兑到南廂張樓户下田。
11. 一本圖一則蕩田玖分玖釐陸毫。秋糧：米每畝科正米□
12. 　　升，每斗帶耗柒合，共該伍升叁□
13. 　　勺。係兑到東廂郭統絕户下田。

五三 明嘉靖叁拾壹年（1552）直隸揚州府江都縣青草沙第肆圖賦役黃冊（軍戶趙王）

【題解】

此件爲《韻學集成》第九冊卷九第五三葉背，編號爲 HV·YXJC[]9·Y53]，其上下完整，前後均缺，中有缺行，共存文字十一行，與正面古籍文字成經緯狀。此件爲明代某戶的賦役黃冊。據第一至六行知，該戶當係一軍戶，且此黃冊的戶頭可能爲趙王。今暫以其擬題。另，明代賦役黃冊在攢造之時需對下一輪十年內各戶充任里長、甲首情況等做出預先安排，第五、六行所載趙某充甲首的時間爲「嘉靖叁拾肆」（1555），而此前的嘉靖叁拾壹年（1552）是黃冊的攢造年份，據此推斷，此件當係該年攢造的黃冊，已知該批黃冊的攢造機構爲直隸揚州府江都縣青草沙第肆圖，故此件亦當屬於該圖之黃冊。

【錄文】

（前缺）

1. 人氏，吳元年湯大夫下歸
2. 附，洪武肆年蒙靖海候
3. 收撥揚州衛右所百戶

14. 一本圖一則蕩田伍釐叁毫。
秋糧：米每畝科正米伍□，
15. 每斗帶耗柒合，共該貳合捌勺，係□
16. 到南廂周崇侃戶下田。
17. 一本圖一則蕩田壹釐柒毫。
秋糧：米每畝科正米伍升，每
18. 斗帶耗柒合，共該玖勺，係兌到貳
19. ▢▢▢▢戶下田。

（後缺）

4. 傳兆下軍，見有軍餘趙
5. 王等在營不缺，充嘉靖
6. 叁拾肆年甲首。

（中缺1行）

7. 人口：計家男、婦伍口。
8. 男子叁口。
9. 婦女貳口。

（中缺1行）

10. 人口：男、婦伍口。
11. 男子成丁叁口。

（後缺）

五四 明嘉靖叁拾壹年（1552）直隸揚州府江都縣青草沙第肆圖賦役黃冊

【題解】

此件爲《韻學集成》第九冊卷九第五四葉背，編號爲HV·YXJC[]9·Y54]，其上下完整，前後均缺，共存文字十五行，與正面古籍文字成經緯狀。此件爲明代某戶的賦役黃冊。另，此件的文字字形、筆跡等與該批紙背文獻中嘉靖叁拾壹年（1552）攢造的直隸揚州府江都縣青草沙第肆圖賦役黃冊相似，故推斷，此件亦當屬於該批黃冊。

【錄文】

（前缺）

1. 夏稅：小麥正耗壹石伍斗肆升陸合。

2. 秋粮：
3. 　　　米正耗壹石柒斗柒升叁勺。
4. 　　　黃荳正耗貳斗壹升陸合陸勺。
5. 官田柒畝伍分伍釐。
6. 夏稅：小麥正耗捌斗柒合捌勺。
7. 秋粮：米正耗壹石壹斗叁升壹合。
8. 民田地壹拾貳畝貳分。
9. 夏稅：小麥正耗柒斗叁升捌合貳勺。
10. 秋粮：
11. 　　　米正耗陸斗叁升玖合叁勺。
12. 　　　黃荳正耗貳斗壹升陸合陸勺。
13. 田玖畝壹分伍釐。
14. 夏稅：小麥正耗伍斗柒升伍合壹勺。
15. 秋粮：

（後缺）

五五　明隆慶陸年（1572）直隸揚州府泰州如皋縣縣市西廂第壹里（圖）賦役黃冊

【題解】

此件爲《韻學集成》第九冊卷九第五五葉背，編號爲HV·YXJCJ9·Y55］，其上下完整，前後均缺，共存文字十八行，與正面古籍文字成經緯狀。此件爲明代某户的賦役黃冊。另，此件的文字字形、筆跡等與該批紙背文獻中隆慶陸年（1572）攢造的直隸揚州府泰州

哈佛藏《韻學集成》《直音篇》紙背明代文獻釋錄 卷二

如皋縣縣市西廂第壹里（圖）賦役黃冊相似，故推斷，此件亦當屬於該里（圖）的黃冊。

【錄文】

（前缺）

1.
2. 一本圖一則沒官陸地肆分玖釐玖毫，係兌到南廂蔣
3. 　　瑾戶下地。
4. 夏稅：小麥每畝科正麥壹斗捌合，每斗帶耗柒
5. 　　合，共該伍升柒合肆勺。
6. 秋糧：黃豆每畝科正豆壹斗貳升，每斗帶耗柒合，
7. 　　共該陸升叁合捌勺。
8. 一本圖一則沒官陸地壹分□釐貳毫，係兌到拾伍都
9. 　　壹圖馮□戶下地。
10. 夏稅：小麥每畝科正麥壹斗捌合，每斗帶耗柒
11. 　　合，共該壹升陸合肆勺。
12. 秋糧：黃豆每畝科正豆壹斗貳升，每斗帶耗柒合，
13. 　　共該壹升捌合貳勺。
14. 一本圖一則沒官陸地壹分貳釐壹毫，係兌到柒都貳圖
15. 　　張繒戶下地。
16. 夏稅：小麥每畝科正麥壹斗捌合，每斗帶耗柒合，
17. 　　共該壹升肆合。
18. 秋糧：黃豆每畝科正豆壹斗貳升，每斗帶耗柒合，
　　　共該壹升伍合伍勺。

（後缺）

四五八

五六 明嘉靖叁拾壹年（1552）直隸揚州府江都縣青草沙第肆圖賦役黃冊

【題解】

此件爲《韻學集成》第九冊卷九第五六葉背，編號爲 HV·YXJC[]9·Y56]，其上下完整，前後均缺，共存文字十七行，與正面古籍文字成經緯狀。此件爲明代某户的賦役黄册。另，此件的文字字形、筆跡等與該批紙背文獻中嘉靖叁拾壹年（1552）攢造的直隸揚州府江都縣青草沙第肆圖賦役黃冊相似，故推斷，此件亦當屬於該圖的黃册。

【錄文】

（前缺）

1. 人丁：計家男、婦壹拾肆口。
2. 男子壹拾口。
3. 婦女肆口。
4. 事產：
5. 官民田地壹頃陸拾叁畝柒分貳釐伍毫。
6. 夏稅：小麥正耗壹拾貳石貳斗叁升伍合叁勺。
7. 秋糧：
8. 米正耗陸石壹斗玖合肆勺。
9. 黃豆正耗捌石柒升肆合捌勺。
10. 官田地肆拾畝壹分柒釐伍毫。
11. 夏稅：小麥正耗伍石貳斗貳升玖

14.
15.
16. 秋糧：
17. 黃豆正耗壹石捌斗陸升叁勺。

（後缺）

米正耗肆石陸斗貳升柒合貳勺。

合肆勺。

五七 明隆慶陸年（1572）直隸揚州府泰州如皋縣縣市西廂第壹里（圖）賦役黃冊

【題解】

此件爲《韻學集成》第九冊卷九第五七葉背，編號爲 HV·YXJC[]9·Y57"，其上下完整，前後均缺，共存文字十八行，與正面古籍文字成經緯狀。此件爲明代某戶的賦役黃冊。另，此件的文字字形、筆跡等與該批紙背文獻中隆慶陸年（1572）攢造的直隸揚州府泰州如皋縣縣市西廂第壹里（圖）賦役黃冊相似，故推斷，此件亦當屬於該里（圖）的黃冊。

【錄文】

（前缺）

1. 秋糧：黃豆每畝科正豆壹斗貳升，每斗帶耗柒
合，共該壹斗叁升貳勺。
2.
3. 一本圖一則沒官陸地肆毫，係兌到本圖錢忠戶下
地。
4.
5. 夏稅：小麥每畝科正麥壹斗捌合，每斗帶耗
柒合，共該肆勺。
6.
7. 秋糧：黃豆每畝科正豆壹斗貳升，每斗帶耗柒

五八 明隆慶陸年（1572）直隸揚州府泰州如皋縣縣市西廂第壹里（圖）賦役黃冊

【題解】

此件爲《韻學集成》第九冊卷九第五八葉背，編號爲HV·YXJC[]9·Y58]，其上下完整，前後均缺，中有缺行，共存文字二十行，與正面古籍文字成經緯狀。此件爲明代某户的賦役黄册。另，此件的文字字形、筆跡等與該批紙背文獻中隆慶陸年（1572）攢造的直隸揚州府泰州如皋縣縣市西廂第壹里（圖）賦役黃冊相似，故推斷，此件亦當屬於該里（圖）的黄册。

【錄文】

（前缺）

8. 合，共該伍勺。
9. 一本圖一則沒官陸地貳分捌釐玖毫，係兌到本圖張
10. 瑚思户下地。
11. 夏稅：小麥每畝科正麥壹斗捌合，每斗帶耗
12. 柒合，共該叁升叁合肆勺。
13. 秋糧：黃豆每畝科正豆壹斗貳升，每斗帶耗柒
14. 合，共該叁升柒合壹勺。
15. 一本圖一則沒官陸地叁釐肆毫，係兌到貳拾叁都壹
16. 圖徐果户下地。
17. 夏稅：小麥每畝科正麥壹斗捌合，每斗帶耗柒
18. 合，共該肆合。

（後缺）

1. 田貳鏊肆毫。秋粮：米正耗叁合壹勺。
2. 地壹鏊壹毫。
3. 　　夏稅：小麥正耗壹合叁勺。
4. 　　秋粮：黃豆正耗壹合肆勺。
5. 民田地陸鏊肆毫。
6. 　　夏稅：小麥正耗玖勺。
7. 　　秋粮：米正耗壹合貳勺。
8. 　　　　黃豆正耗貳合貳勺。
9. 地肆鏊貳毫。
10. 田貳鏊貳毫。秋粮：米正耗壹合貳勺。
11. 　　夏稅：小麥正耗玖勺。
12. 　　秋粮：黃豆正耗壹合貳勺。
13. 　　（中缺１行）
14. 房屋：民草房壹間。
15. 事產：
16. 官民田地轉收田地肆畝玖鏊陸毫。
17. 　　夏稅：小麥正耗捌升玖合伍勺。
18. 　　秋粮：
19. 　　　　米正耗壹斗壹升柒合捌勺。
20. 　　　　黃豆正耗壹斗肆升玖合玖勺。
　　（後缺）

五九 明隆慶陸年（1572）直隸揚州府泰州如皋縣縣市西廂第壹里（圖）賦役黃冊

【題解】

此件爲《韻學集成》第九冊卷九第五九葉背，編號爲"HV·YXJC[]9·Y59"，其上下完整，前後均缺，共存文字十八行，與正面古籍文字成經緯狀。此件爲明代某戶的賦役黃冊。另，此件的文字字形、筆跡等與該批紙背文獻中隆慶陸年（1572）攢造的直隸揚州府泰州如皋縣縣市西廂第壹里（圖）賦役黃冊相似，故推斷，此件亦當屬於該里（圖）的黃冊。

【錄文】

（前缺）

1. 壹斗貳升，每斗帶耗柒合，共該壹
2. 斗壹升玖合玖勺，係佃與陸都肆
3. 圖李枚承種。
4. 一本圖一則沒官蕩田柒分肆釐柒毫。秋糧：米每畝科
5. 正米壹斗貳升，每斗帶耗柒合，共該
6. 玖升伍合玖勺，係佃與貳拾壹都貳
7. 圖陳統承種。
8. 一本圖一則蕩田貳分柒釐玖毫。秋糧：米每畝科
9. 正米壹斗貳升，每斗帶耗柒合，共
10. 該叁升伍合柒勺，係佃與貳拾叁
11. 都壹圖周緯承種。
12. 一本圖一則沒官蕩田壹畝捌分叁釐伍毫。秋糧：米每畝
13. 科正米壹斗貳升，每斗帶耗柒合，共該

六〇 明隆慶陸年（1572）直隸揚州府泰州如皋縣縣市西廂第壹里（圖）賦役黃冊

【題解】

此件爲《韻學集成》第九冊卷九第六十葉背，編號爲 HV·YXJCJ9·Y60]，其上下完整，前後均缺，共存文字二十行，與正面古籍文字成經緯狀。此件爲明代某戶的賦役黃冊。另，此件的文字字形、筆跡等與該批紙背文獻中隆慶陸年（1572）攢造的直隸揚州府泰州如皋縣縣市西廂第壹里（圖）賦役黃冊相似，故推斷，此件亦當屬於該里（圖）的黃冊。

【錄文】

（前缺）

1. 正米貳拾叁石肆斗伍升玖合捌勺。
2. 耗米壹石陸斗肆升肆勺。
3. 一本圖一則沒官陸地玖拾壹畝肆分肆釐肆毫。
4. 夏稅：小麥每畝科正麥壹斗捌合，每斗帶耗
5. 柒合，共該壹拾石伍斗柒升叁
6. 合伍勺。

7. 一本圖一則沒官蕩田伍釐玖毫。秋糧：米每畝科正米
8. 壹斗貳升，每斗帶耗柒合，共該柒
9. 合貳勺，係佃與玖都壹圖張鵬承
10. 壹都貳圖張恩承種。

（後缺）

14. 貳斗叁升陸合玖勺，係佃與貳拾
15. 壹都貳圖張恩承種。
16. 一本圖一則沒官蕩田伍釐玖毫。秋糧：米每畝科正米
17. 壹斗貳升，每斗帶耗柒合，共該柒
18. 合貳勺，係佃與玖都壹圖張鵬承

7. 正麥玖石捌斗柒升陸合。
8. 耗麥陸斗玖升柒合伍勺。
9. 黃豆每畝科正豆壹斗貳升，每斗帶耗柒合，共該壹拾壹石柒斗肆升壹合叄勺。
10. 正豆拾石玖斗柒升叄合叄勺。
11. 耗豆柒斗□升捌合。
12. 夏稅：小麥正耗柒石壹斗壹升捌合貳勺。
13. 秋糧：
14. 民田地伍頃壹拾玖畝叄分捌釐捌毫。
15. 秋糧：
16. 米正耗玖石玖斗玖升壹合柒勺。
17. 黃豆正耗柒石柒斗玖升伍合柒勺。
18. 田本圖一則蕩田壹頃捌拾陸畝柒分伍釐玖毫。
19. 每畝科正米伍升，每斗帶耗柒合，
20. 秋糧：米

（後缺）

六一　明隆慶陸年（1572）直隸揚州府泰州如皋縣縣市西廂第壹里（圖）賦役黃冊（許某）

【題解】

此件爲《韻學集成》第九冊卷九第六一葉背，編號爲 HV·YXJC［9·Y61］，其上下完整，前後均缺，共存文字十九行，與正面古籍文字成經緯狀。此件爲明代某户的賦役黃冊，據其中所載男子姓名知，此黃冊的户頭當係許某。另，此件的文字字形、筆跡等與該批紙

哈佛藏《韻學集成》《直音篇》紙背明代文獻釋錄　卷二

背文獻中隆慶陸年（1572）攢造的直隸揚州府泰州如皋縣縣市西廂第壹里（圖）賦役黃冊相似，故推斷，此件亦當屬於該里（圖）的黃冊。

【錄文】

（前缺）

1. 共該玖升柒合伍勺。
2. 一本圖一則陸地伍分貳釐壹毫，係兌到拾伍都壹
3. 　圖馮完戶下地。
4. 夏稅：小麥每畝科正麥貳升，每斗帶耗柒合，
5. 　共該壹升壹合貳勺。
6. 秋糧：黃豆每畝科正豆伍升，每斗帶耗柒合，
7. 　共該貳升柒合玖勺。
8. 一本圖一則陸地肆分釐叄毫，係兌到柒都貳
9. 　圖張繒戶下地。
10. 夏稅：小麥每畝科正麥貳升，每斗帶耗柒
11. 　合，共該玖合伍勺。
12. 秋糧：黃豆每畝科正豆伍升，每斗帶耗柒合，
13. 　共該貳升叄合柒勺。
14. 實在：
15. 　人口：男、婦壹百壹拾伍口。
16. 　　男子柒拾捌口：
17. 　　　本身年柒拾伍歲。　弟許沚年柒拾玖歲。①

① 據本身的年齡推算，此【弟】的年齡疑誤。

六二 明隆慶陸年（1572）直隸揚州府泰州如皋縣縣市西廂第壹圖賦役黃冊

【題解】

此件爲《韻學集成》第九册卷九第六二葉背，編號爲HV·YXJCJ9·Y62］，其上殘下完，前後均缺，共存文字十八行，與正面古籍文字成經緯狀。此件爲明代兩户的賦役黃冊，其中第一至一七行係一户，第十八行係揚州府泰州如皋□□市西廂第壹圖某户的黃冊殘件，其中所缺兩字，據其他黃冊可知，當係『縣縣』。另，該批紙背文獻中已知攢造時間的直隸揚州府泰州如皋縣縣市西廂第壹圖賦役黃冊造於隆慶陸年（1572），故可知此件亦當係該年攢造的黃冊。今據第二户黃册擬現題。

【錄文】

（前缺）

1. 正米玖石叁斗柒升玖合伍勺。
2. 耗米陸斗壹升貳合肆勺。

3. 地本圖一則陸地叁頃叁拾貳畝陸分貳釐玖毫。
4. 夏税：小麥每畝科正麥貳升，每斗帶耗柒合，

共該柒石壹斗壹升捌合貳勺。
5. 正麥陸石陸斗伍升貳合陸勺。
6. 耗麥肆斗陸升伍合陸勺。
7. 秋糧：黃豆每畝科正豆伍升，每斗帶耗柒合，

18.
19. 弟許　　　弟許立年柒拾肆歲。
　　　弟許　　　肆歲。
　　　弟許　　
　　　　　　（後缺）

六三 明隆慶陸年（1572）直隸揚州府泰州如皋縣縣市西廂第壹里（圖）賦役黃冊

【題解】

此件爲《韻學集成》第九冊卷九第六三葉背，編號爲 HV·YXJC[J9·Y63]，其上下完整，前後均缺，共存文字十九行，與正面古籍文字成經緯狀。此件爲明代某户的賦役黃冊。另，此件的文字字形、筆跡等與該批紙背文獻中隆慶陸年（1572）攢造的直隸揚州府泰州如皋縣縣市西廂第壹里（圖）賦役黃冊相似，故推斷，此件亦當屬於該里（圖）的黃冊。另，此件與 HV·YXJC[J9·Y64] 格式相同、内容相關，疑屬於同一户的黄冊。

【錄文】

（前缺）

9. 共該壹拾柒石柒斗玖升伍合柒
10. 勺。
11. 正豆壹拾陸石陸斗叁升壹合伍勺。
12. 耗豆壹石陸斗陸升肆合貳勺。
13. 桑本圖一則民桑貳株。夏稅：絲每株科絲壹兩，共該貳兩。
14. 房屋：民瓦、草房壹拾玖間。
15. 瓦房叁間。
16. 草房壹拾陸間。
17. 頭匹：水牛叁隻。
18. 直隸揚州府泰州如皋□□市西廂第壹圖□□，原係南廂叁圖撥補。

（後缺）

1. 夏稅：小麥每畝科正麥壹斗捌合，每斗帶
2. 耗柒合，共該壹升陸合柒勺。
3. 秋糧：黃豆每畝科正豆壹斗貳升，每斗帶耗柒
4. 合，共該壹升捌合陸勺。
5. 一本圖一則沒官陸地叄分陸釐貳毫，係兌到北廂□
6. 傅户下地。
7. 夏稅：小麥每畝科正麥壹斗捌合，每斗帶耗柒
8. 合，共該肆升壹合玖勺。
9. 秋糧：黃豆每畝科正豆壹斗貳升，每斗帶耗柒
10. 合，共該肆升陸合伍勺。
11. 一本圖一則沒官陸地捌分伍釐肆毫，兌到本圖劉□
12. 户下田①。
13. 夏稅：小麥每畝科正麥壹斗捌合，每斗帶耗
14. 柒合，共該玖升捌合柒勺。
15. 秋糧：黃豆每畝科正豆壹斗貳升，每斗帶耗
16. 柒合，共該壹斗玖合柒勺。
17. 一本圖一則沒官陸地叄分伍釐壹毫。係兌到本圖賈
18. 輕户□□。
19. ▢捌合，每斗帶耗柒

（後缺）

① 「田」，據文義當係「地」之誤。

六四　明隆慶陸年（1572）直隸揚州府泰州如皋縣縣市西廂第壹里（圖）賦役黃冊

【題解】

此件爲《韻學集成》第九冊卷九第六四葉背，編號爲HV·YXJC[]9·Y64]，其上下完整，前後均缺，共存文字二十行，與正面古籍文字成經緯狀。此件爲明代某户的賦役黄册。另，此件的文字字形、筆跡等與該批紙背文獻中隆慶陸年（1572）攢造的直隸揚州府泰州如皋縣縣市西廂第壹里（圖）賦役黄册相似，故推斷，此件亦當屬於該里（圖）的黄册。另，此件與HV·YXJC[]9·Y63]格式相同、内容相關，疑屬於同一户的黄册。

【錄文】

（前缺）

1. 圖王虎堂户下地。
2. 夏税：小麥每畝科正麥壹斗捌合，每斗帶耗柒
3. 　　合，共該貳升柒合肆勺。
4. 秋糧：黄豆每畝科正豆壹斗貳升，每斗帶耗柒
5. 　　合，共該叁升肆勺。
6. 一本圖一則沒官陸地貳畝貳分捌釐，係兌到陸都肆圖
7. 　　吳枋户下地。
8. 夏税：小麥每畝科正麥壹斗捌合，每斗帶耗柒
9. 　　合，共該貳斗陸升叁合肆勺。
10. 秋糧：黄豆每畝科正豆壹斗貳升，每斗帶耗柒合，
11. 　　共該貳斗玖升貳合柒勺。
12. 一本圖一則沒官陸地叁分柒釐肆毫，係兌到肆都貳圖

六五　明隆慶陸年（1572）直隸揚州府泰州如皋縣縣市西廂第壹里（圖）賦役黃冊

【題解】

此件爲《韻學集成》第九册卷九第六五葉背，編號爲 HV·YXJC[J9·Y65]，其上下完整，前後均缺，共存文字二十行，與正面古籍文字成經緯狀。此件爲明代某户的賦役黄册。另，此件的文字字形、筆跡等與該批紙背文獻中隆慶陸年（1572）攢造的直隸揚州府泰州如皋縣縣市西廂第壹里（圖）賦役黄册相似，故推斷，此件亦當屬於該里（圖）的黄册。

【録文】

（前缺）

1.　　　　　　夏税：小麥每畝科正麥貳升，每斗帶耗柒勺□，

2.　　　　　　　　　共該捌合柒勺。

3.　　　　　　秋糧：黄豆每畝科正豆伍升，每斗帶耗柒

13.　　　　　　　　　　　　　　曹新户下地。

14.　　夏税：小麥每畝科正麥壹斗捌升，每斗帶耗柒合，

15.　　　　　　共該肆升叁合貳勺。

16.　　秋糧：黄豆每畝科正豆壹斗貳升，每斗帶耗柒

17.　　　　　　合，共該肆升捌合。

18.　一本圖一則沒官陸地壹畝壹釐伍毫，係兑到拾貳都叁

19.　　　　　　　　圖張淵户下地。

20.　□□□□□正麥壹斗捌合，每斗帶耗柒

（後缺）

4. 合，共該貳升貳勺。
5. 一本圖一則陸地壹畝壹分伍釐陸毫，係兌到拾
6. 陸都壹圖章株戶下地。
7. 夏稅：小麥每畝科正麥貳升，每斗帶耗柒
8. 合，共該貳升肆合陸勺。
9. 秋糧：黃豆每畝科正豆伍升，每斗帶耗柒
10. 合，共該陸升壹合捌勺。
11. 一本圖一則陸地壹畝陸分玖釐叁毫，係兌到
12. 柒都貳圖楊恩戶下地。
13. 夏稅：小麥每畝科正麥貳升，每斗帶耗柒□，
14. 共該捌升壹合勺。
15. 秋糧：黃豆每畝科正豆伍升，每斗帶耗□□，
16. 共該玖升陸勺。
17. 一本圖一則陸地壹畝捌分貳釐貳毫，係兌到□
18. 廂蔣瓘戶下地。
19. 夏稅：小麥每畝科正麥貳升，每斗帶耗□□，
20. □該叁升玖合。

（後缺）

六六 明隆慶陸年（1572）直隸揚州府泰州如皋縣縣市西廂第壹里（圖）賦役黃冊

【題解】

此件爲《韻學集成》第九冊卷九第六六葉背，編號爲HV·YXJC[]9·Y66，其上下完整，前後均缺，共存文字二十行，與正面古籍文字成經緯狀。此件爲明代某戶的賦役黃冊。另，此件的文字字形、筆跡等與該批紙背文獻中隆慶陸年（1572）攢造的直隸揚州府泰州如皋縣縣市西廂第壹里（圖）賦役黃冊相似，故推斷，此件亦當屬於該里（圖）的黃冊。

【錄文】

（前缺）

1. 地柒分陸釐叁毫。
2. 夏稅：小麥正耗
3. 秋糧：黃豆正耗玖升捌合。
4. 民田地肆畝叁分伍釐陸毫。
5. 夏稅：小麥正耗伍升玖合捌勺。
6. 秋糧：
7. 米正耗捌升叁合伍勺。
8. 黃豆正耗壹斗肆升玖合陸勺。
9. 地貳畝柒分玖釐陸毫。
10. 夏稅：秋糧：米正耗陸升叁合伍勺。
11. 田壹畝伍分陸釐。
12. 秋糧：黃豆正耗壹斗肆升玖合陸勺。
13. 房屋：民草房叁間。

14. □收：
15. 事產：
16. 官民田地轉收田地叁畞叁分陸釐玖毫。
17. 夏稅：小麥正耗柒升叁合玖勺。
18. 秋糧：
19. 米正耗□斗肆升叁合陸勺。
20. _____叁合陸勺。

（後缺）